兰州海关年鉴

2023

《兰州海关年鉴（2023）》编纂委员会 编

中国海关出版社有限公司
·北京·

图书在版编目（CIP）数据

兰州海关年鉴.2023/《兰州海关年鉴（2023）》编纂委员会编.—北京：中国海关出版社有限公司，2024.5

（中国海关史料丛书）

ISBN 978-7-5175-0796-3

Ⅰ.①兰… Ⅱ.①兰… Ⅲ.①海关—兰州—2023—年鉴 Ⅳ.①F752.55-54

中国国家版本馆 CIP 数据核字（2024）第 096604 号

兰州海关年鉴（2023）
LANZHOU HAIGUAN NIANJIAN（2023）

作　　者：《兰州海关年鉴（2023）》编纂委员会	
责任编辑：傅　晟	
责任印制：孙　倩	
出版发行：中国海关出版社有限公司	
社　　址：北京市朝阳区东四环南路甲1号	邮政编码：100023
编 辑 部：01065194242-7502（电话）	
发 行 部：01065194221/4238/4246/5127（电话）	
社办书店：01065195616（电话）	
https://weidian.com/?userid=319526934（网址）	
印　　刷：北京新华印刷有限公司	经　　销：新华书店
开　　本：889mm×1194mm　1/16	
印　　张：17	字　　数：352千字
版　　次：2024年5月第1版	
印　　次：2024年5月第1次印刷	
书　　号：ISBN 978-7-5175-0796-3	
审 图 号：GS京（2022）1441号	
定　　价：180.00元	

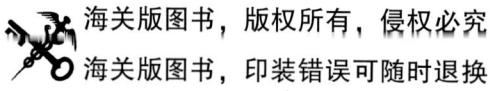
海关版图书，版权所有，侵权必究
海关版图书，印装错误可随时退换

《兰州海关年鉴（2023）》编纂委员会

主 任 委 员 王彦生

副 主 任 委 员 朱雪迎　方永岌　刘汉鸣　王劲松　齐志宇
　　　　　　　　张东方

编纂委员会委员 戴义武　张生祥　张　军　张　彤　汪小波
　　　　　　　　宋亚军　马卿雁　赵　政　马　燕　唐　军
　　　　　　　　王永祥　刘　滨　刘永强　王冬祥　韩　燕
　　　　　　　　及　平　王洪亮　孙成宇　张泰恒　翁焕民
　　　　　　　　蒋玉宝　李正富　王新潮　高晓强　周春阳
　　　　　　　　全　新

《兰州海关年鉴（2023）》编辑部

总　　　编　王劲松

副 总 编　刘永强　戴义武

执 行 主 编　李艳麟

执行副主编　张天慧　邸　芮

编辑部成员　（按姓氏笔画排序）

丁玉飞　王　璟　史振华　巩伟兵　张　艳（动植食检处）
张　艳（中川机场海关）　陈辅健　李婉蓉　张雪韬
李　琳（企业管理与稽查处）　张　琰　李　鋆　季　刚
杨　伟　武小敏　周彦斌　周　娟　洪卓玉　姜　笑
席艳燕　梁　坤　麻毅强　程明亮　韩思远　程　璐
蒙　琳

编辑说明

一、《兰州海关年鉴》由海关总署指导、兰州海关组织编纂，是全面、客观、系统记载兰州海关发展历程的编年史料，是集权威性、综合性、实用性为一体的资料性工具书，每年出版一卷，本卷为第二卷。

二、《兰州海关年鉴（2023）》坚持以习近平新时代中国特色社会主义思想为指导，载录2022年度兰州海关工作的基本情况，包括兰州海关改革发展的重要举措、重大事件以及成绩和经验，以资政育人、凝心聚力，为推动关区事业高质量发展提供精神动力和史实支撑。

三、《兰州海关年鉴（2023）》记述范围为兰州海关各部门、隶属海关和直属事业单位管辖事务。

四、《兰州海关年鉴（2023）》记述时限为2022年1月1日至12月31日。凡在文中直书月、日的，均指2022年内的日期；"年内"一律指"2022年"；所用"同比"，均指"比上年"。

五、《兰州海关年鉴（2023）》采用分类编辑法，设类目、分目、条目3个层级，有特载、专记、大事记、党的建设、业务建设、综合保障、隶属海关、直属事业单位、荣誉榜、海关统计资料10个类目。卷首设专题图片，卷末附附录，文中撰稿人按姓氏笔画排序。

六、《兰州海关年鉴（2023）》统计数据和单位名称以及标点符号的使用均依据国家有关规定，计量单位采用国家法定计量单位和国际单位，技术规范、专业名词依照相关规范要求。涉及货币单位"元"，未标明币种的，均指人民币。

七、由于统计数据来源、口径、方式、时间等不同，所载数据存在不一致的，以统计部门公布的数据为准。

图　例

符号	含义	符号	含义	符号	含义
✪	直属海关单位	⊙廷布	外国首都	-------	地级市界
◉	隶属海关	———	自治州行政中心 地区、盟行政公署驻地	·········	县（区、市）界
·	派出机构	⊙东城区	县（区、市）政府	━━━━━	铁路
⊛	海关特殊监管区域	○庞各庄镇	乡（镇）政府、街道办事处	══S30══	高速公路及编号
●	口岸	✈北京首都 国际机场	机场	━━━━━	国道
🚆	铁路口岸	▲清水尖 1528	山峰　高程	━━━━━	省道
⚓	水运口岸	—·—·—	国界	━━━━━	其他道路
✈	航空口岸	———	未定国界	～～～	河流　湖泊
🚌	公路口岸	--------	地区界	══════	沟渠
●	境外口岸	··········	军事分界线	⫴⫴	桥梁　渡口
⊙北京市	首都	—·—·—	省界	⚓🏭	港口　码头
◉石家庄市	省政府	—————	未定省界	⌐⌐⌐⌐	长城
◎廊坊市	地级市政府	--------	特别行政区界		珊瑚礁

注：本书中的关境图，不包括中国香港、澳门、台澎金马单独关税区。

海关专题图片 领导活动

^ 2022年1月27日,兰州海关召开2022年关区工作会议、全面从严治党工作会议 (兰州海关办公室 供图)

∧ 2022年8月26日,兰州海关赴兰州战役纪念馆开展党委理论学习中心组(扩大)学习会暨新党员宣誓活动(兰州海关机关党委 供图)

∧ 2022年1月18日,兰州海关关长王彦生(右)出席政协甘肃省第十二届五次会议并作大会交流发言 (兰州海关办公室 供图)

∧ 2022年6月23日,兰州海关关长王彦生(左二)赴兰州海关所属金城海关作业场所和重点企业调研 (兰州海关办公室 供图)

∧ 2022年9月29日,兰州海关党委书记、关长王彦生(右)参加中共兰州海关直属机关第七次党员代表大会并投票 (兰州海关机关党委 供图)

∧ 2022年6月26日,兰州海关副关长朱雪迎(右二)检查指导兰州海关所属中川机场海关入境航班保障相关准备工作 (兰州海关办公室 供图)

∧ 2022年6月28日,兰州海关缉私局局长方永发(右一)主持召开成立兰州市人民检察院与兰州海关缉私局"侦查监督与协作配合办公室"揭牌仪式 (兰州海关缉私局 供图)

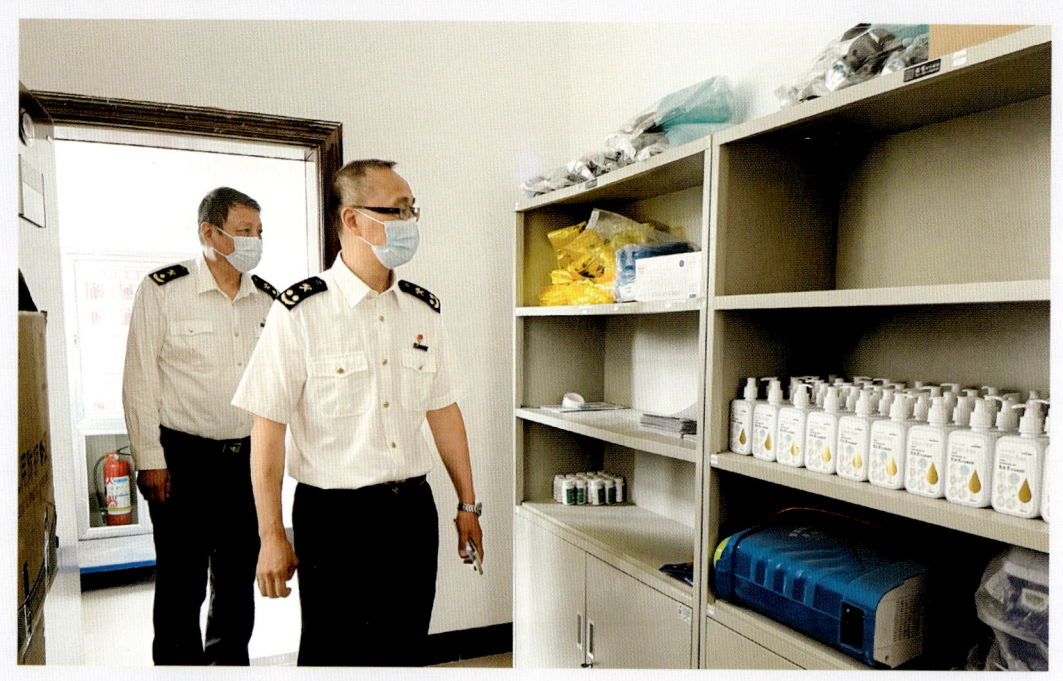

∧ 2022年5月13日，兰州海关副关长张柯（右一）到兰州海关所属酒泉海关检查工作 （兰州海关办公室 供图）

∧ 2022年7月20日，兰州海关党委纪检组组长张瑞宏（右二）赴兰州海关所属中川机场海关检查指导疫情防控工作 （兰州海关办公室 供图）

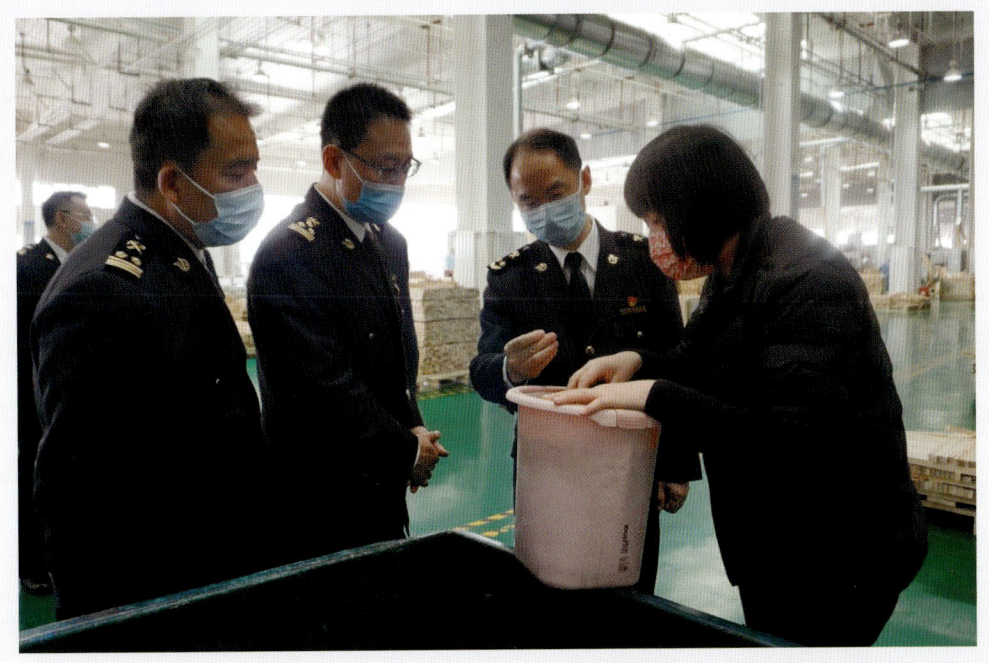

∧ 2022年4月22日，兰州海关副关长刘汉鸣（右二）赴兰州新区综合保税区开展调研　（兰州海关办公室　供图）

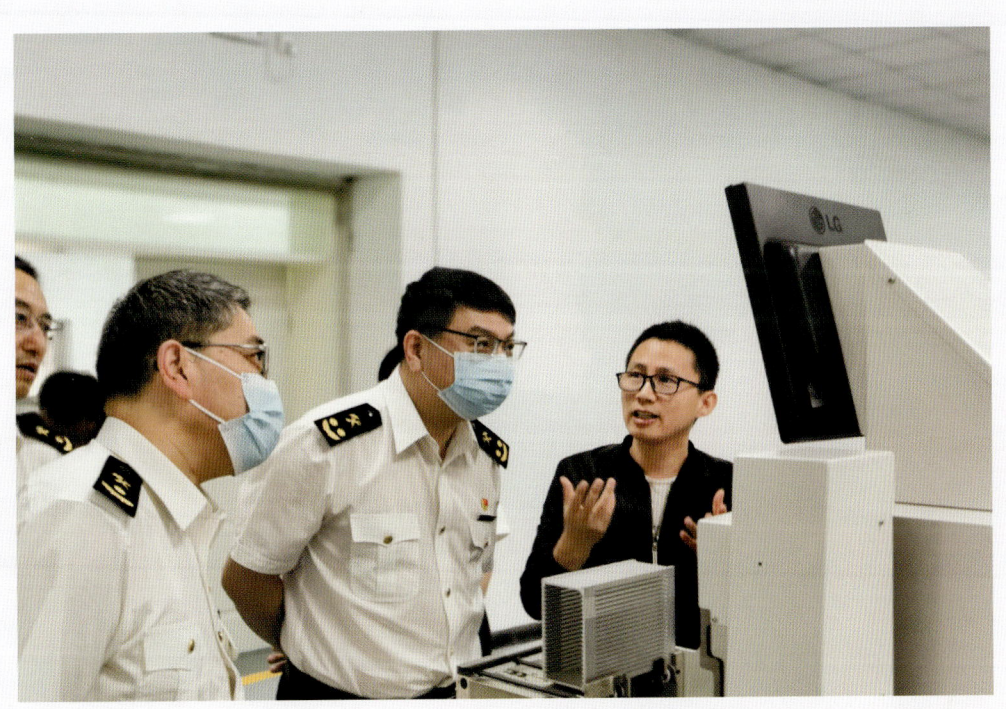

∧ 2022年6月13日，兰州海关政治部主任王劲松（右二）在兰州铁路北站海关监管场所调研（兰州海关办公室　供图）

铸忠诚

∧ 2022年2月23日,兰州海关综合业务二处党支部、金城海关稽核科与保税监管科联合党支部、兰州新区商务和文化旅游局党支部开展"讲政治、强监管、优服务——综保区政策宣贯"主题党日活动 (陈怡文 摄)

∧ 2022年4月18日,兰州海关所属酒泉海关综合业务科党支部开展"走进民俗博物馆 感受红色历史文化"主题党日活动 (梁坤 摄)

∧ 2022年5月27日,兰州海关邀请法学专家开展习近平法治思想和民法典专题讲座 (翁焕民 摄)

> 2022年5月30日,兰州海关科技处党支部开展"不忘初心强党性 警示教育筑防线"主题党日活动
（贾子龙 摄）

> 2022年6月2日,兰州海关所属中川机场海关旅检一科、二科党支部开展"关爱儿童情暖六一"活动
（马彬 摄）

∧ 2022年6月10日,兰州海关出席甘肃省第十四次党代会代表在关区宣讲会议精神 (张雪韬 摄)

< 2022年6月17日,兰州海关所属酒泉海关组织开展"严守国门安全底线,促进种业健康发展"主题党日活动 (梁坤 摄)

< 2022年7月4日,兰州海关所属金昌海关组织开展"传承红色基因 赓续精神血脉"主题党日活动 (徐思静 摄)

> 2022年8月8日，兰州海关举办党委理论学习中心组（扩大）学习会暨"走好第一方阵 我为二十大作贡献"专题党课（张雪韬 摄）

∧ 2022年8月15日，兰州海关所属天水海关各党支部赴邓宝珊纪念馆开展主题党日活动（赵南启 摄）

> 2022年8月15日，兰州海关政治部主任王劲松为退休干部陈满新颁发"光荣在党50年"纪念章（张雪韬 摄）

< 2022年9月30日,兰州海关所属天水海关赴天水市烈士陵园开展警示教育活动 (赵南启 摄)

< 2022年10月16日,兰州海关所属平凉海关组织开展党的二十大精神学习宣传贯彻活动 (程文波 摄)

< 2022年12月2日,兰州海关参加"我与宪法合张影"活动 (徐思静 摄)

担使命

> 2022年5月18日,兰州海关稽查处业务骨干赴兰州新区综合保税区木材加工企业现场了解企业生产情况 (段德强 摄)

> 2022年6月28日,兰州海关所属金昌海关关员开展出境种子田间检查工作 (徐思静 摄)

> 2022年7月16日,甘肃国际旅行卫生保健中心实验室人员在口岸移动方舱P2+实验室开展演练（孙学军 摄）

> 2022年7月16日,兰州海关党委第一派驻纪检组现场检查健康申报"三合一"岗位设置情况（蒋惠菊 摄）

> 2022年7月21日,兰州海关所属敦煌机场海关监管敦煌研究院暂时出境参展文物（陈颖 摄）

∧ 2022年8月2日,兰州海关所属平凉海关开展防护服穿脱实操演练(李婉蓉 摄)

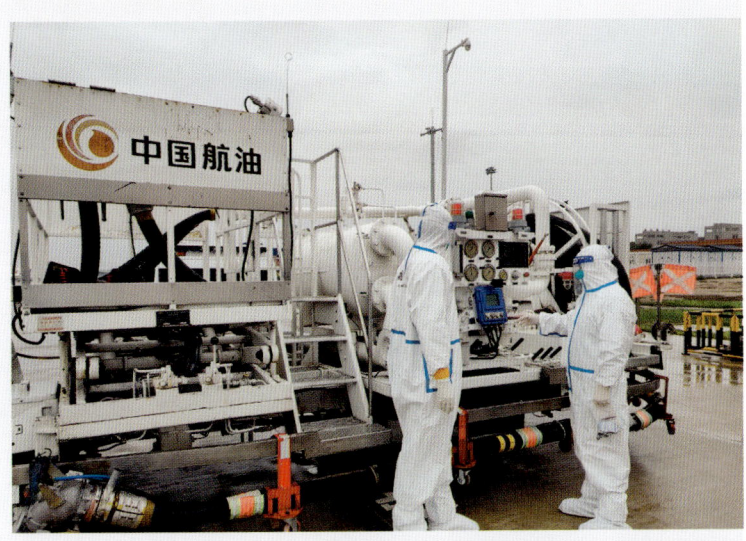

< 2022年8月31日,兰州海关所属中川机场海关保障技术经停航班(马彬 摄)

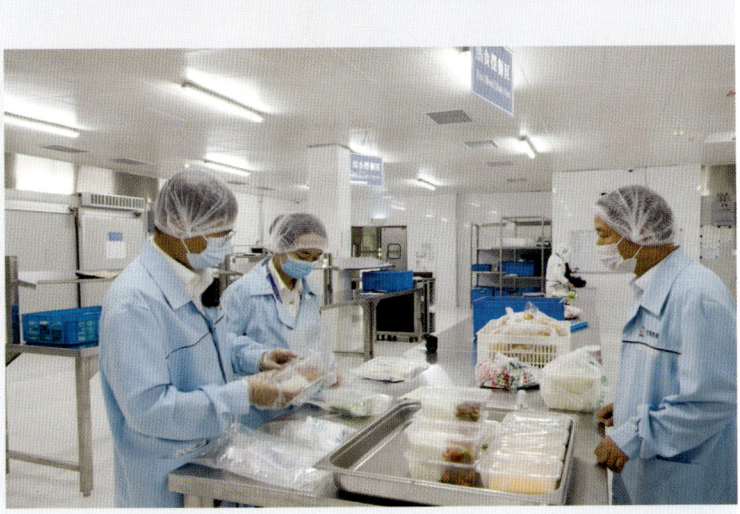

< 2022年9月23日,兰州海关所属敦煌机场海关关员对航食生产企业开展口岸卫生监督抽检 (王丽莎 摄)

∧ 2022年10月,兰州海关所属天水海关关员监管"中国天水—南非开普敦"国际货运班列 (魏珊珊 摄)

∧ 2022年10月18日,兰州海关稽查处派员赴兰州国储石油自用型液体保税仓库开展实地安全检查 (李琳 摄)

∧ 2022年10月29日,进口铁路运输铜精矿监管通关模式试点落地首票货物运抵金昌 (徐思静 摄)

∧ 2022年11月14日，兰州海关所属金城海关监管人员在兰州新区综合保税区卡口验放跨境电商网购保税进口零售商品 （段德强 摄）

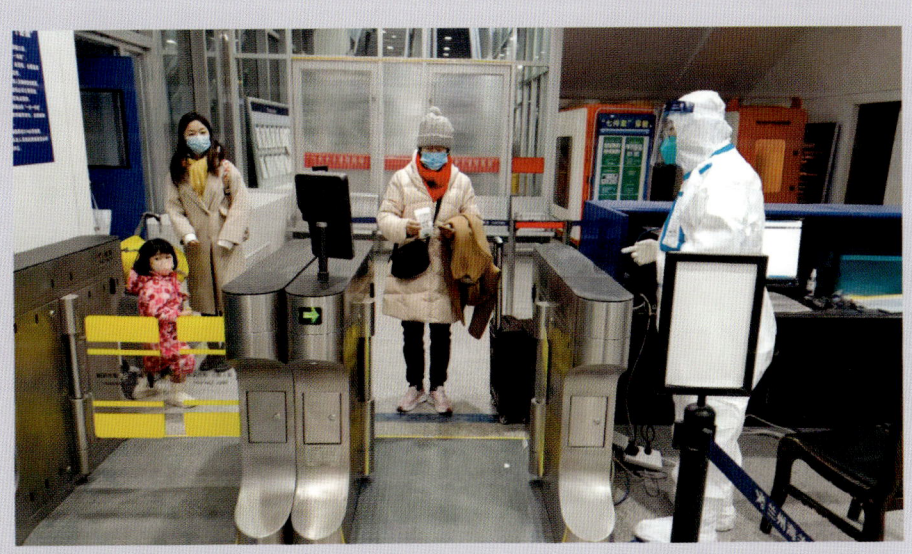

∧ 2022年12月3日，兰州海关所属中川机场海关关员指导旅客快速通过智能验核闸机 （樊伟 摄）

守国门

△ 2022年3月20日，兰州海关所属天水海关关员开展出口中药材现场监管 （葛晓玲 摄）

△ 2022年3月31日，兰州海关所属酒泉海关关员对辖区外繁种子进行现场查验 （刘茜怡 摄）

△ 2022年4月2日，兰州海关所属天水海关关员开展国门有害生物监测工作 （刘旭伟 摄）

> 2022年4月24日,兰州海关所属酒泉海关组织开展2022年进境种苗首次苗期田间疫情监测工作（刘茜怡　摄）

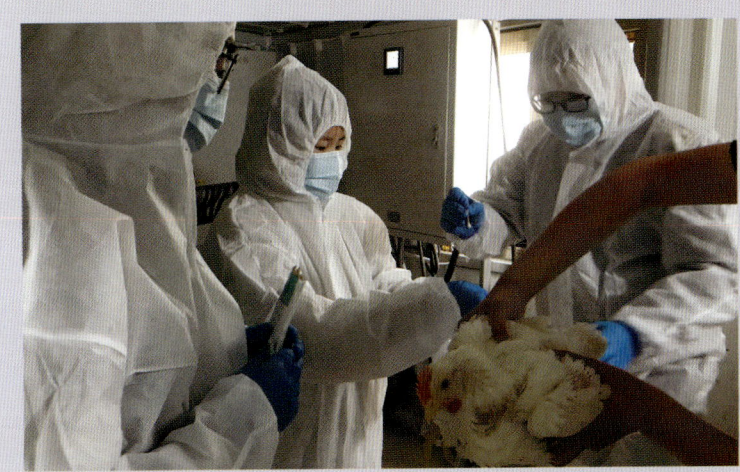

> 2022年5月23日,兰州海关所属平凉海关开展供港禽肉检验检疫采样工作（程文波　摄）

∧ 2022年6月,兰州海关缉私局举行深化执法司法协作配合办法签字仪式（陈珅越　摄）

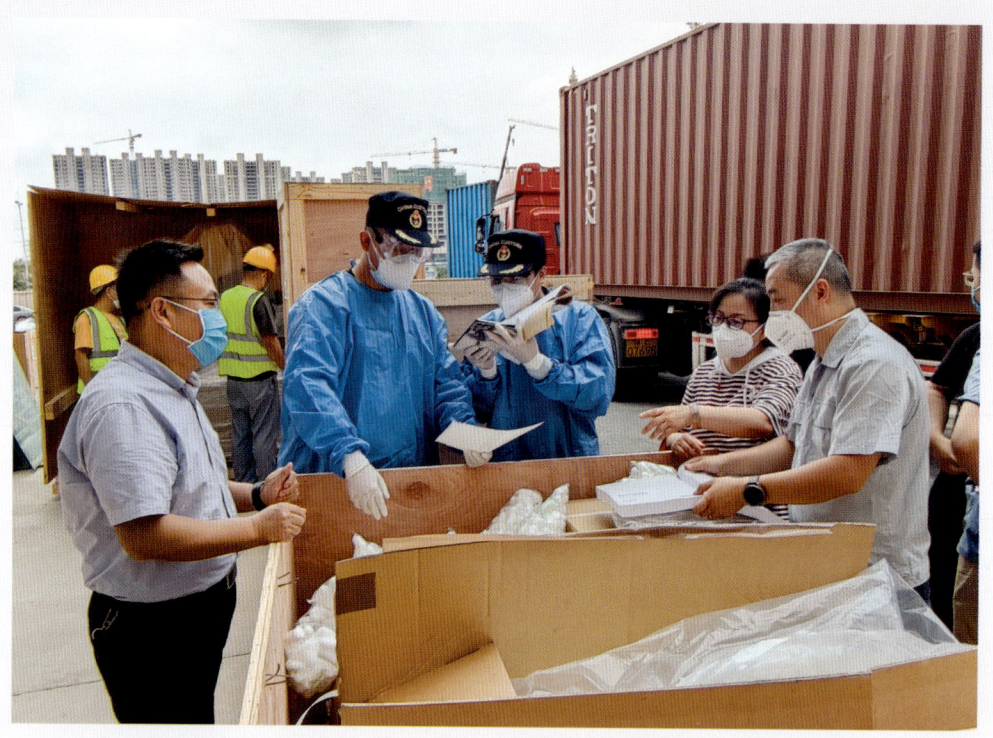

∧ 2022年8月5日，兰州海关所属金城海关查验监管进口机电设备（韩思远 摄）

< 2022年8月29日，兰州海关召开防控、监管、打击一体化打私工作第二次联席会议（陈珅越 摄）

< 2022年9月8日，兰州海关所属金城海关关员开展国门生物安全监测实操授课暨外来杂草监测调查工作（宋琳 摄）

< 2022年9月16日,兰州海关所属酒泉海关关员对辖区出口生产基地开展监管 (刘茜怡 摄)

< 2022年9月20日,兰州海关所属金城海关实施"海关远程视频查验",保障疫情期间进口医疗设备验放 (韩思远 摄)

< 2022年10月11日,兰州海关所属金城海关关员开展氰化钠查验 (韩思远 摄)

> 2022年10月13日,兰州海关所属平凉海关关员开展供港蔬菜专项检查 (刘舒蓉 摄)

> 2022年11月17日,敦煌机场海关查验鲜葡萄 (武思雨 摄)

∧ 2022年11月24日,兰州海关所属天水海关关员开展出口冷水鲟鱼现场监管 (葛晓玲 摄)

∧ 2022年11月23日,兰州海关技术中心固体废物鉴别及环境检测实验室在进行水溶盐的试剂配制检测 (李汶婷 摄)

促发展

> 2022年1月4日,兰州海关技术中心与兰州交通大学举行战略合作协议签订仪式,共同推动陇药振兴,鼓舞国家中医药发展战略,助力地方社会经济发展 (李汶婷 摄)

> 2022年4月21日,兰州海关联合甘肃省知识产权中心开展"开放日"宣传活动,现场以案说法与甘肃省人民检察院相关工作人员展开讨论 (吴旋 摄)

> 2022年5月25日,兰州海关召开出台促进外贸保稳提质十四条措施新闻发布会 (杨晓琴 摄)

∧ 2022年6月30日,兰州海关所属金城海关关员深入企业生产一线调研 (谢艳、李芊漩 摄)

∧ 2022年7月1日,兰州海关稽查处与甘肃省工信厅就甘肃省保税航煤业务推进工作进行座谈 (李琳 摄)

∧ 2022年7月13日,兰州海关所属平凉海关对出口水果果园开展调研 (周龙 摄)

∧ 2022年8月12日,兰州海关所属酒泉海关党员干部积极下沉社区支援疫情防控工作 (梁坤 摄)

∧ 2022年9月6日,兰州海关关长王彦生应邀参加甘肃省电视台"共创食安,我们在行动"系列访谈活动 (张艳 摄)

∧ 2022年9月9日,兰州海关所属金城海关关员走进社区,发放科普材料等,向广大群众宣传进出口食品安全相关知识 (吕纲 摄)

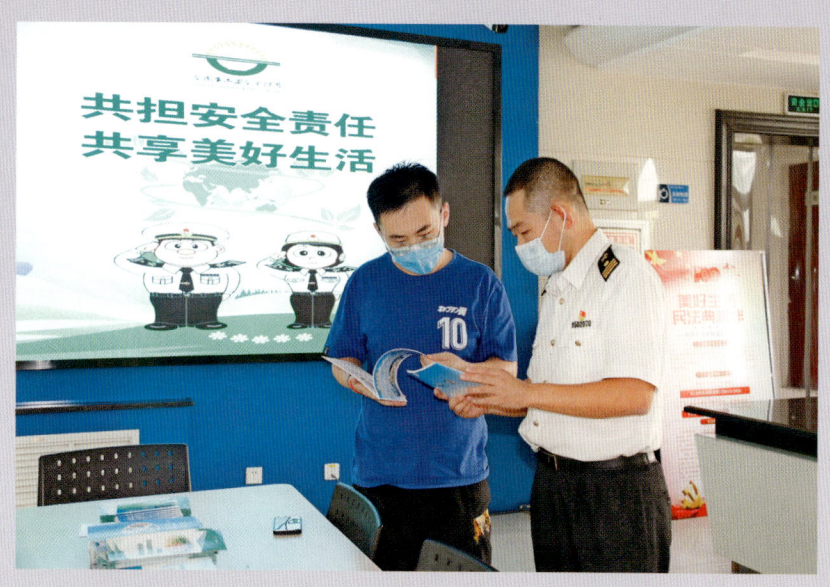

< 2022年9月13日，兰州海关所属酒泉海关积极开展2022年进出口食品安全宣传活动 （刘茜怡 摄）

< 2022年9月23日，兰州海关与甘肃省知识产权中心签订知识产权保护合作框架协议 （吴旋 摄）

< 2022年9月29日，兰州海关所属酒泉海关组织辖区进出口企业开展政策宣讲 （刘茜怡 摄）

齐奋斗

^ 2022年4月28日，兰州海关团委组织开展"五四"主题团日暨帮学助教活动（朱要林 摄）

^ 2022年6月2日，兰州海关足球队积极备战甘肃省省直机关运动会足球比赛（罗振 摄）

< 2022年5月11日,兰州海关组织参加2022年甘肃省省直机关运动会(篮球项目)(朱广跃 摄)

< 2022年6月10日,兰州海关组织参加2022年甘肃省省直机关运动会(乒乓球项目)(李艳麟 摄)

^ 2022年6月10日,兰州海关乒乓球分会在甘肃省省直机关运动会中取得优异成绩(李艳麟 摄)   ^ 2022年6月17日,兰州海关组织参加2022年甘肃省省直机关运动会羽毛球比赛(金赟 摄)

∧ 2022年6月28日,兰州海关后勤管理中心组织消防安全实操演练 (周彦斌 摄)

∧ 2022年6月29日,兰州海关驻村工作队紧抓农时帮助留守老人抢收小麦 (马建辉 摄)

› 2022年8月12日,兰州海关离退休干部办公室开展"薪火相传——银青共建话关史"活动 (蒙琳 摄)

› 2022年8月15日,兰州海关所属金昌海关入户走访,助力乡村振兴 (徐思静 摄)

> 2022年8月19日,甘肃国际旅行卫生保健中心组织医务人员开展医师节主题党日活动 (孙学军 摄)

> 2022年9月9日,兰州海关所属中川机场海关派员参加甘肃省第十五届运动会兰州新区站火炬传递活动 (刘长河 摄)

^ 2022年9月19日,兰州海关所属平凉海关牵头举办"海关文化建设西北协作区联学联建活动" (李婉蓉 摄)

^ 2022年9月23日,兰州海关离退休干部办公室录制"喜迎二十大——共赴盛世邀约"诗歌朗诵 (蒙琳 摄)

目 录

第一篇 特 载

兰州海关概况 …………………………… 3
在2022年关区工作会议上的讲话 ……… 6
在2022年兰州海关全面从严治党工作
　会议上的讲话 ………………………… 16
在2022年兰州海关专题党课上的讲话 … 24

第二篇 专 记

科学精准高效做好口岸疫情防控 ……… 31
兰州海关全力支持甘肃融入"一带一路"
　建设取得新成效 ……………………… 36
兰州海关进口铁路运输铜精矿监管通关模式
　试点取得良好成效 …………………… 40
兰州海关指导企业应用RCEP　助力甘肃产品
　扩大出口 ……………………………… 45
优化服务筑防线　强化监管保食安 …… 50
兰州海关2022年法治宣传教育工作 …… 53

第三篇 大事记

2022年兰州海关大事记 ………………… 59

第四篇 党的建设

党建工作 ………………………………… 85
　概况 …………………………………… 85
　思想理论建设 ………………………… 85
　学习宣传贯彻党的二十大精神 ……… 85
　精神文明建设 ………………………… 86
　准军事化纪律部队建设 ……………… 86
　基层党建工作 ………………………… 86
　工会工作 ……………………………… 87
　共青团工作 …………………………… 88
　定点帮扶与乡村振兴 ………………… 88
巡察工作 ………………………………… 89
　概况 …………………………………… 89
　巡察管理 ……………………………… 89
　巡察工作开展 ………………………… 89
　巡察"后半篇文章" …………………… 90
纪检监察 ………………………………… 91
　概况 …………………………………… 91
　习近平总书记重要指示批示精神和
　　党中央重大决策部署督促落实 …… 91
　新冠疫情防控监督 …………………… 91
　全面从严治党责任推动落实 ………… 91

"海关重点项目和财物管理以权谋私"
　　专项整治 …………………… 92
　作风建设 ……………………… 92
　违纪案件查办 ………………… 92
　"四种形态"运用 ……………… 92
　以案促改 ……………………… 92
　队伍建设 ……………………… 93
队伍管理 ………………………… 94
　概况 …………………………… 94
　干部教育培训 ………………… 94
　干部队伍基础建设 …………… 94
　干部队伍结构优化 …………… 95
　干部管理监督 ………………… 95
　干部队伍激励 ………………… 95
　口岸防疫人力资源保障工作 … 96
离退休人员管理 ………………… 97
　概况 …………………………… 97
　离退休人员党建工作 ………… 97
　离退休人员服务管理 ………… 97
　老干部文化教育 ……………… 98
　发挥老干部作用 ……………… 98

第五篇　业务建设

法治建设 ………………………… 103
　概况 …………………………… 103
　法规管理 ……………………… 103
　依法行政 ……………………… 103
　法治宣传教育 ………………… 104
业务改革与发展 ………………… 106
　概况 …………………………… 106
　口岸开放与发展 ……………… 106
　业务改革协调 ………………… 107

　业务改革推进 ………………… 107
　通关运行管理 ………………… 107
　知识产权海关保护 …………… 107
　特殊监管区域管理 …………… 108
　进口铁路运输铜精矿监管通关试点
　　落地甘肃 …………………… 108
　高新技术货物一体化布控查验模式
　　扩大试点工作 ……………… 109
　服务黄河流域生态保护和高质量
　　发展 ………………………… 109
　自贸试验区改革试点经验复制推广
　　工作 ………………………… 109
　口岸开放与发展 ……………… 109
　国际贸易"单一窗口"建设 …… 110
风险管理 ………………………… 111
　概况 …………………………… 111
　风险信息情报、风险预警 …… 111
　风险分析处置 ………………… 111
　大数据应用 …………………… 112
　口岸风险联合防控 …………… 112
关税征管 ………………………… 113
　概况 …………………………… 113
　综合治税 ……………………… 113
　税收风险防控 ………………… 113
　税则税政调研 ………………… 114
　税款担保改革 ………………… 114
　落实减免税优惠措施 ………… 114
　出口原产地签证 ……………… 114
卫生检疫 ………………………… 115
　概况 …………………………… 115
　检疫管理 ……………………… 115
　生物安全 ……………………… 115
　疾病监测 ……………………… 116

卫生监督 ················· 116
动植物检验检疫 ··············· 118
　　概况 ··················· 118
　　水生动物入境检疫 ············ 118
　　供港澳活牛监管 ············· 118
　　进出境植物检疫 ············· 119
　　扩大农产品出口 ············· 119
　　国门生物安全监管 ············ 119
　　参与海关总署专项工作 ········· 119
食品检验检疫 ················· 121
　　概况 ··················· 121
　　进口冷链食品监管 ············ 121
　　油籽类产品转关进口 ··········· 121
　　进口食品"国门守护"行动 ········ 121
　　食品农产品扩大出口 ··········· 121
　　进出口食品监督抽检和风险监测 ···· 122
　　"全国食品安全宣传周"活动 ······· 122
商品检验 ··················· 123
　　概况 ··················· 123
　　进口商品质量安全风险监测 ······· 123
　　汽车整车进口取得突破 ········· 123
　　优化铜精矿监管通关 ··········· 123
　　出口危险化学品及其包装检验监管
　　　　················· 124
口岸监管 ··················· 126
　　概况 ··················· 126
　　跨境电商新突破 ············· 126
　　场所场地监管 ·············· 126
　　智慧口岸建设 ·············· 126
　　开展安全生产 ·············· 127
　　口岸疫情防控 ·············· 127
统计分析及政策研究 ············· 129
　　概况 ··················· 129

　　统计监测分析 ·············· 129
　　政策研究 ················ 129
　　统计数据管理 ·············· 129
　　统计监督 ················ 130
　　统计调查 ················ 130
企业管理和稽查 ··············· 131
　　概况 ··················· 131
　　企业管理 ················ 131
　　保税监管 ················ 131
　　稽查核查 ················ 132
　　属地查检 ················ 132
查缉走私 ··················· 133
　　概况 ··················· 133
　　习近平总书记关于打击走私重要
　　　　指示批示精神落实 ········· 133
　　全员打私 ················ 134
　　智慧缉私 ················ 134
　　法治建设 ················ 134
　　综合治理 ················ 135

第六篇　综合保障

政务管理 ··················· 139
　　概况 ··················· 139
　　严格落实"第一议题" ·········· 139
　　疫情内部防控 ·············· 139
　　督查督办 ················ 140
　　公文处理 ················ 140
　　新闻信息 ················ 140
　　中央八项规定精神贯彻落实 ······ 140
　　保密管理 ················ 141
　　档案管理 ················ 141
　　政务公开 ················ 141

热线服务 …………………………… 141
应急值守 …………………………… 141
信访工作 …………………………… 142
综合保障 …………………………… 142

财务管理 ……………………………… 143
概况 ………………………………… 143
财务管理 …………………………… 143
预算管理 …………………………… 143
疫情防控保障 ……………………… 144
部门决算管理 ……………………… 144
涉案财物管理 ……………………… 144
税费财务管理 ……………………… 144
装备管理 …………………………… 144
资产管理 …………………………… 145
基建管理 …………………………… 145
政府采购管理 ……………………… 145
事业单位及所属企业管理 ………… 145
财务内部控制 ……………………… 145

科技发展 ……………………………… 147
概况 ………………………………… 147
网络安全 …………………………… 147
政务信息化 ………………………… 148
智慧海关建设 ……………………… 148
电子口岸建设 ……………………… 148
跟班作业 …………………………… 148
实验室建设 ………………………… 148
科研管理 …………………………… 149

督察内审 ……………………………… 150
概况 ………………………………… 150
督察监督 …………………………… 150
内部审计 …………………………… 150
内控建设 …………………………… 151
执法评估 …………………………… 152

第七篇　隶属海关

中川机场海关 ………………………… 155
概况 ………………………………… 155
党建工作 …………………………… 155
专项整治 …………………………… 155
口岸疫情常态化防控 ……………… 155
疫情内部防控 ……………………… 156
落实总体国家安全观 ……………… 156
优化口岸营商环境 ………………… 157
队伍建设 …………………………… 158
综合管理 …………………………… 158

金城海关 ……………………………… 159
概况 ………………………………… 159
党建工作 …………………………… 159
专项教育和"学查改"专项工作 …… 160
"海关重点项目和财物管理以权谋私"
　　专项整治 ……………………… 160
风险排查整改 ……………………… 160
税收征管改革 ……………………… 160
通关服务 …………………………… 160
落实总体国家安全观 ……………… 161
稽核查作业 ………………………… 161
检验监管 …………………………… 161
保障重点项目发展 ………………… 162
知识产权海关保护 ………………… 162
兰州新区综合保税区业务发展 …… 162
支持班列运行 ……………………… 163
口岸营商环境优化 ………………… 163
队伍建设 …………………………… 163
综合保障 …………………………… 163
疫情防控 …………………………… 164

敦煌机场海关 …… 165
概况 …… 165
党建工作 …… 165
队伍建设 …… 166
制度建设 …… 166
口岸核心能力建设 …… 166
守护国门生物安全 …… 167
疫情防控 …… 167
服务地方发展 …… 167
信息宣传 …… 168
"海关重点项目和财物管理以权谋私"
  专项整治 …… 168
准军事化纪律部队建设 …… 168
精神文明单位建设 …… 168

天水海关 …… 169
概况 …… 169
党建工作 …… 169
政治机关建设 …… 169
业务数据概况 …… 170
风险监测工作 …… 170
企业管理与稽核查工作 …… 170
优化营商环境工作 …… 170
信息宣传工作 …… 171
综合管理 …… 171
干部队伍建设 …… 171

酒泉海关 …… 173
概况 …… 173
党建工作 …… 173
疫情防控 …… 174
服务地方发展 …… 174
重点商品监管 …… 174
落实总体国家安全观 …… 175

"海关重点项目和财物管理以权谋私"
  专项整治 …… 175
综合管理 …… 176

平凉海关 …… 177
概况 …… 177
党建工作 …… 177
疫情防控 …… 178
队伍建设 …… 178
强化监管 …… 179
优化服务 …… 179
综合管理 …… 180

金昌海关 …… 181
概况 …… 181
政治机关建设 …… 181
守护国门安全 …… 182
外贸提质增效 …… 183
提升监管效能 …… 184
干部队伍建设 …… 184

第八篇　直属事业单位

兰州海关技术中心 …… 189
概况 …… 189
党建工作 …… 189
法检支撑 …… 190
实验室扩项评审工作 …… 190
实验室检测能力建设 …… 191
实验室安全生产管理 …… 191
科研工作 …… 191
资产报废处置工作 …… 191
整合加挂单位完成下属国有企业
  改制 …… 192

社会市场开拓 ………………… 192
　　入选第三次全国土壤普查检测
　　　实验室 ………………………… 192
甘肃国际旅行卫生保健中心（兰州海关口岸
　门诊部） …………………………… 193
　　概况 …………………………… 193
　　党建工作 ……………………… 193
　　口岸疫情防控 ………………… 193
　　卫生检疫技术支撑 …………… 194
　　自身建设 ……………………… 195
　　科研工作 ……………………… 195
　　社会市场开拓 ………………… 195
兰州海关后勤管理中心 …………… 196
　　概况 …………………………… 196
　　党建工作 ……………………… 196
　　内控建设 ……………………… 196
　　服务保障 ……………………… 198
中国电子口岸数据中心兰州分中心 … 199
　　概况 …………………………… 199
　　党建工作 ……………………… 199
　　队伍建设 ……………………… 200
　　制卡业务 ……………………… 200
　　控件升级 ……………………… 200

　　协助关区科技信息化保障 …… 200
　　完善电子口岸功能 …………… 200
　　会议服务及日常运维服务保障 … 201
　　市场开拓业务 ………………… 201

第九篇　荣誉榜

2022 年兰州海关获表彰情况 ……… 205
2022 年兰州海关学会评选获奖的论文 …… 209

第十篇　海关统计资料

2022 年兰州海关统计资料 ………… 213

附　录

名词解释 …………………………… 221
兰州海关促进外贸保稳提质十四条措施 …… 224

"中国海关史料丛书"编委会

"中国海关史料丛书" 编委会 ………… 227

第一篇

特载

兰州海关概况

兰州海关于 1989 年 9 月 28 日经国务院批准成立，建制为副厅级直属海关；2006 年 9 月 18 日升格为正厅级直属海关；2019 年顺利完成机构改革各项任务。关区范围为甘肃省全境。兰州海关关区共有空港口岸 2 个（兰州航空口岸和敦煌航空口岸）、铁路口岸 1 个（兰州铁路集装箱场站）；海关特殊监管区域 1 个（兰州新区综合保税区），保税监管场所 3 个（武威保税物流中心、天水开源公用型保税仓库和兰州国储石油基地自用型液体保税仓库）。

兰州海关现下设副厅局级机构 1 个，内设正处级机构 14 个，正处级隶属海关 7 个，直属事业单位 4 个，代海关总署管理事业单位 1 个，向隶属海关派驻纪检组（正处级）3 个。

历史沿革

19 世纪初，中俄贸易逐步发展。为有效管理俄商通商内地，在肃州（今酒泉）设立嘉峪关税关。

1926 年 6 月，又设敦煌税务分局，明确"暂先试办，如有成绩，再遴员专司其事"。规定"凡西来洋货在关外销售者，准在敦煌完纳税款。尚有偷漏，即行依章罚办"。

抗日战争时期，国民政府为遏制走私、维持战时经济秩序，成立甘宁绥货运稽查处。

1941 年 12 月 25 日，国民政府中央财政部关务署将甘宁绥货运稽查处改为兰州关税务司公署（以下简称"兰州关"），主要职责是征收战时消费税。

1942 年 1 月 10 日，正式办公签证，并接收原甘宁绥货运稽查处所辖 10 余处分卡。

1944 年 1 月，国民政府中央财政部下令统一分支关称谓，甘肃酒泉、张掖、武威、河口、张家川、岷县、徽县、碧口、天水、固原、平凉、兰州市东岗镇及宁夏共 13 处为兰州关所属支关。兰州市设立公路车站、黄河桥、西稍门、邮局、飞机场共 5 处支所。青海省西宁市设立西宁分卡。由于地方势力阻拦与干扰，西宁分卡设立不久便撤销。绥远分关关区设陕坝、五原、大井、普克提共 4 个分卡，后又统一改为分所。

1945 年 8 月，随着抗日战争胜利，国民政府实行复员工作，决定裁撤兰州关。但由于海关财产不能一时处理完毕，海关员工无法尽快复员等原因，兰州关的裁撤工作一直延后到 1946 年 6 月初才告结束。

中华人民共和国成立后，甘肃主要根据中央人民政府部署和各专业总公司需求，调拨当地出口商品给指定的天津、广州、上海等口岸，经口岸海关办理通关出口业务。甘肃未设立海关机构。

1980年，甘肃省获得地方自营进出口权，进出口贸易得到较快发展。

1985年8月起，甘肃、青海、宁夏3省区海关业务由西安海关管辖。

1986年6月，西安海关设立驻兰州监管组，办理甘肃省的海关业务。

1989年7月，为支持甘肃、宁夏、青海发展，国务院批准同意设立兰州海关，副厅（局）级，直属海关总署。关区范围为甘肃、青海、宁夏3省区。

1989年9月28日，兰州海关开关，正式对外办理海关业务。西安海关驻兰州监管组撤销。

1992年3月14日，兰州海关驻宁夏监管组正式成立。

1992年10月4日，兰州海关驻青海监管组正式挂牌办公。

1994年6月8日，兰州海关驻宁夏办事处正式成立。

1997年10月26日，随着宁夏对外开放的发展，银川海关建关，撤销兰州海关驻宁夏办事处。

1998年10月8日，随着青海省对外开放的发展，西宁海关建关，撤销兰州海关驻青海监管组。自此，兰州海关关区范围限甘肃省全境。

从1989年9月至银川海关、西宁海关成立期间，甘肃、青海、宁夏进出口货物报关业务一般在兰州海关及兰州海关派驻青海监管组或银川办事处办理。

1999年5月20日，兰州海关走私犯罪侦查分局正式挂牌成立；2003年1月1日，更名为兰州海关缉私局。

2006年，海关总署实施区域通关改革后，在口岸清关的进出口货物逐步转至兰州海关报关。

2006年9月，国务院批准兰州海关升格为正厅（局）级海关。

2006年年底，兰州海关办公地点迁至甘肃省兰州市安宁区银安路9号。

2007年10月26日，兰州海关所属酒泉海关正式开关办理业务。

2015年3月，海关总署批准设立中华人民共和国敦煌机场海关，为兰州海关隶属正处级海关机构；2019年5月9日，敦煌机场海关正式开关。

2015年10月23日，兰州海关所属金昌海关开关；2016年4月1日，正式对外开办业务。

2018年4月20日，原甘肃出入境检验检疫局统一以兰州海关名义对外开展工作。

2018年12月，经海关总署批复，成立兰州中川机场海关，为兰州海关隶属正处级海关机构。

2019年1月21日，金城海关正式对外办公；2020年1月10日，揭牌开关，为兰州海关隶属正处级海关机构。

2019年12月25日，天水海关正式揭牌，为兰州海关隶属正处级海关机构。

2019年10月28日，平凉海关揭牌开关，为兰州海关隶属正处级海关机构。

主要职责

兰州海关是受海关总署直接领导，负责指

定口岸及相关区域范围内海关工作运行管理、监督监控的正厅级直属海关，领导隶属海关。主要职责是：

（一）负责本关区贯彻落实党中央、国务院关于海关工作的方针政策和决策部署，在履行职责过程中坚持和加强党对海关工作的集中统一领导，履行全面从严治党责任。

（二）负责贯彻执行与海关管理相关的法律、法规、规章、规范性文件和相关技术规范，负责本关区征税、监管、缉私、出入境检验检疫、统计等工作。

（三）监控研判本关区各类执法风险、管理风险和廉政风险并组织防范和化解，负责本关区基层党组织建设、队伍建设和日常管理工作。

（四）完成海关总署交办的其他工作。

在 2022 年关区工作会议上的讲话

兰州海关关长、党委书记 王彦生

（2022 年 1 月 27 日）

这次会议的主要任务是：以习近平新时代中国特色社会主义思想为指导，认真贯彻全国海关工作会议、全国海关全面从严治党工作会议精神，总结工作、分析形势、明确要求，研究安排 2022 年工作。

一、2021 年关区工作回顾

2021 年，在海关总署的正确领导下，在省委省政府的关心支持下，兰州海关上下深入贯彻党的十九大和十九届历次全会精神，持续深化"五关"建设，更加注重夯实基础，更加注重固强补弱，更加注重提质增效，各项工作取得新成绩。

一年来，我们从严从实、强基提质，政治机关建设有效强化。

"第一议题"制度有效固化。坚决贯彻落实习近平总书记重要讲话和重要指示批示精神，结合实际研提落实措施、开展专题研讨、制订工作方案，"第一议题"制度在关区得到有效贯彻落实。修订完善《中共兰州海关委员会工作规则》《兰州海关工作规则》，从制度层面确立"组织学习、研提措施、执行落实、跟踪问效"的闭环工作机制。

党史学习教育扎实开展。突出处以上领导干部教育重点，压实学习教育责任。扎实开展"我为群众办实事"实践活动，对征集到的 82 条意见和 43 项措施全部整改到位。用好甘肃特色教育资源，各党支部赴省内红色教育基地开展现场教育 39 次。开展全员党史知识测试，参加西北协作区党史知识竞赛获二等奖。

基层党建工作规范推进。制定《兰州海关基层党支部建设标准化工作规范》，党建工作规范性进一步增强。专题开展干部职工思想动态调查，思想政治工作的针对性和有效性显著提升。建立"书记项目"35 个，3 个优秀项目在省直机关交流。关区 1 个党支部被命名"全省标准化先进党支部"，1 个全国海关示范品牌、2 个培育品牌通过复核。9 个党支部被命名"省直机关标准化示范党支部"。

从严治关更为有力。聚焦党中央、国务院重大决策部署，制定 27 项督审重点任务，开展 5 个专项督察，发现并全部完成 15 项问题的整改。加强对"一把手"和领导班子监督，对 5 位隶属海关、事业单位主要领导干部完成经济责任审计。扎实开展"现场监管与外勤执法权力寻租"专项整治，探索纪检与审计监督贯通融合，深化运用监督执纪"四种形态"，关区累计运用"四种形态"62人次。注重日常养成，准军事化纪律部队建设扎实推进。

巡视整改成效持续巩固。党委专题研究巡视整改工作8次，听取巡视整改进展汇报2次，开展2次巡视整改"回头看"，落实巡视整改任务120项，完成率99.17%。推动巡视巡察上下联动，对14个职能部门和1个事业单位开展政治巡察，巡察覆盖率达到92%。

一年来，我们履职尽责、担当作为，党中央重大决策部署有力落实。

持续抓好疫情防控。创新实施"三岗合一"监管模式，防控措施更加精准完善，检疫作业流程进一步优化，入境保障人员、通关时间同步压缩1/3。坚持问题导向开展风险排查，对中川机场硬件设施方面存在的3方面8个问题，推动地方政府全部整改到位。坚持"人物同防"，严防疫情通过冷链渠道输入。完善内部防控机制，迅速有效应对甘肃本土疫情，实现"打胜仗、零感染"目标。

全力融入"一带一路"建设。跟进保障武威"天马号"和"兰州—二连浩特—莫斯科""义乌—兰州—莫斯科"等国际货运班列顺利发运。加强与口岸海关执法联动，推动落地"中吉乌"多式联运海关监管新模式。监管国际货运班列22列，货运量1.7万吨，货值3.1亿元，同比分别增长10倍、6倍、38倍。服务黄河流域生态保护和高质量发展，细化28个方面195项具体措施。实现对"一带一路"共建国家（地区）外贸进出口总值224.4亿元，同比增长30.5%。

产业帮扶助推乡村振兴。支持特色产业发展，实现敦煌蜜瓜、平凉枸杞汁、临夏鲟鱼等11个特色农产品首次出口，供港澳活牛出口累计1961头，再创新高。重新选派8名第一书记，调整3名队员，充实驻村帮扶一线力量。为帮扶村捐赠物资2.6万件。

一年来，我们创新机制、优化流程，监管能力持续提升。

业务改革纵深推进。"两步申报""两段准入"等业务改革不断拓展，"两步申报"应用率大幅提升至49.5%。落实企业信用管理制度改革，对36家企业信用等级进行调整。推进税收担保改革，进一步节省企业成本。

实际监管有效强化。风险情报信息快速预警机制初步建立，人工涉检分析布控力度进一步加大。推动旅检"先期机检"项目落地，监管智能化水平进一步提升。加强危化品及其包装检验监管，对危包企业开展综合评估，扎实开展延伸检测和周期性监管。推进稽查业务改革，树立以查发为导向稽查理念，取消常规稽查，开展"特许权使用费"等5个稽查专项行动。开发上线"兰州海关网上核查系统"，进一步提升核查规范性和准确性。

综合治税持续深化。圆满完成税收目标，关区全年税收入库18.2亿元，同比增长8.4%。推进属地纳税人管理落实，完成29家纳税企业和20家报关企业底账信息采集。强化税收征管日常监控，关区税收入库及时率、担保处置率、汇率和税率适用准确率均为100%。

检疫防线有效筑牢。完成关区供港澳活牛、蔬菜、水果、饲料和动物源性食品疫情疫病监测和安全风险物质监控任务。完成2804

头进境种用动物口岸查验和隔离检疫工作，检出二类动物疫病 5 种类 45 种次。做好外繁种子口岸检疫，全年检出检疫性有害生物 6 种类 10 种次，其中菜豆晕疫病菌为全国口岸首次检出。

全员打私有力推进。落实总署"1+6"打私工作机制，推动关区"防控、监管、打击"一体化打私体系建设，全年刑事案件立案 2 起，案值 993.14 万元，移送审查起诉案件 3 起 7 人，侦办的首起走私雪茄系列案获海关总署缉私局表扬。行政案件立案 11 起，案值 1729.65 万元，查获关区首起特许权使用费违规案件。

实际检测能力不断提升。购置移动 P2+方舱实验室配套设备，兰州海关制定的方舱实验室管理制度在系统内推广。新冠病毒检测实验室日最大检测能力由 160 人次提升到 400 人次。建成包装实验室，实现危化品包装自检。

一年来，我们迎难而上、求真务实，服务发展水平进一步提高。

支持综合保税区高质量发展更加务实。持续向区内企业释放分送集报、饲料加工全流程品质监测、区内合格评定、抽样即放等优惠政策利好，推广"委托加工""分类监管"业务模式。全年实现进出口总值 77.2 亿元，同比增长 1.4 倍。

新贸易业态培植更为有力。推动实现跨境电商 B2B 出口、跨境电商出口海外仓两种业务模式落地，全力保障跨境电商保税网购业务迅速发展。支持镍矿砂及其精矿、针状沥青焦等保税新业务以及阴极铜等深加工结转业务发展。推动保税航煤业务拓展，保税航煤出口 3.5 万吨，同比增长 3.65 倍。

对企业帮扶培育更加有效。实施企业备案管理全程网办，审查时间由 20 日缩减为当日。大力推进 AEO 认证培育工作，开展企业信用培育 22 家，新增高级认证企业 1 家。帮扶 45 家出口水果包装厂、46 家备案果园取得国外注册资质，3 家供港澳活牛育肥场通过香港食物环境卫生署符合性审查。开展 RCEP 政策宣传，签发各类原产地证书 4340 份，签证金额 3.4 亿美元，帮助企业享惠约 912 万美元。开展多层级知识产权海关保护联合宣传执法，培塑重点企业由 2 家增为 3 家。

服务宏观经济能力持续提升。扎实开展税政调研，报署税则调整建议 15 项，3 项通过总署审核。完成进出口货物整体通关时间压缩任务，2021 年 12 月，关区进、出口整体通关时间比 2017 年分别压缩 65.17%、99.84%。加强技术性贸易措施应对，参与总署 SPS 评议 5 次，开展 7 类产品 41 家企业年度国外技术性贸易措施影响调查。对我国植物种子进口和海运集装箱运力运价开展 2 项专项分析，向海关总署报送 3 篇专题报告。

一年来，我们夯实基础、转变作风，关区治理效能不断增强。

内部管理机制更加健全。明确隶属海关党委职责和事权，关区政务运转更为规范有序。建立"业务请示报告制度""重大业务会商机制""重大专项业务工作联动机制"，在隶属海关建立"基层业务问题直报"，提升应对复杂疑难业务问题能力。

治理体系更加完善。建立"兰州海关行政执法规范指导平台"，构建三级制度体系，新建、修订制度及作业指导书 119 份。参与总署权责清单编制试点，梳理 10 项权责事项。开展"三项制度"推进落实情况"回头看",编制行政执法目录清单,涉及项目315项,开展重大执法决定法制审核20次。

干部人事工作水平进一步提高。"三位一体"考核机制不断完善,绩效考核评价制度有效实施。落实专业技术类公务员分类改革,事业单位岗位设置和聘任有序推进,选优配强隶属海关、事业单位领导班子。进一步优化队伍结构,制定干部遴选、交流办法,充实2名执法一线科长担任隶属海关党委委员,晋升职级34人次。健全完善及时奖励工作机制,对表现突出的2个集体、15名个人予以嘉奖。

综合保障能力持续提升。政务运转更为顺畅,外发公文实现"零差错",新闻宣传积分2348.5分,进入C类海关排名前3名。科技创新能力不断提升,参与国家级科研项目1项、省部级科研项目2项。财务管理效能进一步提升。后勤管理更加规范,办公环境持续优化,智慧食堂建设有力推进,干部职工幸福感、满意度进一步提升。此外,关区学会、工会、团委各项工作都取得了可圈可点的成绩。

2021年,关区上下紧紧围绕"更加注重夯实基础,更加注重固强补弱,更加注重提质增效"的工作思路,切实做好打基础、补短板、强弱项、利长远的各项工作。我们把制度建设作为打基础的核心要求,优化了关区制度体系,编制了岗位作业指导书,监管服务工作更加规范;把抓落实作为补短板的重要手段,细化重点工作任务台账,每月督办任务进度,工作统筹性和计划性更强,执行更为有力;把改作风作为强弱项的有力保障,大力倡导求真务实的工作作风,一步一个脚印推进关区事业高质量发展;把队伍建设作为利长远的根本动力,坚持严管厚爱,关心关爱干部职工,持续优化队伍结构,队伍的凝聚力、战斗力进一步增强。这些成绩的取得,得益于总署党委的正确领导,得益于省委省政府的关心支持,得益于关区全体干部职工的努力拼搏。在此,我代表关党委,向关心兰州海关发展的相关单位、部门,向关区全体干部职工表示衷心的感谢并致以崇高的敬意!

一年来的工作实践,也带给了我们很多启示:一是必须坚持政治机关属性,捍卫"两个确立",做到"两个维护",强化政治机关建设,形成从政治层面强化业务工作的自觉,才能守住为民初心,担当神圣使命;二是必须统筹发展与安全,立足职责践行总体国家安全观,完善全链条全领域监管,才能确保关区事业行稳致远、长治久安;三是必须勇于担当作为,用苦干实干来体现担当,用实际成果来彰显作为,才能取得经得起检验的业绩;四是必须坚持求真务实,不搭花架子,不做表面文章,实事求是、脚踏实地做好每一项工作,才能推动事业前进,走好新时代的赶考之路。

启示指引我们前进,存在的不足也需要引起高度警觉。当前兰州海关发展还面临一些问题和短板,集中体现为:治理效能还有待进一步提高,日常管理不精细、不规范、不落地的情况依然存在;队伍履职能力还需提升,业务基础薄弱、制度不健全等历史性问题还未得到有效的根本解决;改革创新还需加力,智慧海关建设推进力度不大,科技引领作用、改革固化作用、基础保障作用发挥还不充分;关区积极向上、争先进位的氛围还不浓厚,队伍后发赶超的信心、主动性还需进一步提振;应对风险隐患的能力还需加强,兰州海关监管点多、线长、面广，与机构编制少的矛盾、专业岗位要求与人员资质短缺的矛盾、新业务不断增多与业务能力不足的矛盾等交织产生的安全风险、监管风险、廉政风险依然突出叠加。这些不足是表面能看到的，反映出的还是我们的能力不足和工作作风不过硬的问题，需要下大力气研究解决。

二、准确把握新发展阶段兰州海关面临的新形势新任务

从政治机关建设角度来看，"讲政治"的标准更高、要求更严。今年将召开党的二十大，这是党和国家政治生活中的一件大事。更需要我们深刻把握"两个确立"的决定性意义，提高政治站位，强化政治担当，更加主动从政治角度审视工作，确保统一意志、统一步调向前进。

从维护国家安全来看，维护国门安全面临严峻挑战。当前国门安全形势更为严峻，海关在口岸维护国家政治、经济、文化、社会、生态等安全的任务更加繁重。反宣品、毒品、武器弹药等走私值得高度警惕，象牙等濒危物种走私、固体废物走私和动植物疫情疫病、外来有害物种对生态环境安全带来严重威胁，新冠疫情防控压力持续不减，烈性传染病在境外时有发生，需要我们守土有责、守土尽责，切实守住监管底线。

从服务宏观经济来看，国际形势严峻复杂。世界百年未有之大变局在疫情冲击下加速演变，世界经济复苏动能趋缓，保护主义、单边主义抬头让经济全球化遭遇逆流，多边贸易体制受到严重冲击。中国经济发展面临需求收缩、供给冲击、预期转弱三重压力。需要我们牢牢坚持稳中求进工作总基调，立足海关职责，主动对标高标准国际经贸规则，以高水平开放促进深层次改革、推动高质量发展。

从支持甘肃外贸来看，政策优势加速向发展动能转化。甘肃正处于国家重大战略部署和自身发展势能增强的交汇叠加期，在党和国家大局中的生态屏障、能源基地、战略通道、开放枢纽的功能地位更加凸显。但发展不够仍是甘肃省最大实际，综合经济实力和产业竞争力有待提升，外贸依存度低，营商环境还需进一步优化。海关在服务甘肃"一带一路"建设中大有可为，需要我们结合实际认真谋划落实。

从兰州海关发展来看，事业发展的后劲更足。经过我们一年来抓基层、打基础，关区制度体系显著健全，治理能力得到提升，工作作风持续转变，业务联动更加紧密，考核管理更加科学，队伍的凝聚力、向心力、战斗力进一步增强，事业发展后劲更足，呈现出团结务实、人心思进、合力推进高质量发展的良好开端。

2022年，做好关区工作的总体思路是：以习近平新时代中国特色社会主义思想为指导，深入贯彻党的十九大和十九届历次全会精神，坚决贯彻落实全国海关工作会议、全国海关全面从严治党工作会议精神，弘扬伟大建党精神，深入学习领会"两个确立"的决定性意义，坚持党对海关工作的绝对领导，增强"四个意识"、坚定"四个自信"、做到"两个维护"，坚持稳中求进工作总基调，立足新发展阶段，完整、准确、全面贯彻新发展理念，加快构建新发展格局，推动高质量发展；持续强化政治机关建设，统筹口岸疫情防控和促进外贸稳增长，强化监管优化服务，坚决守牢国门

安全，全力促进高水平对外开放，以优异成绩迎接党的二十大胜利召开。

三、笃定实干、提升能力，高质量做好2022年重点工作

（一）捍卫"两个确立"，做到"两个维护"，强化政治机关建设

提高政治意识。突出政治引领、突出主体责任、突出岗位职责，扎实开展捍卫"两个确立"、做到"两个维护"、强化政治机关建设专项教育活动。坚决落实党中央重大决策部署，强化督促检查，持续跟踪问效，确保执行落地。坚持用党的创新理论武装头脑，把学懂弄通做实习近平新时代中国特色社会主义思想作为首要政治任务，建立"第一议题"台账管理制度，进一步完善全流程闭环管理机制。

突出政治属性。强化政治机关定位，大力加强对党忠诚教育、党性教育和海关职业操守教育，把讲政治的要求始终体现到忠诚履职、把好国门的具体实践中。落实意识形态工作责任制，强化意识形态分析结果运用。总结拓展"我为群众办实事"实践活动成果，建立党史学习教育常态化长效化机制，做好迎接党的二十大宣传引导和二十大精神学习贯彻。坚持问题导向，推动巡视、巡察上下联动，整体做好落实整改、效果评价和总结报告工作。

提升政治执行力。精准领会党中央决策意图、吃透指示精神、结合实际制定细化措施，持续跟踪问效，在落实中提升政治执行力。严格落实重大事项请示报告制度。把政治执行力作为开展政治生态分析研判的重要内容，强化监督检查，营造清朗政治生态。

（二）强化执法把关，提升监管效能，坚决筑牢国门安全防线

持续加强实际监管。推进风险防控一体化，强化协同共治，完善和优化布控规则体系，不断提升风险防控效能。进一步加强货物口岸检查作业规范性，依托关区二、三级监控指挥中心提升监督检查效能。扩大稽核查线索来源，突出查发导向，提升稽核查精准度。落实"属地查检"作业要求，规范执法作业。加强海关特殊监管区域（场所）、海关监管作业场所（场地）管理，持续抓好安全生产工作。持续拓展旅检"先期机检"应用成果，持续加大对反宣品等禁限类物品的查缉力度。

维护国门生物安全。积极参与总署智慧动植检建设，强化动植物疫情疫病风险监测和预警。坚持人病兽防、关口前移，做好国境口岸病媒生物监测，严防动植物疫情疫病传入。开展"国门绿盾2022"行动，强化外来入侵物种口岸防控。进一步严格做好进口冷链食品和进口高风险非冷链集装箱货物抽样检测和预防性消毒监督工作。严格实施供港澳农食产品检验检疫监管。

筑牢口岸卫生检疫防线。科学精准做好口岸疫情防控，从严开展对高风险国家进境运输工具的消毒监督工作，从严做好人员防护。严格做好埃博拉、登革热等重大传染病口岸防控，防止出现疫情叠加。开展兰州航空口岸核心能力动态管理，推动敦煌航空口岸核心能力建设争取通过总署验收。规范高效做好新冠疫苗出口审批和监管通关工作。

严把进出口食品及商品质量安全关。落实食品安全"四个最严"要求，压实进出口食品企业主体责任，严厉处罚违规行为。优化商品

检验模式，推进检验结果采信。聚焦"安全卫生健康环保"要求，加强危化品、矿产品、防疫物资、机动车等重点敏感商品检验监管。

提升税收征管水平。坚持依法科学征管，推进综合治税，全力以赴完成税收预算目标。深化属地纳税人管理，完善税收风险防控体系。认真落实税收政策，稳步提升税收征管效能。

保持反走私高压态势。开展"国门利剑2022"行动，重点打击"洋垃圾"、涉枪涉毒等走私，持续打击涉检违法犯罪行为。深化"全员打私"，提升业务现场查发、移交、处置能力。提高缉私警察专业保障能力，强化执法规范化建设，加快推进"智慧缉私"。深入开展反走私综合治理，不断提升整体打私能力。

（三）持续优化服务，加快政策转化，支持甘肃开放型经济发展再上新台阶

更好融入"一带一路"建设。把服务"一带一路"作为全年业务工作总抓手。指导做好中川机场项目扩建，提升口岸智能化水平。支持兰州新区综合保税区开展平行进口汽车整车保税仓储业务，探索设立平行进口汽车标准符合性整改场所。支持木材、饲料等加工产业发展，鼓励"外发加工""委托加工""分类监管"等业务模式拓展延伸。梳理完善兰州新区综合保税区政策清单，做好自由贸易试验区改革试点经验复制推广工作。探索依托兰州国际空港、兰州国际陆港、兰州新区综合保税区创新"区港联动"业务模式，建立跨隶属海关辖区业务"点对点"机制，优化跨隶属海关辖区（代码）人员授权管理，提高平台协同联动水平。跟进落实服务黄河流域生态保护和高质量发展工作措施，全面深化区域协同发展。

联动推进业务改革。固化"重大业务会商机制""基层业务问题直报"等制度成果，提升业务运行效能。深化税收担保改革，实施以企业为单元的税款担保。进一步扩大企业集团财务公司担保改革应用范围。将报关单位备案全面纳入"多证合一"，取消进口肉类收货人、进口化妆品境内收货人备案，完善报关单位注销管理。跟进铜精矿目的地检验模式改革试点，完善监管流程。

支持甘肃特色产业发展。简化出境农产品种植养殖基地、企业注册备案手续，支持特色农畜产品出口。加强RCEP等自贸协定及便利化措施研究、宣传，做好原产地证书签发。支持外繁制种特色产业发展，充分发挥外繁制种国家级重点检测实验室作用，做好外繁制种基地植物疫情疫病监测检测，鼓励引进国外优质种源改良品种。深入开展技术性贸易措施调查工作，同时结合甘肃省重点产业发展实际需求，有针对性地开展SPS评议。大力推进AEO培育认证工作，强化信用监管措施落实落地。强化各层级知识产权联合执法，加大对甘肃优势品牌产品的知识产权保护力度。发挥统计监测预警优势，为甘肃特色产业发展提供更为精准有效的政策支持。

助力新贸易业态蓬勃发展。持续释放跨境电商B2B出口、跨境电商出口海外仓业务模式政策红利，加快经验复制推广。推进原油和保税航煤业务属地化发展。支持敦煌文博会、兰洽会等重要节会展会，全力保障进出境展览品、样品快速通关。

（四）推进精准管理，注重执行落地，不断优化内部管理机制

规范隶属海关人财物事权管理。紧盯重点领域环节，严格落实"三重一大"集体决策制度。健全隶属海关党委各项工作制度，推动决策科学化、程序规范化。有序开展科级干部选拔任用工作，进一步优化干部梯队。结合人岗适配性有针对性地开展隶属海关内部、跨隶属海关干部交流。统筹做好干部职级晋升、关衔调整工作。

提升法治海关建设水平。把制度建设作为一项基础性工作持之以恒抓好。严把制度审核关，树立实用、管用、好用的制度导向。提升"兰州海关行政执法规范指导平台"运用效能，实现重点执法环节与三级制度体系紧密衔接。编制兰州海关权责清单，紧盯"三项制度"落实，提升行政执法系统化、规范化水平。开展法制督导，对制度执行情况进行跟踪评估、效果评价。优化关区法治力量配置，更好发挥兰州海关制度审核小组和公职律师队伍作用。落实"双随机、一公开"执法要求，提升规范化水平。

提高政务运行质量。加强精细化管理，做好关区重点工作任务分解和跟踪督办。持续改进文风，提升关区公文起草、办理质量。紧扣党中央重大决策部署和海关重点工作开展政策研究和信息宣传，提升"以文辅政"作用发挥。继续完善联合监督机制，持续减轻基层负担，提高政务运转效能。

提升财务管理水平。深入落实"过紧日子"要求，进一步压减一般性支出，强化"三公"经费管理，规范政府采购，加强节约节能管理。推进预算绩效管理，对绩效目标和预算执行实行"双监控"，提升资金使用效果。严格落实国企改革工作要求，持续做好涉企收费管理、涉案财物管理。推进资产清查，规范做好闲置房地产处置利用工作。

发挥督察审计效能。发挥督察审计对重点工作落实成效的监督检查作用，加强压力传导，突出精准发力。持续优化内控机制，将高风险节点执行情况作为年度职能部门监控、督察审计重点内容，探索打造执法一线内控"样板间"、示范点。推进督察审计、巡视巡察、职能监控等内控力量整合，建立问题整改长效机制。

发挥科技支撑作用。提升网络安全管理水平和防御能力，加强数据安全管理。完善关区电子口岸专网二级节点功能，提高机房规范化、科学化管理水平。提高实验室检测能力，严格开展实验室绩效考核、安全督查等工作。有序推进新区检测平台规划建设工作。注重科技人才培养，优化正面激励机制，探索联合创新机制，鼓励科技人才参与科研项目攻关。

（五）坚持从严要求，强化监督执纪，推动全面从严治党向纵深发展

加强基层党的建设。深化拓展"强基提质工程"，扩大"书记项目"试点。用好"智慧党建""甘肃党建"平台，组织开展红色文化传承现场教育，提升教育成效。做好党支部书记述职评议考核，考准考实党建责任。加强驻村帮扶党组织建设，推动基层党建在落实乡村振兴战略中更好体现。

深化全面从严治党。压紧压实"两个责任"，强化责任落实评价考核。深化运用监督执纪"四种形态"，着力在用好第一种形态上下功夫，坚持挺纪在前、预防在先、防微杜渐。锲而不舍纠治"四风"，继续整治形式主义、官僚主义问题。推进打私反腐"一案双查"，加大对违纪违法典型案例通报分析力度，提高警示教育的针对性有效性。落实垂管单位

纪检监察体制改革部署，加强规范化、法治化、正规化的纪检监察干部队伍建设。

做实做细监督。将政治监督融入日常，严明政治纪律和政治规矩，强化政治监督保障制度执行，在践行"两个维护"上见态度、见行动、见担当。修订完善《政治监督工作指引》《派驻监督工作指引》，制定《事业单位监督指引》，提升监管规范性。强化专责监督，重点加强对"一把手"和领导班子监督。规范派驻监督，发挥"前哨"和"探头"作用，增强分析解决问题的系统思维，提升案件自主查发能力。

加强队伍建设。深化干部工作"五大体系"建设，建立科学完善的干部队伍管理考核体系。鲜明培树重实干、重实效的用人导向，进一步完善干部交流、遴选工作机制，加强执法一线科长队伍建设，持续优化队伍结构。推进关区专家库建设，加强人员资质管理，更加注重教育培训实效性，切实提升队伍能力素质。落实总署事业单位改革部署，提高机构编制配置效能。加强队伍规范化管理，抓好经常性、实战性岗位练兵和技能比武。注重常态长效，锤炼过硬的准军事化纪律部队。

关区今年工作的任务部署已经明确，落实好这些部署，考验党性作风，更检验能力水平。离开了能力建设，我们达成目标就会事倍功半。具体来说，全关同志要重点提升4方面能力：

一是政治能力。在干部干好工作所需的各种能力中，政治能力是第一位的。要提高政治站位，坚持用习近平新时代中国特色社会主义思想武装头脑，指导实践，推动工作，善于从政治上分析问题、解决问题；要理论联系实际，在担当作为中积累政治经验，联系具体工作提升政治判断力、政治领悟力、政治执行力；要坚持从政底线，严守政治纪律和政治规矩，始终做到忠诚干净担当，永葆共产党人的政治本色。

二是监管能力。监管是海关工作的基石。当前关区开放平台建设不断推进，新贸易业态蓬勃发展，更需要我们提升实际监管能力。要通过制度建设规范监管，确保执法规范严谨统一；要优化链条完善监管，强化监管协同，提升监管的整体性；要紧盯重点领域强化监管，消除危害社会安全稳定的各种有害因素；要主动思考谋划，加强风险分析，准确把握国家安全形势变化新特点新趋势，加强对外开放领域面临风险挑战的前瞻性研判，提升监管精准度。

三是服务能力。要提高站位抓服务，始终紧紧围绕"一带一路"建设、黄河流域生态保护和高质量发展等党中央重大决策部署，采取务实措施提升服务质量和水平。要立足需求抓服务，广泛听取、及时解决各方反映的痛点难点问题，让企业和群众从海关工作中体会到更多的获得感和安全感。要加强外贸形势研判，强化统计分析和监测预警，为支持外向型经济发展提供更有价值的参考。

四是开拓创新能力。当前，海关处于国内国际双循环的"交汇枢纽"，需要我们拿出更大的勇气和智慧，坚定不移开拓创新。要进一步拓宽视野，加强研究，转变观念，立足实际更高对接总署各项工作部署。要在法治框架下开展工作，有针对性地推进理念创新、工作方式方法创新、监管模式创新，处理好执法规范与创新之间的关系。

同志们！

新形势呼唤新能力，新时代展现新作为。让我们深入学习贯彻党的十九大和十九届历次全会精神，真抓实干、不懈奋斗，为深化"五关"建设、推进富民兴陇作出兰州海关新的更大贡献，以优异成绩迎接党的二十大胜利召开！

在2022年兰州海关全面从严治党工作会议上的讲话

兰州海关党委书记、关长　王彦生

(2022年1月27日)

这次会议的主要任务是,深入学习贯彻习近平总书记重要讲话精神,认真落实2022年全国海关全面从严治党工作会议精神,回顾2021年兰州海关全面从严治党、党风廉政建设和反腐败工作,部署2022年工作任务。

一、2021年工作回顾

一年来,在总署党委的正确领导下,关区各级党组织和广大党员干部坚持以习近平新时代中国特色社会主义思想为指导,认真落实2021年全国海关全面从严治党工作会议部署要求,坚持严的主基调不动摇,扎实推进清廉海关建设,党的政治建设不断加强,管党治党责任不断压实,党建工作质效不断提升,作风建设成果不断巩固,政治监督效能不断显现,全面从严治党、党风廉政建设和反腐败工作取得新进展新成效。

（一）在抓政治机关建设,不断提高政治判断力、政治领悟力、政治执行力上有了进一步提高

一是立足海关政治机关定位,旗帜鲜明讲政治,深化政治建关,常态长效创建"让党中央放心、让人民群众满意的模范机关",各级党组织对标看齐,持续强化政治机关意识,政治判断力不断提高；二是固化落实"第一议题"制度,做到"三个第一"学习贯彻习近平总书记重要讲话和重要指示批示精神,构建了"组织学习、研提措施、执行落实、跟踪问效"的闭环管理机制,政治领悟力不断提高；三是把全面从严治党首先要从政治上看的要求,贯穿到做好常态化疫情防控工作、强化监管筑牢国门安全防线、优化服务促进外贸发展、持续深化巡视整改等重要工作中,对习近平总书记关于知识产权保护、海关"三智"建设等重要讲话要求,都制订了详细的实施方案,自觉把"两个维护"落实到实际行动上,政治执行力不断提高。

（二）在抓加强理论武装,不断学懂弄通做实上有了进一步提高

一是发挥党委理论中心组学习带动作用,深入学习贯彻党的十九届六中全会精神,及时跟进学习习近平总书记最新重要讲话精神,党委委员

带头讲体会、讲收获、讲落实。二是开展集中培训辅导推动学深悟透，先后举办党的十九届五中全会精神培训班、党的十九届六中全会精神读书班，11次邀请专家学者举办专题讲座，深刻领会全会精神。三是把党史学习教育作为重大政治任务，做好庆祝中国共产党成立100周年各项工作，用好红色资源就近就便开展体验式教学，开展"读一本党史书籍""讲一段党史故事""看一部党史电影"活动，组织党史知识测试和竞赛，组队参加文化建设西北协作区党史知识竞赛获二等奖，有力推动党员干部"学史明理、学史增信、学史崇德、学史力行"。

（三）在抓"我为群众办实事"，不断强化党员干部初心使命上有了进一步提高

一是带着目标下基层。开通"关长信箱"，召开各层级座谈会，确定基层调研重点方向，调研针对性有效提高。二是奔着问题访民情。党委委员带领7个调研组，深入基层一线和企业，召开"关政企"座谈会，真正了解企业实际困难。三是马上就办解难题。制定2批重点民生项目清单，梳理出5类共43个民生项目措施，集中解决服务对象和干部群众关切的突出问题。四是真心实意办实事。紧密结合海关职能定位和甘肃省外贸工作实际，真正把"办实事"落到基层、做到实处。各级党组织和党员干部通过"下基层、访民情、解难题、办实事"，切实解决了一批人民群众"急难愁盼"问题。

（四）在抓党建基层基础，不断推动发挥堡垒先锋作用上有了进一步提高

一是党支部标准化建设进一步深入，印发《兰州海关党支部建设标准化工作规范》，每月发布《基层支部党建工作指引》，用力夯实建强党支部这个基本单元，建成1个"全省标准化先进党支部"、9个"省直机关标准化示范党支部"。二是党建工作述职评议考核体系进一步完善，采用"一述一问一评"方式开展关区党组织书记现场述职评议，量化完善党建工作绩效考核指标，各级党组织书记主动抓党建的意识不断提升。三是先锋模范作用进一步彰显，党员干部在口岸和地方疫情防控等重大考验重要任务中冲锋在前，1人被评为"全省优秀共产党员"，1个集体、1名个人获得甘肃省抗击新冠疫情先进表彰，1人获评"甘肃省脱贫攻坚先进个人"。

（五）在抓纠治"四风"，不断净化政治生态上有了进一步提高

一是纪律作风持续向好。结合实际制定落实《持续解决形式主义问题为基层减负的8条措施》，细化《深入治理违反中央八项规定精神突出问题进一步推进清廉海关建设若干措施任务分工台账》。规范公务用车审批手续，严把公务接待审批关。排查"指尖上的形式主义"，持续用力精文简会。严格落实"过紧日子"要求，开展节约型机关创建活动。开展警示教育月活动，组织岗位练兵和内务规范强化月活动，抓好纪律作风日常监督检查。二是倡导求真务实工作作风。结合实际调整党委委员分工和联系单位，形成了每年定期到基层联系点开展调研的工作要求。实行关长接待日制度，开通关长信箱，广开渠道纳言献策。开展职工思想动态问卷调查，每半年专题研究意识形态工作。

（六）在抓正风肃纪，不断推进党风廉政建设和反腐败斗争上有了进一步提高

一是扎实开展"现场监管与外勤执法权力

寻租"专项整治。对6个重点业务领域开展重点整治，党委委员带队到各单位开展现场检查，顺利完成专项整治和驻署纪检组现场检查问题的整改工作。二是坚决筑牢风险防控底线。加强"制度+科技"运用，完善权力运行监督制约机制，搭建三级制度体系框架，新建、修订制度及作业指导书119项，杜绝权力"任性"。整合督察审计、巡视巡察、职能监督等内控力量，开展7个专题监督，梳理26个业务领域1189个内控节点，实现风险防控可追溯可管控。

（七）在抓责任落实，不断传导压力、形成合力上有了进一步提高

一是认真履行全面从严治党主体责任。修订完善《中共兰州海关委员会工作规则》《贯彻落实"三重一大"决策制度实施办法》，严格重大事项请示报告，健全党委会议制度、形势分析及工作督查例会制度，印发《加强对"一把手"和领导班子监督的落实措施及任务分解表》，压实主体责任和监督责任，每半年研究1次全面从严治党工作，纳入绩效考核推动落实。二是牢牢抓住责任制这个"牛鼻子"，严格落实"一岗双责"。两级党委"一把手"做到"四个亲自"，党委委员抓实抓细分管领域、部门的党风廉政建设，持续释放从严管党治党的明确信号。加大领导干部配偶、子女及其配偶违规从业行为核查力度，专项整治违规投资企业及在企业兼职问题，严格落实"亲""清"要求。三是巡视巡察上下联动。树立长期思维，将巡视整改作为形势分析及工作督查例会的重要内容，每季度监督检查，每半年"回头看"，将巡视整改情况作为巡察的重点内容，开展对14个内设部门和1个事业单位的巡察，整体覆盖率达到92%。

二、清醒认识关区存在问题和面临的新形势新任务

在全国海关全面从严治党工作会议上，倪岳峰署长讲话指出"当前海关系统廉政形势依旧严峻复杂，正风肃纪任务依然艰巨繁重，全面从严治党一刻也不能放松"。从兰州海关来看，虽然政治生态持续净化，但全面从严治党依然存在薄弱环节，党风廉政建设和反腐败斗争形势依然严峻复杂。对标党中央决策部署和高质量发展要求，个别部门单位政治站位不够高、政治敏感性不够强，不善于从政治上观察和处理问题，发生了落实疫情防控要求不到位、通关时效管控不严格等问题，存在抓落实不到位不彻底的现象。落实"两个责任"不到位不到底，一些"关键少数"特别是"一把手"履责不到位、表率作用不突出，关区党建和党风廉政建设不平衡问题依然存在，重传达、轻落实，压力传导逐级递减，主动规范运用"四种形态"的意识不强，个别领导干部不如实报告个人有关事项。基层执法领域违规问题依然存在，通过"现场监管与外勤执法权力寻租"专项整治自查发现，"双随机、一公开"等监管工作制度执行不到位，个别隶属海关未严格落实"随机选派查验人员"的要求。非执法领域廉政风险不容忽视，资金密集、资源富集领域的风险管控问题极为紧迫。纠治"四风"顽疾的任务依然艰巨，隐形变异的形式主义、官僚主义依然存在，基层单位对职能部门"书面征求意见多、到一线直接调研少""索要报表数据多、运用系统抓取数据少"等问题反映集中，"指尖上的形式主义"、检查考核多头

重复的现象尚未得到根治。对这些问题，我们必须高度重视、深入剖析，切实加以解决。

习近平总书记在中央纪委六次全会上提出"六个必须"，深刻总结新时代坚定不移全面从严治党推进自我革命的成功实践，为我们在新的伟大征程上始终坚持自我革命、坚持不懈把全面从严治党向纵深推进指明了前进方向、明确了基本要求。关区各级党组织和党员领导干部要以更高的政治站位，更强的政治敏感性，结合自身管党治党实践，深入思考、对照自检，清醒认识形势任务，切实增强全面从严治党永远在路上的政治自觉，不断提升党风廉政建设和反腐败斗争的坚定性、精准性、系统性。

三、2022年主要任务

2022年关区全面从严治党工作的总体要求是：以习近平新时代中国特色社会主义思想为指导，全面贯彻党的十九大和十九届历次全会精神，认真落实十九届中央纪委六次全会精神，按照2022年全国海关全面从严治党工作会议部署，全面加强党的领导，增强"四个意识"、坚定"四个自信"、做到"两个维护"，坚持稳中求进工作总基调，立足新发展阶段，完整、准确、全面贯彻新发展理念，加快构建新发展格局，推动高质量发展，自觉运用党的百年奋斗历史经验，弘扬伟大建党精神，永葆自我革命精神，坚持全面从严治党战略方针，坚定不移将党风廉政建设和反腐败斗争进行到底，不敢腐、不能腐、不想腐一体推进，惩治震慑、制度约束、提高觉悟一体发力，持续深化清廉海关建设，为深化"五关"建设、推动关区事业高质量发展提供坚强保证，以优异成绩迎接党的二十大胜利召开。重点做好以下七个方面工作。

（一）深入学习贯彻党的十九届六中全会精神，坚定捍卫"两个确立"、坚决做到"两个维护"

一是旗帜鲜明讲政治。要坚持以党的政治建设为统领，强化政治机关建设，深刻认识"两个确立"的决定性意义，切实增强"四个意识"、坚定"四个自信"、做到"两个维护"。持之以恒落实"第一议题"制度，坚决把习近平总书记重要讲话精神和重要指示批示作为行动号令，各部门单位要时时处处、扎扎实实贯彻落实，办公室、督审处、监察室、机关党委等部门每年要围绕职责开展一次习近平总书记重要指示批示精神执行情况专项检查，确保执行不偏向、不变通、不走样。

二是扎实开展捍卫"两个确立"、做到"两个维护"、强化政治机关建设专项教育活动。要突出目标导向、问题导向、效果导向，做到全员覆盖、全域查摆、全面整改。通过"三会一课"等形式，全面系统学习研讨专项教育活动学习材料；列出各项业务、各个岗位的具体政治要求，对照"4个是否"认真查摆剖析各条线各领域政治意识不强、政治敏感性不高，不善于从政治上、大局上观察和处理工作等突出问题；逐条制定整改措施，坚持项目化推进、销号式管理落实整改；成立督导小组，强化跟踪督办和考核评估，使每名党员都充分认识海关作为政治机关的根本属性，牢固树立大局意识，完整、准确、全面贯彻新发展理念，深刻认识没有离开政治的业务，也没有离开业务的政治，任何工作首先要从政治上看，不断提高政治判断力、政治领悟力、政治执行力。

三是坚持用党的创新理论武装头脑。要把学懂弄通做实习近平新时代中国特色社会主义思想作为首要政治任务，通过理论中心组学习、"三会一课"、专题教育培训、青年理论学习小组等方式深化学习研讨。抓好宣传贯彻党的十九届六中全会精神处级以上领导干部全员轮训，扎实做好党的二十大精神的学习宣传贯彻。巩固拓展党史学习教育成果，建立常态化、长效化制度机制，固化"带着目标下基层、奔着问题访民情、马上就办解难题、真心实意办实事"的有效做法，用心用情用力解决好群众"急难愁盼"问题，不断增强企业和群众获得感。加强对党忠诚教育、党性教育和海关职业操守教育，成立专门机构推进海关史研究，引导党员干部自觉运用党的百年奋斗历史经验，继承弘扬党的光荣传统和优良作风。

四是严守政治纪律和政治规矩。要做到"五个必须"，防止"七个有之"。严格落实重大事项请示报告制度，凡是重大问题、重要事项、重要工作进展都要及时请示报告，对落实上级决策部署事项定期报告，对突发紧急事项第一时间报告。坚持新时代好干部标准，加强政治审查，严格把好选人用人"政治关"。处级以上党员领导干部要严格按规定及时、准确、完整报告个人有关事项，绝不允许迟报、瞒报、错报。强化对各级党组织民主生活会和组织生活会的全程监督和检查指导，加强整改跟踪落实，发扬党内民主、加强党内监督，切实增强党内政治生活的政治性、时代性、原则性、战斗性。

（二）坚持自我革命根本政治方向，压紧压实"一把手"和领导班子管党治党政治责任

一是充分发挥"一把手"和领导班子"头雁效应"，强化责任担当。两级党委要保持自我革命的勇气，增强全面从严治党永远在路上的政治自觉和能力本领，带头履职尽责，严格遵守各项规定，发挥示范表率作用。深化"四责协同"，党委书记要做到"四个亲自"，管好班子、带好队伍，严格自律、严负其责、严管所辖。领导班子成员要认真落实"一岗双责"，抓紧抓实分管领域全面从严治党工作。深入贯彻《中国共产党纪律检查委员会工作条例》，强化对纪检监察工作的领导和支持，进一步推动纪检监察部门深化改革，提高履职能力和工作水平，为党委履行主体责任当好参谋助手。要对照《党委（党组）落实全面从严治党主体责任规定》，完善责任检查考核指标体系，推动全面从严治党责任覆盖延伸到工作各领域、各环节、各方面。

二是把对"一把手"和领导班子监督摆在管党治党突出位置，强化责任监督。要重点突出政治监督，落实"六个强化监督"。切实加强上级监督，做实做细同级监督，形成一级抓一级、层层抓落实的监督工作格局，推动各级党组织和领导干部自觉主动接受监督。严格执行民主集中制，严格执行"三重一大"研究决策制度，持续优化完善领导班子决策机制。全面开展党组织书记述责述廉述党建，用队伍建设综合管理平台对履责情况"精准画像"。推进纪律监督、派驻监督、巡察监督、干部监督、审计监督等的贯通协同，固化形成通报会商长效机制，定期开展政治生态分析研判。

三是紧盯"一把手"和领导班子领导责任，强化精准规范问责。要严格执行问责条例，靠实领导班子"全面领导责任"、"一把手"和分管领导"主要领导责任"、参与决策

的班子成员"重要领导责任",对不抓不管、失职失责的党组织和党员领导干部严肃问责,倒逼各级领导班子和领导干部负责、守责、尽责。坚持"三个区分开来",改进完善容错纠错机制,旗帜鲜明为坚持原则、敢抓敢管、不谋私利的干部撑腰鼓劲。

(三)坚持一体推进不敢腐、不能腐、不想腐,坚定不移把反腐败斗争推向纵深

一是以雷霆之势反腐惩恶。要紧盯一线执法领域和关键岗位,紧盯"关键少数"特别是"一把手"和领导班子,做到有腐必反、有贪必肃、有案必查。对以权谋私、受贿放私、纵容包庇走私等严重问题紧盯不放,对吃拿卡要、打招呼干扰执法办案等侵害群众利益问题严厉查处,保持惩治腐败高压态势。完善"一案双查"工作机制,定期会商研判形势,强化打私反腐合力。巩固"现场监管与外勤执法权力寻租"专项整治成果,向工程建设、信息化建设、实验室建设、装备购建、疫情防控保障项目等领域延伸拓展,深入开展"海关重点项目和财物管理以权谋私"专项整治。

二是规范开展以案促改。要做好监督执纪"后半篇文章",凡是发生违纪违法案件的,都要在案发单位开展以案促改,深入剖析案件暴露出的监管漏洞、制度短板,做到查处一案、警示一片、治理一域,让代价不白付、覆辙不重蹈。坚持"一案一分析""一案一监督",组织开展纪律处分执行情况检查,及时制发《纪律检查建议书》,督促有关部门建章立制。定期开展受处分党员干部回访教育,全面了解受处分党员干部知错改错、工作表现、思想汇报等情况,推动惩处、监督、教育贯通融合。

三是深入开展警示教育。组织全体关员认真观看《国门卫士岂容违纪破法——海关系统部分违纪违法典型案例》警示教育片,通过"身边人"变成"案中人""阶下囚"的案例在思想上敲响警钟。常态化开展党章党规党纪和法律法规学习,开展好警示教育月活动,强化以案为鉴,发挥典型案例警示作用,让广大党员干部在思想上划出红线,在行为上明确界限。加强廉洁文化建设,打造关区廉政文化品牌,推出一批富有海关特色的廉政文化作品,开展弘扬家教家风活动,加强年轻干部教育监督管理,从思想上固本培元,提高党性觉悟,进一步营造风清气正、干事创业的良好政治生态。

(四)坚持党风党纪一起抓,以严明纪律整饬作风

一是锲而不舍纠"四风"树新风。以钉钉子精神贯彻落实中央八项规定精神,坚持党风政风一起抓、正风肃纪一起抓、六大纪律一起抓,党员领导干部要做到"五个一律不准",执法一线科长和关员要做到"四个一律不准"。坚决反对特权思想和特权现象,严防享乐主义和奢靡之风反弹回潮,紧盯"四风"新表现新变种,重拳惩治风腐交织、隐形变异问题,建立健全作风建设长效机制,对违反八项规定精神问题坚持露头就打、反复敲打,从严从重惩处不收敛不收手、顶风违纪行为。

二是持续深入整治形式主义官僚主义。抓好基层减负常态化机制落实,继续改进调查研究、压减会议活动、精简文件简报、减少工作留痕、合并检查考核、清理微信工作群,为基层真减负、减真负。大力推动精神文明建设,擦亮"全国文明单位"金字招牌。开展窗口作风提升行动,提高政务服务"好差评"系统评

价率和好评率，发挥好特约监督员、12360海关热线作用，坚决纠治不作为、乱作为、推诿扯皮等问题，切实增强服务意识、转变工作作风。坚持"过紧日子"，厉行节约、反对浪费。

三是一以贯之严格纪律执行。要用好"四不两直"检查方法，强化疫情防控工作纪律执行，严肃追究违纪失职责任。深化准军事化纪律部队建设，持续开展内务规范强化月活动、视频检查等，整肃关容风纪，强化日常养成。修订印发关区落实监督执纪"四种形态"实施细则，推动各级党组织精准规范用好"四种形态"特别是"第一种形态"，学会"谁来用""对谁用""怎样用"。继续从严规范领导干部配偶、子女及其配偶从业行为，开展针对性抽查比对。强化"8小时"以外监督，净化干部职工社交圈、生活圈，坚决防范酒驾醉驾。

（五）坚持巡视巡察上下联动，充分发挥"利剑"作用

一是持之以恒深化总署巡视整改。要紧扣"两个维护"根本任务，聚焦"四个落实"，把巡视整改作为一项长期政治任务，持续用力、久久为功，做到"四个融入"，坚持每季度检查、每半年"回头看"，定期向总署党委巡视工作领导小组报告进展情况，并向关区干部群众进行通报。进一步扩大巡视整改成果，继续"举一反三"建章立制，确保"不贰过"。

二是上下联动推进巡察工作高质量全覆盖。要以巡视带动巡察、以巡察充实巡视。把推动解决问题作为巡察工作的落脚点，在完成大部分单位巡察的基础上，上半年完成最后2个单位巡察，实现关区巡察全覆盖。选取部分已巡察单位进行"回头看"，开展巡察整改质效评估。发挥巡察工作综合监督平台作用，加强各类监督统筹衔接。根据总署统一部署，与其他直属海关开展"交叉"巡察，破解"熟人监督"难题。

三是深化巡察整改成果运用。完善整改监督工作机制，做好巡察反馈和移交工作，强化日常监督和专责监督，进一步压紧压实整改责任，探索建立巡察整改会审机制。规范整理近年来关区巡察档案，全面梳理整改事项，针对巡察发现的较为集中的问题，研究开展专项整治、建立完善工作制度。健全整改常态化、长效化机制，持续督办中长期整改任务。

（六）坚持构建自我净化、自我完善、自我革新、自我提高的制度规范体系，加强对权力运行制约和监督

一是坚持"制度+科技"理念管权治权。依托大数据、云计算、人工智能等信息技术，继续推行"双随机、一公开"监管和智能审图工作，优化升级旅检、固定资产管理、信息化应用项目管理、实验室管理、政府采购等领域信息系统，强化正面监管和廉政制约，逐步实现权力行使标准统一、权力处置智能判定、权力运行流程可溯。

二是健全完善全面从严治党制度。要结合实际修订完善两级党委《全面从严治党主体责任清单》，将关区全面从严治党有效做法和实践经验上升为制度规范，使其长久发挥作用。根据《中华人民共和国海关法》修订情况，同步推进关区制度规定"立改废"，做精做细权力行使和职责落实的正面清单，进一步明晰权力归属、划清权力边界。进一步健全行政执法机制，持续推进现场执法"选、查、处"分离，提高执法评估效能，强化制度执行刚性约束。

三是加强对制度执行落实的监督。要着力纠治各类任性用权行为，推动形成按法规用权、依制度履职、照规则办事的体制机制。坚持制度面前人人平等、制度执行没有特权，把制度执行情况列入关区巡察重点内容，纳入年终述职考核范围，加强监督检查，以钉钉子精神坚决纠正和查处违反制度的行为。党员干部要带头学习制度、严格执行制度、自觉维护制度，持续提高制度执行力，强化制度执行刚性约束，确保执行制度一把尺子。

（七）坚持增强党组织政治功能和组织力凝聚力，锻造敢于善于斗争、勇于自我革命的干部队伍

一是巩固深化党建"强基提质工程"。要着眼增强党支部政治功能、提升组织力，加强党支部分类指导和督促检查，全面推行党支部联建共建，用好总署新的"智慧党建"系统，开展培训提升支部书记履职能力，持续提升基层党建标准化规范化水平。继续深挖基层党建热源，深化"一支部一特色一品牌"建设，创新特色党建活动，通过"示范品牌"和"四强"党支部创建评选，培优扶强、带动后进，增强基层党建工作活力。

二是推动党建业务深度融合发展。探索建立党建引领促进业务工作发展的机制，健全常态化提醒、检视、整改、评估工作体系，推动基层党组织和党员干部在重大任务、重点工作中充分发挥战斗堡垒和先锋模范作用。持续开展党建难题攻坚和创新，提高"书记项目"试点针对性和实效性，围绕中心工作加强党建课题研究，强化党建工作对业务工作的引领促进。

三是加强干部队伍建设。建立科学完善的干部队伍教育监督管理体系，坚持实干实绩实效导向，以敢于担当、落实责任为标准看干部，进一步优化干部选拔配备和队伍结构，提升干部队伍能力素质。做好职工思想动态调查分析，防范化解意识形态领域风险。突出严管厚爱相结合，用好各类政策、采取各种措施，切实关心关爱干部职工，用心用情帮助困难职工排忧解难。

同志们！

全面从严治党永远在路上！让我们更加紧密地团结在以习近平同志为核心的党中央周围，坚定捍卫"两个确立"、坚决做到"两个维护"，踔厉奋发、笃行不怠，坚持不懈深入推进全面从严治党、党风廉政建设和反腐败斗争，为深化"五关"建设、推动关区事业高质量发展作出新的贡献，以优良作风和优异成绩迎接党的二十大胜利召开！

在2022年兰州海关专题党课上的讲话

兰州海关党委书记、关长　王彦生

（2022年11月15日）

习近平总书记在党的二十大报告中，将"务必敢于斗争、善于斗争"作为"三个务必"之一郑重提出，并且提出"坚持发扬斗争精神"是前进道路上必须把握的重大原则之一。敢于斗争、敢于胜利，是中国共产党和中国人民不可战胜的强大精神力量。新时代新征程，我们必须始终保持昂扬奋进的精神状态，坚持"铸忠诚、担使命、守国门、促发展、齐奋斗"，敢于斗争、善于斗争，真抓实干、务求实效，在以中国式现代化全面推进中华民族伟大复兴新征程展现海关担当。

一、深刻认识发扬斗争精神的重要意义

（一）斗争精神是无产阶级政党的精神底色

《共产党宣言》是马克思恩格斯为无产阶级政党起草的第一部政治纲领，它深刻揭示了人类社会阶级斗争历史的本质，马克思认为，"至今一切社会的历史都是阶级斗争的历史"，由于阶级利益的冲突，必然会导致阶级斗争，无产阶级一经产生，就担负起资产阶级掘墓人的历史使命，"反对资产阶级的斗争是和它的存在同时开始的"，无产阶级是最革命的阶级，它只有消灭现存的占有方式，摧毁保护和保障私有财产的一切，炸毁构成官方社会的整个上层建筑，才能获得自身的解放，"资产阶级的灭亡和无产阶级的胜利是同样不可避免的"。从马克思主义理论不难看出，斗争是无产阶级政党与生俱来的精神底色。

（二）斗争精神是中国共产党的鲜明品格

习近平总书记指出："建立中国共产党、成立中华人民共和国、实行改革开放、推进新时代中国特色社会主义事业，都是在斗争中诞生、在斗争中发展、在斗争中壮大的。"斗争贯穿中国革命和建设的全过程，斗争精神是中国共产党从小到大，从弱到强的强大思想武器，中国共产党成立以来，带领中国人民发扬斗争精神，不怕牺牲、英勇奋斗、自力更生、发愤图强，创造了新民主主义革命、社会主义革命和建设、改革开放和社会主义现代化建设、新时代中国特色社会主义的伟大成就，实现了中华民族有史以来最为广泛、最为深刻的社会变革，迎来了从站起来、富起来到强起来

的伟大飞跃，中华民族伟大复兴进入了不可逆转的历史进程，这是中国共产党人斗争精神的生动体现。

(三) 斗争精神是中国共产党领导下中国海关的重要传承

纵观近现代海关发展历史，鸦片战争后，海关主权旁落一个多世纪。中国共产党成立之初，就将收回海关主权斗争作为争取民族独立和人民解放事业的重要组成部分。在中国共产党的领导下，广州成立海关系统第一个工会组织，成为收回海关主权的代言人，广州、汕头海关人积极开展罢工运动，为收回国家主权、实现关税自主作出了巨大牺牲，拉开了海关人英勇斗争的序幕；全面抗战爆发后，海关人投入轰轰烈烈的反帝反封建革命行动，在上海等地开展一系列的护关运动；新中国成立后，特别是改革开放以来，海关人发扬斗争精神，强化监管守国门、优化服务促发展，为国家经济发展、国家战略和外交大局发挥了重要作用。作为政治机关，斗争是中国海关的重要精神传承。

二、新征程必须发扬斗争精神

党的二十大报告指出，"坚持发扬斗争精神。增强全党全国各族人民的志气、骨气、底气，不信邪、不怕鬼、不怕压，知难而进、迎难而上，统筹发展和安全，全力战胜前进道路上各种困难和挑战，依靠顽强斗争打开事业发展新天地"。新征程上，我们必须增强忧患意识、始终居安思危，贯彻总体国家安全观，统筹发展和安全，统筹中华民族伟大复兴战略全局和世界百年未有之大变局，深刻认识我国社会主要矛盾变化带来的新特征新要求，深刻认识错综复杂的国际环境带来的新矛盾新挑战，敢于斗争，善于斗争，逢山开道、遇水架桥，勇于战胜一切风险挑战。

从世情来看，在"百年变局"与"世纪疫情"交织下，和平与发展仍然是时代主题，世界多极化、经济全球化的趋势没有变，但世界正处于新旧格局转换、新旧秩序更迭、新旧体系更替的关键期，霸权主义、强权政治、零和博弈等制约和平与发展的因素依然有一定市场，地区热点问题此起彼伏，冷战思维沉渣泛起，传统安全和非传统安全威胁交织蔓延；经济全球化进程出现波折，世界经济增长乏力，陷入低迷期，发展鸿沟日益扩大，全球产业链供应链面临重塑，但逆全球化、单边主义、保护主义思潮暗流涌动；国际战略格局深度调整，全球治理体系变革加速推进，发展道路和发展模式竞争更加激烈，面对"东升西降"的鲜明对比，某些大国对我进行战略遏制和围堵的力度不断加大，这给我国的和平发展带来越来越多的外部风险和挑战，我们必须发扬斗争精神，时刻做好斗争准备。

从国情来看，中国特色社会主义进入新时代，我们取得的成绩前所未有，同时我们面临的挑战也前所未有，随着我国社会主要矛盾转化为人民日益增长的美好生活需要和不平衡不充分的发展之间的矛盾，改革发展稳定任务更加繁重，经济领域的转型升级与结构调整压力集聚并存、社会领域的民生建设与利益调整任务艰巨复杂、国防和军队改革与军事斗争准备十分紧迫、意识形态领域斗争形势依然尖锐胶着。党的二十大报告指出，从现在起，中国共产党的中心任务就是团结带领全国各族人民全面建成社会主义现代化强国、实现第二个百年奋斗目标，以中国式现代化全面推进中华民族伟大复兴。新征程上，我们要发扬斗争精神，增强斗争本领，以强烈的使命担当，战胜一切风险挑战。

从党情来看，党的十八大以来，全面加强党的领导，持续推进党风廉政建设和反腐败斗争，我们党已经探索出依靠自我革命跳出历史周期率的第二个答案。但是，对于一个拥有9600多万名党员的世界第一大党来说，党的自身建设仍然面临着一些问题，确保党始终"不变色""不变质""不变味"还任重道远，特别是面对"四大考验""四种危险"，我们必须以"刮骨疗毒""壮士断腕"的决心勇气与自身存在的问题作斗争，持续净化优化党内政治生态，让党永远保持强大的战斗力，在新的"赶考"路上交上合格的答卷。面对复杂国际环境和历史赋予我们的艰巨任务，作为党员领导干部必须以习近平总书记关于斗争精神的重要论述为指南，既要增强风险意识做到防患于未然、临危不乱，也要增强机遇意识，冷静处置、危中寻机，更要发扬斗争精神，稳妥应对、化危为机。

三、增强斗争本领，在以中国式现代化全面推进中华民族伟大复兴新征程中展现海关担当

党的二十大报告指出，"加强干部斗争精神和斗争本领养成，着力增强防风险、迎挑战、抗打压能力，带头担当作为，做到平常时候看得出来、关键时刻站得出来、危难关头豁得出来"。斗争精神和斗争本领养成，要经受严格的思想淬炼、政治历练、实践锻炼，在复杂严峻的斗争中经风雨、见世面、壮筋骨，真正锻造成为烈火真金。我们要切实把准斗争方向，发扬斗争精神，增强斗争本领，奋力谱写中国式现代化海关篇章。

（一）强化思想淬炼，把准斗争方向

把握斗争方向，基于思想上的清醒，来源于理论上的正确，必须时时刻刻用正确的理论武装头脑、指导工作。把学习宣传贯彻党的二十大精神作为当前和今后一个时期的首要政治任务。在全面学习、全面把握、全面落实党的二十大精神上持续用力，深刻领悟"两个确立"的决定性意义，坚决忠诚核心、拥戴核心、捍卫核心，把"两个确立"政治共识转化为"两个维护"行动自觉。坚定不移在思想上政治上行动上与以习近平同志为核心的党中央保持高度一致，做到有感悟、有表达、有情感、有行动、有成效，深入践行习近平新时代中国特色社会主义思想。在以中国式现代化全面推进中华民族伟大复兴的大局中定位、谋划、推动各项工作。坚持着力把握习近平新时代中国特色社会主义思想的世界观、方法论和贯穿其中的立场观点方法，着力把握新时代十年伟大变革的深刻内涵和重大意义，着力把握中国式现代化的中国特色、本质要求和必须牢牢把握的重大原则，着力把握党的二十大作出的各项战略部署，立足海关改革发展、党的建设实际，立足甘肃省外贸进出口实际，坚持学思用贯通、知信行统一，扎实推进社会主义现代化海关建设，为实现中华民族伟大复兴作出海关贡献。坚定不移把党的二十大重大决策部署落实到工作各领域全过程。围绕党的二十大报告提出的口岸疫情防控、建设贸易强国、促进高水平开放、共建"一带一路"、防范化解重大风险、守护国门生物安全等决策部署，结合省情关情，迅速研究新思路、制定新举措，

积极作为、善作善成，推进党的二十大重大决策部署落地生根、落到实处。

（二）强化政治历练，发扬斗争精神

坚守人民立场厚植为民情怀。秉承"人民海关为人民"的理念，想人民群众所想、急人民群众所急、做人民群众所盼，把人民群众的利益放到心中最重要的位置。着力支持中小微企业发展，建立关长联系企业制度，畅通企业问题直报机制，大力开展企业培训，做好各项政策解读、技贸措施讲解、AEO培育，对重点企业开展联合攻关，解决企业急难愁盼问题。砥砺"功成不必在我"的精神境界。立足本职，精心谋事、潜心干事，既要立足当下，解决税收、统计、缉私、监管和检验检疫等业务发展的现实问题，也要着眼长远，守正创新，不断推进海关治理能力现代化，打造先进的、在国际上最具竞争力的海关监管体制机制。鼓足"越是艰险越向前"的勇气。面对大是大非敢于亮剑，面对困难敢于迎难而上，面对危机敢于挺身而出。目前尤其是要统筹做好口岸疫情防控和促进外贸保稳提质，要发扬连续作战的精神，坚决防范新冠疫情及各类传染病传入，筑牢国门安全防线；用好用足用活各项惠企政策，千方百计助企纾困解难，促进外贸稳中有进、稳中提质。凝聚团结奋斗的磅礴力量。牢牢把握团结奋斗的时代要求，在全面推进社会主义现代化海关建设中积极作为，构建高效顺畅的"响应、呼应、反应"机制，横向协同、纵向联动、内外协作，凝心聚力开创改革发展新局面。加强队伍建设，锻造堪当时代重任的高素质干部队伍，深远谋划青年工作，弘扬"求实、务实、扎实"的海关文化，团结成"一块坚硬的钢铁"，凝心聚力开创社会主义现代化海关建设新局面。

（三）强化实践锻炼，增强斗争本领

党的二十大报告指出，"加强实践锻炼、专业训练，注重在重大斗争中磨砺干部，增强干部推动高质量发展本领、服务群众本领、防范化解风险本领"。我们要努力在实践锻炼中增强斗争本领，要将调查研究作为增强斗争本领的重要途径，善于在调查研究中发现问题；要将辩证思维作为增强斗争本领的重要方法，善于在不断思考中解决问题；要将风险防范作为增强斗争本领的重要内容，善于在对事物发展规律的探索中，化解矛盾、处置风险。要在学习贯彻党的二十大精神海关实践中增强斗争本领。落实总体国家安全观，以新安全格局保障新发展格局。在口岸疫情防控、严防动植物疫情传入、打击走私、严查反宣品等工作中持续用力，守护好国门安全。甘肃省是我国重要的育种基地，我们要强化监管，把好检疫关，严防外来有害生物传入，保障国门生物安全。贯彻新发展理念，构建新发展格局，推动高质量发展。发挥海关作为国内和国际交汇枢纽的优势，帮扶甘肃省有色金属、芯片、化工、农产品生产加工等特色重点产业发展，积极用好用足关税减免、税收担保、原产地证等方面的优惠政策，不断研究优化通关模式，便利原材料进口和产品出口，提升产业链供应链韧性和安全水平。充分发挥甘肃省区位优势，运用好综合保税区、海关各类指定监管场地等开放平台，支持甘肃积极融入"一带一路"建设、西部陆海新通道建设，服务甘肃省高水平对外开放。坚持全面从严治党，以自我革命推进海关治理能力提升。强化政治建设，开展忠诚教育，坚持不懈用习近平新时代中国特色社会主义思想凝心铸魂，走好"两个维护"第一方阵。强化作风建设，大力弘扬"三实"海关文化，营造脚踏实地、求真务实、担当作为的工作氛围。强化纪律建设，坚持严的主基调正风肃纪，一体推进不敢腐、不能腐、不想腐，建设清廉海关。

第二篇 专记

科学精准高效做好口岸疫情防控

2022年，兰州海关贯彻习近平总书记关于疫情防控工作的重要指示精神，严格按照海关总署工作部署，落实甘肃省新冠疫情联防联控领导小组安排，以更高的站位、更得力的措施、更细致的工作，着力强化口岸疫情防控，切实做到守土有责、守土尽责，切实筑牢口岸检疫防线。

一、着力加强联防联控体系建设，推进关地合作纵深发展

（一）加强组织领导

一是实时调整兰州海关统筹口岸疫情防控和促进外贸稳增长工作指挥部，指挥部下设10个工作组。主要关领导带头深入一线抓落实，分管关领导认真研究工作方案，强化一线指导；职能处室加强与业务一线的业务沟通，及时解决一线工作人员工作中遇到的困难；业务一线结合实际全面细化卫生检疫、转运移交等全过程管理，确保无缝对接、闭环运作，形成上下联动、有的放矢的工作机制。二是建立专项值班机制，强化应急值守，准确及时报送信息，落实海关总署最新工作要求，有效实现"三应"机制运行。认真执行"日报告""零报告"制度，采取清单式管理模式，指定专人每日上报疫情相关数据信息。

（二）强化与疫情防控各成员单位沟通配合

一是与甘肃省卫健委共同研究"外防输入"有关事宜，实现口岸共同流调、联合采样、共同检测、结果共享互认的常态化境外疫情防控工作机制。按照相关机制，在开展入境航班卫生检疫工作时，甘肃省卫生健康委员会均会派出医学专业人员支援兰州海关开展流行病学调查及采样工作，有效缓解口岸一线卫生检疫人力资源不足问题。二是与甘肃省人民政府外事办公室、甘肃省通信管理局、甘肃省公安厅、甘肃省卫生健康委员会、甘肃出入境边防检查总站、民航甘肃安全监督管理局、甘肃省交通运输厅7部门联合印发《兰州海关 省外事办等八部门关于建立出入境疫情联防联控工作协作机制的通知》，进一步完善、细化口岸传染病防控合作机制，深化"关地"协作配合，建立健全口岸传染病转运移交等闭环管理长效机制。三是持续加强与地方交通、卫健、市场监管等部门协作配合，加强信息共享，发现问题及时互相通报，积极配合地方相关部门做好甘肃省进口冷链食品溯源协查和口岸通关有关单证的真伪审核工作，同甘肃省市场监督管理局、公安厅、司法厅等部门联合发布《关

于严厉打击进口冷链食品疫情防控违法犯罪行为通告》，进一步加强企业主体责任，持续加强进口冷链食品监管，做好新冠疫情防控。

二、推进"人、物、环境"同防，构建"外防输入"检疫屏障

（一）统筹做好口岸疫情防控

实时梳理海关总署疫情防控新政策，严格落实海关总署关于新冠疫情防控各项工作要求，并针对性地调整关区工作方案。密切关注全球传染病疫情及海关总署发布的疫情公告、警示通报和风险预警等需重点关注的信息，按照"一机一策""一机一方案"要求，针对性制订工作方案，在做好新冠疫情口岸防控的同时，举一反三，强化"多病同防"，毫不放松抓紧抓实抓细其他传染病口岸防控，严防鼠疫、霍乱、埃博拉病毒病、中东呼吸综合征、黄热病、猴痘等重大传染病传入，防止疫情叠加。

（二）全力保障新冠病毒疫苗出口

认真落实海关总署相关要求，严格执行《兰州海关促进外贸保稳提质十四条措施》，强化兰州海关新冠病毒疫苗出境监管，实行疫苗一站式审批，主动对接业务司局，实时跟踪海关总署批准函件办理情况，对出境新冠疫苗检疫审批实施"5+2"预约工作制，加强前置审核，对申请材料齐全、符合法定形式的申请即审即批，压缩卫生检疫审批办理时间。实行出口核销自动校验，24小时内完成属地查检，4小时内完成申报单证审核和验放，保障新冠疫苗和检测试剂扩大出口。

（三）持续夯实终末消毒监督

按照相关工作要求，对高风险国家进境运输工具从严开展终末消毒监督工作，压紧压实航空公司主体责任，严格审核航空公司提交的终末消毒方案。

（四）统筹冷链、高风险非冷链物品疫情防控

1. 有序做好进口冷链食品疫情防控。

一是持续加强风险研判。在严格按照海关总署风险布控指令做好进口冷链食品核酸抽样检测以及预防性消毒监督工作的同时，不折不扣落实好现场作业和实验室检测人员的健康监测和个人防护各项要求。摸清关区进口冷链食品业务情况，科学开展风险分析，结合关区进口冷链食品实际，按照海关总署风险布控指令开展风险监测，做好应急值守及信息报送工作。二是扎实开展自查督查。对兰州关区进口冷链食品口岸新冠疫情防控措施落实情况开展了3次全面和专项自查，自查发现问题4条；成立督导组，以"四不两直"方式开展常态化疫情防控监督检查，对各口岸和监管场所开展督导检查4次，发现问题5条。相关问题均实施整改，确保各项工作科学规范。

2. 扎实开展高风险非冷链集装箱货物监管。

持续关注关区高风险地区进境非冷链集装箱货物海关监管业务情况，制订印发《兰州海关进口高风险非冷链集装箱货物口岸环节新冠病毒检测和预防性消毒实施方案》，推动部分不达标高风险非冷链查验场地落实整改，确保防疫物资通关"零延时"。

（五）持续强化风险分析研判

一是组织专班每日研判全球疫情动态，收集全球疫情信息，对进境航班按照国家（地区）提前开展风险评估，提出预警指令，辅助现场检疫。2022年，共计收集各类疫情风险信

息 9000 余条，90 余万字，形成境外疫情研判评估报告 300 余份，为甘肃省甚至全国海关精准开展口岸新冠疫情防控提供了第一手资料，将"输入"风险降到了最低。二是在疫情防控常态化之后，坚持"外防输入、内防反弹"总策略，积极协同业务现场从严从紧抓好口岸卫生检疫，加强关区入境航空器登临检疫指令执行监控，指导业务现场规范开展入境航空器终末消毒监督指令下达，协调解决各类业务操作问题 10 次，发布霍乱、猴痘、登革热、疟疾等重大传染病疫情风险预警提示 5 次。

（六）持续提升个人安全防护

1. 强化组织保障

成立兰州海关安全防护领导小组，组建安全防护专家组，印发《兰州海关关于进一步做好新冠疫情防控工作人员安全防护的通知》《兰州海关关于进一步加强新冠疫情防控工作人员安全防护工作的通知》《兰州海关安全防护监督制度》，落实"岗前检查、工作巡查、全程督查""双人作业、互相监督"安全防护监督工作要求，组建兰州海关安全防护监督员队伍，发挥三级专兼职安全防护监督员效能，针对航班处置中的操作细节、防护服穿脱、区域设置等环节，进行安全防护监督量化评分，全方位提高工作人员安全防护意识和能力。

2. 加强自查督查

发挥二级监控指挥中心效能，对入境航班开展事中、事后视频检查，提出安全防护操作方面问题 7 条、安全防护管理方面问题 5 条，督促相关部门落实整改。认真开展安全防护常态化自查督查，每季度按时向卫生检疫司报送安全防护相关问题整改清单，年底报送年度报告及年内整改清单。

3. 推进免疫接种

建立关区疫苗接种工作专班，着力推进关区工作人员疫苗紧急接种及加强免疫接种工作，实现一线人员加强免疫接种全覆盖，做到接种后的个人防护标准不降、措施不减。

（七）规范监控指挥中心实体化运作

制发《兰州海关二级监控指挥中心实体化运作工作指南》，印发三级监控指挥中心实体化运行指引，建立顺畅的口岸防控组日报制度和内部沟通机制，进一步规范指挥中心实体化运作。成立安全防护监督检查小组对关区"人防""物防"工作进行监控检查，现场个人安全防护操作规范性得到大幅提升。2022 年自主开展事中和事后视频监控检查 24 次，发现问题及时督促现场整改。

（八）强化实验室安全管理

成立兰州海关实验室生物安全专家指导小组，对实验室生物安全进行严而又严的监督管理。采取定期检查和"四不两直"检查相结合，现场检查与材料审查相结合，查人员操作与查环境设施相结合，自查自纠与落实整改相结合监督管理措施。2022 年，对新冠病毒检测实验室开展"四不两直"检查 6 次，开展联合检查 1 次，开展检测质量专项检查 1 次，配合科技发展司开展在线视频检查 1 次，督促、组织新冠病毒检测实验室开展应急处置演练 1 次。实验室生物安全管理得到切实提高，未发生实验室检测人员因新冠检测工作而发生感染情事。

三、坚持质量效率两手抓两手硬，提升口岸疫情防控工作水平

（一）全面优化入境航班检疫监管流程

一是成立兰州海关优化国际航班旅客入境

检疫监管流程工作专班。全面梳理国际航班旅客入境检疫监管工作流程中的堵点、难点，提出针对性优化措施交由现场海关论证，在"一机一方案"中进行细化落实，不断提高旅客通关效率。二是突出流程优化实效。兰州海关所属兰州中川机场海关认真梳理航班保障业务工作流程，编写《入境检疫流程指导书》，结合中川机场现有的硬件条件，进行岗位简化合并，优化人力配置，压缩上勤人员数量，最大限度利用现有人员进行全流程操作，降低感染风险。

（二）口岸入境卫生检疫作业现场升级改造

1. 推动口岸作业场地改造

按照海关总署统一部署，对关区口岸卫生检疫能力进行摸底排查，积极向海关总署申报口岸应对重大疫情卫生检疫基础设施投资项目，完成隔离留验室、医学排查室、采样室、快速检测室、洗消室等共计248平方米出入境旅客通关作业场地改造，提升口岸疫情防控作业条件，有效减少交叉感染风险，保障了国境口岸公共卫生安全。

2. 全面实现入境卫生检疫信息化

持续推进智慧海关建设，依托"科技赋能"推进场所智能化改造，在入境旅客卫生检疫工作中，推进旅检大厅智能化改造，引进智能核验一体机、健康申报自助核验闸机等设施设备，调试智能核验一体机8台，核验闸机2台。借助移动互联网和旅客通关系统卫生处置平台，引导旅客进行自主申报核验，实现"无感通关"。深入推动入境人员全流程信息化管理，按照"一旅客一档案、全程电子读写"的原则，将数字化管理贯通旅客健康申报、体温监测、流行病学调查、核酸检测、转运移交等通关程序，形成全流程智能管控，实现了从纸质档案到电子档案质的飞跃，为后续信息核查提供了便利。

（三）实验室技术支撑能力显著提升

2022年，甘肃国际旅行卫生保健中心（以下简称"保健中心"）完成甘肃口岸呼吸道传染病区域中心实验室验收申报工作，6名专业技术人员通过地方卫生部门组织的新冠病毒核酸检测资质考核，参加国家卫生健康委员会临床检验中心及甘肃省临床检验中心室间质评17类72项，新增新冠病毒抗原、新冠病毒快检等室间质评项目。新增和修订《生物安全手册》7大类38项，《实验室生物安全程序文件》25项，实验室检测能力提升效果显著。

（四）人力资源配置不断优化

针对口岸疫情防控，按照急用先学、固强补弱的原则，以突出实效为导向，精细设计培训内容、精心组织培训工作、精准提高培训质量，扎实开展口岸疫情防控技能培训。一是扎实开展卫生检疫业务领域技能培训。年内共组织开展口岸卫生检疫业务培训、口岸疫情防控培训等4次，涵盖人员260余人次，进一步提升了梯队战斗力，起到补充联动作用，为高标准做好常态化口岸疫情防控工作提供了人力保障。二是开展国境口岸卫生监督员资质考评，2022年度共有30名人员参加考核，考试合格率为100%。

（五）积极配合疫情防控督查

一是全面做好迎检准备，指定专人对接督查组，成立工作专班，梳理关区疫情防控工作并形成汇报材料。二是着力做好问题整改，在"双百"督查中，针对督查组在内部防控、安全防护、一线规范作业三个大类发现的3个问题，组织相关部门完成问题整改并按时报送整改效果评估情况。在国庆期间专项督查中，对督查组发现的1个问题和32条工作建议，组织完成整改，督查工作取得实效。

2022年，面对世纪疫情大战大考，兰州海关坚持人民至上、生命至上的原则，坚守在口岸疫情防控最前沿，众志成城、尽锐出战，未发生疫情经兰州航空口岸外溢情事，最大程度防止了疫情传入，有力保护了人民群众生命健康。

撰稿单位

兰州海关卫生检疫处

兰州海关全力支持甘肃融入"一带一路"建设取得新成效

2022年兰州海关认真落实中央决策部署，积极发挥职能作用，在保障重点产业链供应链循环畅通、提高进出境物流通关效率、创新监管模式、培育外贸新业态发展、支持开放平台高质量发展等方面持续发力，推动甘肃深度融入"一带一路"建设不断走深走实，取得了丰硕成果。

2013—2022年，甘肃对"一带一路"共建国家（地区）进出口年均增长6.8%，高于整体年均进出口增速4.4个百分点；对"一带一路"共建国家（地区）年均进出口值达207.6亿元，占甘肃整体进出口比重由2013年的41.1%提升至2022年的48.25%，甘肃对"一带一路"共建国家（地区）进出口已成为拉动甘肃外贸增长的有力引擎。

一、保障重点特色产业链供应链循环畅通

全力支持保障甘肃有色金属大宗资源性产品进口，实施"报核前申报单耗"监管模式，支持金属矿加工产业发展，保障产业链供应链稳定。积极协调海关总署批准同意对金川公司开展全国海关首个优化进口铁路运输铜精矿监管通关试点工作，大幅提高金川公司进口铁路铜精矿通关效率，有效压缩口岸环节通关时间，货物从入境到投入使用时间由18天压缩至9天，时间压缩一半；整体通关时间从5~10天压缩至36.8小时左右。全力保障种子、粮油等重要资源产品转关进口，检疫监管转关进口油籽类产品1.3万吨，货值782万美元。推动20多个特色农产品首次出口，出口农产品批次、货值同比分别增长13.19%、21.21%。

二、提高进出境物流通关效率

积极应对疫情导致航班航线运力不足问题，指导企业运用进口种子"卡车航班"转关模式，保障进境种子物流通畅。保障"中老铁路——敦煌号"、西部陆海新通道铁海国际联运班列（酒泉—钦州港—鹿特丹）、"中国天水—南非开普敦"国际班列顺利开行。积极推广进口汽车整车第三方检验结果采信制度，整合优化车辆起卸、查验等口岸作业环节流程，压缩业务办理时间，加快检验证书签发，2022年兰州汽车整车进口口岸完成验放平行进口汽车整车300台。建立新冠病毒疫苗试剂快速通道，主动对接全国生物制药龙头企业，详细了解疫苗生产情况和出口计划，加强前置审核，

材料齐全即审即批，均于 1 个工作日内完成新冠病毒疫苗属地查检。运用西部陆海新通道、黄河流域生态保护和高质量发展关际合作机制，加强与乌鲁木齐海关、南京海关等口岸海关协作配合，为提高甘肃主要进出口商品口岸物流通关效率提供支持。

三、优化进出口农食产品监管模式

保障进出口农食产品供给，持续落实兰州海关促进外贸保稳提质十四条措施，继续加强与地方部门的协作，加大宣传培训力度，积极助企纾困，紧盯"一带一路"共建国家（地区）贸易主战场，助推甘肃省鲜苹果、种子、中药材、浓缩苹果清汁等优质"甘味"农产品扩大出口。对食品农产品企业加大帮扶力度，指导企业按贸易对象国（地区）要求组织生产。加快出口食品农产品生产企业注册备案，压缩检疫审批时限，即时办理涉及农产品出口的行政许可事项。建立进出口鲜活易腐农产品属地查检绿色通道机制，指导外繁制种企业"多样化"选择原种进口方式。持续优化监管流程，采取线上审核、预约查检、快速通关等便利化通关模式，畅通信办业务跟踪落实机制、外贸企业"问题直报"和"问题清零"机制，畅通鲜活易腐农食产品出口查检"绿色通道"，全方位保障特色农食产品跑出"加速度"。

四、积极培育外贸新业态发展

2022 年，兰州海关全力助推跨境电商 B2B 和 B2C 业务健康发展，实现甘肃省"跨境电商+中欧班列"业务"零"的突破，甘肃省"跨境电商+保税物流""跨境电商+海外仓""跨境电商+中欧班列"等模式日臻完善，申报企业通过"天马号"中欧班列运输跨境电商 B2B 直接出口（9710）商品 83.6 吨，货物货值 486.56 万元。多次赴兰州新区综合保税区、天水、陇南等地开展跨境电商"送教上门"政策宣讲，提供"一对一"政策指导和服务，优化企业备案手续，简化货物通关手续，在支持兰州新区综合保税区跨境电商 B2C 业务快速健康发展的同时，积极推动跨境电商 B2B 出口监管试点业务在天水、平凉及金昌 3 个城市落地。防范跨境电商新风险，持续巩固跨境电商断链刨根专项整治行动成果，加强现场自控、职能监控、专门监督，依托大数据和云计算，系统筛查业务风险。2022 年组织开展关区跨境电商业务运行状态评估 2 次，查发异常问题 4 大类，锁定高风险订购人、支付人 10 余名。针对甘肃省跨境电商业态发展现状、企业诉求及堵点、难点问题，梳理形成研究专报报送地方政府。9610、9710、9810、1210 海关监管跨境电商业务模式已落地。年内跨境电商贸易额为 14.4 亿元，同比增长 84.4%。

五、支持开放平台高质量发展

为支持地方对外经济开放平台发展，促进外贸保稳提质，推动地方政府做优做强综合保税区、各类海关监管场地等，发挥关区进境种苗、水果、粮食、肉类等指定监管场地和汽车整车进口口岸作用。主动指导指定监管场地经营企业进行整改的同时，积极与海关总署主管司局对接汇报实情、反映诉求，向海关总署申请保留甘肃省4个指定监管场地资质并获得批准。支持综合保税区木材、饲料加工产业发展，发挥特殊监管区域政策叠加优势，推进综合保税区内"到厂查验""全程视频"流程改造，有效降低企业成本。设立兰州新区海关驻点机构，进一步理顺业务流程，增强服务针对性。年内兰州新区综合保税区进出口额为77.5亿元，其中出口29.2亿元，同比增长2.1倍。成立专项课题组为兰州新区综合保税区高质量发展建言献策，撰写《兰州海关关于推动新区综保区高质量发展相关建议》获省长、副省长批示。指导做好综合保税区绩效评估，2021年综合保税区绩效考核在全国137家参评的海关特殊监管区域中综合排名第71位，提升15位；在中西部和东北三省参评的57家海关特殊监管区域中排名第19位，提升7位，综合评估结果为B类。

六、强化技术性贸易措施应对

组织关区159家外贸企业开展技术性贸易措施影响年度调查，全面掌握国外技术性贸易措施对甘肃省出口企业影响情况。及时收集整理主要贸易国家（地区）技术标准和法规，定期向企业提供最新的国外技术性贸易措施信息，帮助出口企业第一时间掌握国际最新动态。加大对国外技术性贸易措施的研究力度，依托现有的海关实验室资源，提高科技攻关能力，持续开展检测项目扩项，为企业提供快速、便捷的检测服务，2022年动植检实验室有352项检测技术获中国合格评定国家认可委员会（CNAS）认可。积极参与开展SPS通报评议工作，及时将世界贸易组织（WTO）各成员通报的新制修订的技术性贸易措施进行翻译，并对相关通报措施中不符合WTO/SPS协定要求的内容提出评议意见，为海关总署对外磋商、谈判提供科学依据。运用《兰州海关技术性贸易措施工作机制》，组织技术性贸易措施人才库人员开展评议5次，其中关于巴西黄瓜种子的5条SPS评议意见全部被海关总署采纳。积极向海关总署司局请示汇报，对于外方通报的相关产品，组织人员开展调查，通过上级部门协调解决争端，保证在最大程度上减少损失，也减少后续产品的出口风险。与地方农业、商务等相关部门加强协作，合力提升应对国外技术性贸易措施能力。

七、持续优化口岸营商环境

深化落实"多证合一""注销便利化"改革。海关报关单位全面实现备案管理，2022年报关单位备案4491家，同比增长10%，全部通过网上"无接触"渠道办理，平均办理时长不超过半天。对海关涉企经营许可事项持续推行"证照分离"改革全覆盖，编制兰州海关行政许可事项清单并对外公开。压缩出口食品生产企业备案办理时限，按照海关总署相关规定持续压缩出口食品生产企业备案办理时限，从原来的5个工作日压缩到3个工作日内完成。制定关区促进外贸保稳提质14条措施和37项具体工作举措，实现方案清单化、任务项目化、责任时限化，制度实施以来，有效解决企业问题45个。组织关区内外贸企业开展"促进外贸保稳提质措施实施效果评价及企业需求问卷调查"。取消进口肉类收货人、进口化妆品收货人备案，取消出口食品原料种植场备案第三方检测证明要求。持续推进加工贸易监管改革，落实海关总署精简和规范加工贸易作业要求，取消13个加工贸易作业单证审核环节，企业办理加工贸易业务的时效大幅提高。落实内销便利化措施，允许符合条件的企业按月集中办理内销申报和纳税手续，支持企业统筹国际国内市场，对无法复出口的剩余料件、边角料、副产品，按照实际状态办理内销申报和纳税手续。推广落实"主动披露"制度，引导企业守法自律，营建良好的执法环境。畅通关企沟通交流渠道，建立关领导联系企业机制，以"纾困解难、助力发展"为主题，聚焦企业痛点、难点问题组织开展调查研究，对AEO高级认证企业和关区重点进出口企业实施"一企一策"个性化服务。发挥关企桥梁纽带优势，通过"中国海关信用管理"微信公众号、12360海关热线、门户网站、问卷调查、实地走访、宣传手册等多种方式，帮助企业知晓政策、理解政策、享受政策，提高政策知晓率和惠及面。完善"问题清零"机制，通过"线上+线下"多种途径为企业解决各类通关问题100余个，"中国海关信用管理"微信公众号企业提问满意度100%。对企帮扶培育取得实效。推动《海关认证企业管理措施目录》在关区落地实施，甘肃省内AEO高级认证企业数量扩展到8家，推荐1家企业为全国首批AEO互认观摩对象名录企业。年内AEO高级认证企业进出口额、纳税额分别占到全关区的56.76%和63.73%，为稳住甘肃省外贸外资基本盘发挥了积极作用。积极开展RCEP全方位政策宣介，建立RCEP专项联络员制度，年内对RCEP成员方进出口137.8亿元，同比增长49.3%。深化区域关际合作。积极推进黄河流域关际合作，细化28个方面195项具体措施，为黄河流域特色优势产业"靶向"开展关税减让政策推介和原产地技术服务。强化西部陆海新通道区域海关协作，共同研究制定6个方面16项重点工作，参与"共同推动区域海关税收征管一体化"等12项具体工作事项。与南京海关、乌鲁木齐海关等签订合作协议，共建"一带一路"，促进"双循环"新发展格局。

撰稿单位

兰州海关综合业务二处

兰州海关进口铁路运输铜精矿监管通关模式试点取得良好成效

2022年5月,海关总署出台促进外贸保稳提质十条措施,明确提出"保障重点区域产业链供应链循环畅通"。兰州海关落实海关总署工作部署,聚焦甘肃省支柱产业有色金属产业链供应链安全,狠抓各项稳外贸稳外资政策落地见效,发挥基层首创精神,打通政策落地"最后一公里",以金川集团股份有限公司(以下简称"金川集团")为试点,探索实施进口铁路运输铜精矿"口岸+卸货地"监管通关模式。

2022年10月,通过主动作为、多方努力,海关总署函复同意对金川集团开展优化进口铁路运输铜精矿监管通关试点工作,兰州海关成为全国首个承接优化进口铁路运输大宗商品检验监管通关试点的直属海关。试点的运行有效压缩口岸通关时间,减少口岸倒运及仓储货损,降低在途及仓储原料占压,实现企业资金快速周转,有助于建立符合内陆铜冶炼企业的陆运矿原料保障体系,提高企业在国际原料采购市场竞争力。2022年10—12月,兰州海关共计检验进口铜精矿41批,货重9.62万吨,货值11.76亿元。

一、主要做法

(一)务实担当,积极开展调研分析

在了解到以金川集团为代表的甘肃省有色金属企业因铁路运输方式进口铜精矿在保订单、稳物流方面面临较大压力的情况后,兰州海关党委书记、关长王彦生牵头成立工作组,组织关内多个业务职能部门联合开展分析论证。

1. 兰州海关具备承接试点工作的基础条件。自1985年10月起,白银有色金属公司(白银有色集团股份有限公司的前身,以下简称"白银公司")开始办理进口铜精矿业务,拉开了此后30余年甘肃省进口铜精矿检验监管工作的序幕。此后至1996年,金川集团、白银公司开始通过铁路运输大规模从哈萨克斯坦、蒙古国进口铜精矿,此项业务也从之前的零星业务发展成延续至今的一项常态化检验监管工作。其间,原甘肃出入境检验检疫局于20世纪90年代末通过和原内蒙古出入境检验检疫局、原新疆出入境检验检疫局的工作协调,形成了进口陆运铜精矿检验模式的雏形:放射性检测在口岸完成,其他项目待货物抵达相关

进口企业后，由原甘肃出入境检验检疫局实施品质、数重量等环节的检验监管。经过长期的业务运行，兰州海关（原甘肃出入境检验检疫局）积累了较为成熟的进口陆运铜精矿检验监管工作经验，一线执法及职能管理队伍中涵盖安全管理、金属材料、化学类等专业人员，并具备较强的实验室检测能力。

2. 开展试点工作符合现行法律法规。铜精矿为进境法检产品，按照现行法律法规要求，须对放射性、有毒有害元素等进行检测。依据《中华人民共和国进出口商品检验法实施条例》第十八条规定，"法定检验的进口商品应当在收货人报检时申报的目的地检验。大宗散装商品、易腐烂变质商品、可用作原料的固体废物以及已发生残损、短缺的商品，应当在卸货口岸检验。对前两款规定的进口商品，国家市场监督管理总局可以根据便利对外贸易和进出口商品检验工作的需要，指定在其他地点检验"。同时，本次进口陆运铜精矿检验监管改革试点方案围绕《关于公布进口铜精矿中有毒有害元素限量的公告》（国家质量监督检验检疫总局 环境保护部 商务部2017年第106号联合公告）要求，重点对有毒有害元素进行检验，仅调整了部分检验项目实施地点，检验监管要求的严格程度不变，实质上是监管流程再造。本试点工作，未突破现行进口铜精矿检验监管法律法规要求，符合法检商品检验基本原则和便利对外贸易的特殊原则。

3. 试点企业监管风险可控。金川集团是甘肃省人民政府控股的特大型采、选、冶、化、深加工联合的国有企业，主要生产镍、铜、钴、铂族贵金属及有色金属压延加工产品、化工产品、有色金属化学品、有色金属新材料等，拥有世界第三大硫化镍铜矿床，是中国最大、世界领先的镍钴生产基地和铂族金属提炼中心，在全球同行业中具有较强影响力。2022年，金川集团位居"世界500强"榜单339位。金川集团是兰州海关关区首批AEO高级认证企业，在办理海关业务过程中未出现违规、失信等不良行为，公司主体信用及债项信用良好，同时该公司作为甘肃省产值最大的国有企业，主动履行社会责任，有效发挥工业强省"排头兵"作用，积极带动区域经济发展，为全面建设社会主义现代化幸福美好新甘肃做出了较大贡献。

4. 进口铁路运输铜精矿五大有害元素超标风险较低。金川集团主要经阿拉山口口岸进口铁路运输铜精矿，矿源均来自哈萨克斯坦固定矿区，其五大有害元素较海运铜精矿，超标风险较低。一是哈萨克斯坦矿区为国际含铜原矿高品位产区，均为境外大型矿山，生产运营时间较长，开采经验成熟，含铜原矿较南美等海运铜精矿产地具有品位高、杂质含量低的鲜明特点；二是由于铜精矿为含铜原矿浮选的成品，哈萨克斯坦原料供应商采用硫化浮选选矿技术制备，该工艺为世界广泛使用的铜精矿选矿方法，工艺成熟、技术指标控制良好，主金属及杂质含量稳定，铅、砷、氟、镉、汞五项有毒有害元素超标风险较低；三是哈萨克斯坦由于深处内陆，其境内出现海运低品位高杂"脏矿"进行混矿操作的可能性较低；四是金川集团为哈萨克斯坦铜精矿的主要进口商，通过多年合作，金川公司在原料控制方面掌握了一定的话语权，要求进口铜精矿到厂后，根据铜、金等计价元素及五大有害元素等扣价因素实施结算，外方为了其自身经济权益，逐批对出口的铜精矿实施发运前检测，同时派员在金川集团驻厂跟班，监督金川集团检验流程；五是金川集团现有铜冶炼闪速炉系统以及合成炉系统均以浮选处理后品质稳定的铜精矿作为设计冶炼原料，不具备杂质含量较高的矿品处理能力，从生产角度来讲企业对铜精矿品质要求较高。同时砷等五大元素不仅对环境影响较大，其含量对金川集团下游产品铜电缆导电率也有直接影响，金川集团自身对五大元素也实施了极为严格的控制，企业主观违规风险极低。六是从历史数据看，在金昌集团进口铁路运输铜精矿30余年的时间，未发生检出放射性超标或有毒有害元素超限值的情况，矿源质量及环保风险整体可控。

5. 运输方式对生态环境影响程度较低。海关对进口铜精矿实施法定检验，重点围绕其中"五大有害元素"是否符合我国相关环保限制标准开展工作，符合安全风险防控的理念。兰州海关进口陆运精矿虽然数、重量占全国进口矿产品的比重很小，但因运输方式、包装方式等特点导致其具有鲜明的特殊性。金川集团进口铁路运输铜精矿，全部采用集装袋包装，如果其包装不发生破损，内装矿产品有害元素不会向环境迁移，进而影响周边环境。现有口岸检验模式下，势必会在直接入境口岸实施露天破袋取样，来回倒装作业后造成对当地环境的危害；从口岸至兰州海关关区相关企业的运输途中，因取样造成的包装破损，也会造成对沿线环境的危害。需要明确的是符合我国相关环保限制标准的铜精矿，只是说明相关有害元素含量较少，并不是指对环境完全没有影响。故将进口铁路运输铜精矿的破袋取样集中在到货地，采用封闭场地破袋取样，有利于科学开展风险防控，避免风险链条的延长。兰州海关关区进口陆运精矿业务所涉及的甘肃、新疆、内蒙古三省（区）同属我国生态脆弱性省份，其生态屏障作用对贯彻落实中央打好污染防治攻坚战有着重要意义。

6. 准入风险基本可控。受海运散装铜精矿已近开采极值且传统海运铜精矿出口国政治不确定性影响，进口铁路运输铜精矿的资源支撑作用不断凸显。兰州海关关区内的相关企业冶炼了全国一半以上的进口铁路运输铜精矿，基础条件较为成熟、准入风险基本可控，兰州海关以讲政治、促发展、保安全的高度责任感，主动申请承接此项试点工作，积极探索海关监管新模式，以点带面，在海关总署的坚强领导下，示范带动我国内陆地区有色金属产业链供应链畅通运转。

通过开展专题调研，兰州海关对现行进口铜精矿监管方式对企业的影响进行了深入分析，关长王彦生组织相关部门撰写了《兰州海关关于铁路运输进口有色金属原料海关监管工作的调研报告》，以直属关领导专题调研报告形式上报海关总署，获海关总署领导的批示肯定，署领导要求海关总署相关司局研究，确保海关保稳提质措施落到实处。

（二）高效指导，协调多方争取支持

按照海关总署署领导批示要求，海关总署各相关司局主动对接兰州海关，商品检验司从口岸查验、过程监督、到货检验、实验室检测、后续监管等环节，指导兰州海关研究政策、推敲细节、分析风险。综合业务司、企业管理和稽查司、风险管理司紧密配合，分别就做好申报管理、属地查检、指令调整提出意见建议。在海关总署各相关司局的帮助下，兰州海关先后制订了《兰州海关优化进口铁路运输铜精矿监管通关试点工作实施方案》，撰写了《金川集团进口铁路运输铜精矿监管试点风险分析报告》，细化了《兰州海关进口铁路运输铜精矿目的地查检作业指导书（2022版）》等海关作业规范。

为积极协调解决企业所面临的现实问题，兰州海关和甘肃省商务厅联合向甘肃省政府上报了《兰州海关 甘肃省商务厅关于恳请甘肃省人民政府致函海关总署申请开展陆运进口铜精矿检验监管模式改革的请示》。甘肃省政府向海关总署报送了《甘肃省人民政府关于申请开展进口铜精矿目的地检验监管改革试点的函》，申请对目的地为甘肃的进口铜精矿予以"目的地检验"的政策支持和检验监管模式改革试点。

（三）统筹协调，密切协作精准到位

兰州海关强化部门之间、隶属海关之间以及隶属海关与地方政府部门之间的相互呼应，成立了综合业务一处（以下简称"综一处"，负责综合业务、商品检验）、稽查处、综合业务二处（以下简称"综二处"，负责口岸监管）、金昌海关和兰州海关技术中心（以下简称"技术中心"）组成的工作组，共同研究程序、研判风险，处置试点过程中出现的问题。兰州海关所属金昌海关与乌鲁木齐所属阿拉山口海关签订了合作协议，建立了联动配合机制，确保进口铜精矿实现海关全链条闭环管理。兰州海关所属金昌海关还与试点企业所在地金昌市政府相关部门签订了合作协议，明确各方职责、压实主体责任、规定工作程序，着力提高试点矿产品质量安全管理水平。

二、取得成效

进口铁路运输铜精矿监管通关模式试点取得了良好的社会效益和经济效益，提速增效保产业链供应链安全稳定获得了地方政府的高度评价，并在海关系统内引起了强烈反响。2022年11月1日，甘肃省委副书记、省长任振鹤在兰州海关试点工作专报中批示："感谢海关总署的关心和支持！祝贺兰州海关的有为和成功！请办公厅以通报形式转发各地各部门参阅，并加大宣传力度。"2022年12月9日，海关总署印发《全国促进外贸保稳提质工作情况交流材料的通知》，将兰州海关进口铁路运输铜精矿监管通关模式试点工作作为海关商品检验业务促进外贸保稳提质的代表，纳入全国海关19个典型案例，供海关各单位交流借鉴。

（一）降时长

试点模式下，铜精矿在入境口岸海关仅实施放射性检测，在卸货地海关实施固废排查及其他项目检验。通过将铜精矿取制样及实验室检测环节转移至卸货地海关实施，有效缓解了口岸拥堵，使得铜精矿在口岸环节通关时间大幅度降低。经测算，铜精矿从入境到投入使用时间由18天左右缩短为9天左右，整体通关时间从通常情况下5~10天压缩至平均36.8小时。

（二）减成本

通过将海关部分检验监管工作由口岸海关后移至卸货地海关实施，减少了货物在口岸的积压，节省了企业货物仓储、倒运、路途损耗等费用，降低了企业运营成本。经估算，试点模式下每吨铜精矿将节约物流及资金成本约100元。

（三）提效能

利用卸货地海关检验监管及实验室检测资源，在铜精矿实验室检测项目中，将海关监管重点集中到铜精矿5项有毒有害元素项目的检测，依企业申请开展铜、水份等品质检测，进一步减少了实验室检测时间，海关监管工作更加高效科学。

（四）共监管

积极协调地方政府落实主管职责，督促企业落实主体责任。加强口岸海关和卸货地海关的联合监管，确保各项工作衔接有序、运行顺畅。2022年，全部41批次进口铁路运输铜精矿均无不合格情事。

进口铁路运输铜精矿监管通关模式试点的成功运行，是海关系统顶层设计与基层探索良性互动的体现，是海关"三应"机制高效运行的结果。下一步，兰州海关将严格按照海关总署试点要求，积极协调口岸海关以及地方政府相关部门，认真做好金川集团股份有限公司进口铜精矿检验监管通关工作，不断总结工作经验、完善监管手段、提高监管效能。适时申请增加试点矿产品种类，扩大试点企业范围，为示范带动我国内陆地区进口大宗资源类商品供应链高效运转提供实践参考。

撰稿单位

兰州海关综合业务一处

兰州海关指导企业应用 RCEP 助力甘肃产品扩大出口

RCEP 自 2022 年 1 月 1 日起生效。生效一年来，兰州海关积极落实《海关总署关于做好〈区域全面经济伙伴关系协定〉实施工作的通知》要求，推动 RCEP 顺利实施。

一、基本情况及特点

（一）RCEP 区域贸易量的大幅增长对甘肃省外贸有明显拉升作用

2022 年，甘肃省外贸进出口总值 584.2 亿元，排名全国第 28 位。其中，出口总值 127.3 亿元，同比增长 31.4%，增速排名全国第 8 位；进口总值 456.9 亿元，同比增长 15.7%，增速排名全国第 9 位。甘肃省与 RCEP 成员方进出口总值 137.8 亿元，占同期外贸总值的 23.6%，同比增长 49.3%，RCEP 区域贸易增速超过两位数，凸显了对甘肃省外贸的拉动作用。

（二）RCEP 区域贸易伙伴高度集中

2022 年甘肃省对 RCEP 区域出口 26.5 亿元，同比增长 22.5%，占同期甘肃省外贸出口总值的 20.8%。出口总值增幅较大的商品主要为炉用碳电极、其他集成电路、鲜苹果、焦炭及半焦炭、非合金镍制品等。出口值前 5 位目的国家依次为：韩国 5.9 亿元（集成电路、化工品、金属板材、炉用碳电极等），同比下降 16.9%；越南 4.9 亿元（电气零件、鲜苹果、炉用碳电极等），同比增长 1.9 倍；印度尼西亚 3.8 亿元（焦炭、铝箔、集成电路、炉用碳电极等），同比增长 33.5%；日本 2.9 亿元（化工品、稀土、集成电路），同比增长 15.2%；新加坡 2.4 亿元（航空器、控制仪器、集成电路），同比增长 93.7%。上述国家合计占甘肃省对 RCEP 区域出口总值的 75.1%。

2022 年甘肃省从 RCEP 区域进口 111.3 亿元，同比增长 57.42%，占同期甘肃省外贸进口总值的 24.4%。进口总值增幅较大的主要商品为：镍、铜、锌等矿产品，其他集成电路、机器的零配件和越野车等。进口值前 5 位来源国家依次为：澳大利亚 41.6 亿元（大宗矿产品、农产品等），同比增长 62.4%；印度尼西亚 32.5 亿元（大宗矿产品），同比增长 59 倍；韩国 18.6 亿元（未精炼铜、集成电路、电子元器件等），同比增长 44.4%；日本 8.1 亿元（集成电路、半导体器件等），同比下降 22.6%；新加坡 5.7 亿元（半导体器件、集成电路等），同比下降 14.5%。上述国家合计占甘肃省从 RCEP 区域进口总值的 95.7%。

(三) 对 RCEP 区域出口商品享惠幅度和享惠种类有限，中国—东盟、中国—韩国自由贸易协定享惠替代效应明显

2022 年，兰州海关签发 RCEP 区域各类自由贸易协定优惠原产地证书共计 1631 份，同比增加 1.89 倍；签证金额约 1.31 亿美元（详见表 2-1），同比增加 2.16 倍，占对 RCEP 区域出口总值的 33.2%。其中 RCEP 项下原产地证书 133 份（详见表 2-2），仅占 RCEP 区域签证总量的 8.2%；签证金额约 1103 万美元，仅占 RCEP 区域签证金额的 8.4%。

分析 RCEP 签证率低的主要原因是多种自由贸易协定关税优惠呈现优中选优的多样性，企业可根据不同协定项下的降税清单范围、税率优惠幅度及操作程序便利程度选择"最优方案"。以出口韩国为例，RCEP、《中国—韩国自由贸易协定》及《亚太贸易协定》三个贸易协定均已对我国和韩国生效，后两项协定已实施多年，关税减让幅度已达到一定量级。如炉用碳电极出口，《中国—韩国自由贸易协定》税率为 1.0%，RCEP 税率为 4.5%，因此，同期兰州关区签发《中国—东盟自由贸易协定》《中国—韩国自由贸易协定》原产地证书数量及金额大幅高于 RCEP 签证量（详见表 2-1）。

表 2-1　2022 年兰州关区签发出口 RCEP 区域优惠原产地证书

证书类型	份数	金额（万美元）
RCEP 原产地证书	133	1103.07
中国—东盟自贸区原产地证书	1125	8225.5
中国—韩国自由贸易协定原产地证书	304	2958.34
中国—澳大利亚自由贸易协定原产地证书	62	784.35
中国—新西兰自由贸易协定原产地证书	4	3.15
中国—新加坡自由贸易协定原产地证书	3	2.55
总计	1631	13076.96

表 2-2　2022 年兰州关区各隶属海关 RCEP 原产地证书签证量

签证海关	签证数量	签证金额（万美元）
金城海关	85	669.16
酒泉海关	29	378.62
天水海关	9	28.09
敦煌机场海关	2	16.54
平凉海关	6	10.21
金昌海关	2	0.45
总计	133	1103.07

（四）RCEP 签证享惠商品比较集中，农产品及其生产企业是 RCEP 的主要受益对象

从签证商品看，主要享惠商品为农产品、工业品和服装。签证农产品有脱水蔬菜、蚕豆、番茄酱、苹果、种子等，工业品包括甘草制品、铝板、石墨电极、高锰酸钾等。

从签证企业看（详见表2-3），涉及26家企业，其中农食生产企业10家、工业品生产企业8家、贸易公司5家、医疗（制药）生产2家、服装生产企业1家。

表 2-3　2022 年 RCEP 签证企业

企业名称（备案号）	合计 份数	金额（万美元）
甘肃拓奇实业有限公司	19	124.305379
甘肃省敦煌种业果蔬制品有限公司	14	33.8892
白银昌元化工有限公司	13	70.49
甘肃宇盛农产品开发有限公司	13	96.226365
酒泉康博食品有限公司	11	263.852225
甘肃陇奥农产品有限公司	9	72.2105
庆城县汇鑫服装厂	6	10.207333
甘肃澳飞商贸有限公司	6	30.197051
甘肃良源农业有限责任公司	6	22.1849
甘肃黄羊河集团食品有限公司	6	14.501
甘肃泛植制药有限公司	5	69.1012
甘肃美迩康进出口有限公司	4	65.291304
甘肃柯登精密铸造泵阀有限公司	3	20.876667
定西马铃薯研究所（普通合伙）	3	17.010234
秦安长城果汁饮料有限公司	2	4.2669
酒泉市酒洲种子有限责任公司	2	3.704866
甘肃纳波旺化工产品有限公司	2	0.448
甘肃中仕达贸易有限公司	1	3.50392
甘肃仁盛国际贸易有限公司	1	12.22575
甘肃三迪植物化学有限责任公司	1	41.77
兰州嘉烨合盛进出口有限公司	1	1.9149
方大炭素新材料科技股份有限公司	1	41.771401
甘肃九州中贸药业有限公司	1	1.6272
敦煌市鑫达矿业有限公司	1	4.3188
甘肃酒钢天成彩铝有限责任公司	1	49.885669
酒泉东方种子有限公司	1	27.2919
总计	133	1103.072664

(五) RCEP 生效以来，甘肃省对日本出口贸易成效及享惠成效显著

从签证国别看（详见图 2-1），日本成为甘肃省 RCEP 证书签发的最主要目的国。2022 年对日本签发 RCEP 出口原产地证书 83 份，签证金额为 749.86 万美元，分别占 RCEP 签证总数的 62.41% 和 67.98%。对泰国、澳大利亚、越南、马来西亚、韩国 5 国合计出口签证金额占 RCEP 签证金额的 32.02%，对新加坡、新西兰、文莱、柬埔寨、老挝、缅甸 6 个成员方未签发 RCEP 证书。

▲图 2-1　2022 年 RCEP 出口签证国

(六) RCEP 进口商品享惠效果暂未呈现

2022 年，暂未受理 RCEP 优惠原产地证项下进口报关单，主要原因是 RCEP 区域进口商品多为 0 关税（矿产品、其他集成电路、种子）、享受保税政策（集成电路芯片、内存条、送料器等），以及进口商品（例如汽车）不在立即降税清单内，企业无须办理优惠原产地证。

二、兰州海关落实 RCEP 的相关措施

(一) 加大政策扶持力度，持续提高帮扶进出口商品享惠精准性

根据甘肃省贸易统计数据，对照清单筛选出"可享惠而未享惠"企业、商品，采取点对点宣传、一对一帮扶等形式"靶向"推介 RCEP 政策，指导企业利用 RCEP 整体关税减让、跨境区域产业链供应链协作、市场准入进一步放宽等机遇，带动甘肃省新兴产业形态的塑造与拓展，促进传统产业转型升级。大力支持大型冶金、钢铁、物流企业加大澳大利亚、印度尼西亚铁矿石、镍铁等重要资源进口。依托综合保税区和保税物流中心等平台开展跨境电商，扩大从东盟优势农产品，日韩休闲食品、化妆品，澳新乳制品、保健品等高质量消费品进口。认真梳理各成员方进境农产品准入机制，利用技术性贸易措施调查工作，指导企业扩大特优农产品出口。支持企业利用跨境电商平台和数字营销、社交营销工具，扩大脱水蔬菜、新鲜水果等甘肃特色产品出口。支持甘肃省外贸企业在 RCEP 成员方建设海外仓。

(二) 倾听企业声音，进一步提升贸易便利化水平

深入调研分析甘肃省外贸发展面临的困难，及时研究政策实施中遇到的新情况、新问题。加强业务指导，细化具体措施，抓好督导检查，确保海关总署及兰州海关关于促进外贸保稳提质的各项措施要求落地见效。提高知识产权保护意识，完善 RCEP 重点产业、重点领域的涉外知识产权风险防控体系和纠纷应对指导机制。大力培育海关 AEO 高级认证企业，继续加大经核准出口商培育力度。以海关 AEO 高级认证企业为重点，帮助有意愿的出口企业提升原产地自我管理水平和能力，鼓励企业开具原产地声明。

(三) 拓展服务方式，形成多部门联合推进合力

持续开展形式多样的宣传和培训活动，联

合甘肃省商务部、中国国际贸易促进委员会甘肃省委员会等部门在国际贸易"单一窗口"增加RCEP进出口企业智能服务端口，通过可视化平台，自主分析进出口商品在不同自由贸易协定间的比较优势和原产地规则，方便企业掌握和应用经贸规则，直观感受RCEP优惠税率和享惠幅度，为甘肃省企业抢抓RCEP机遇、化解挑战提供指导。

撰稿单位

兰州海关综合业务一处

优化服务筑防线　强化监管保食安

——兰州海关全力护航进出口食品安全

甘肃省进出口食品企业大多为中小微企业，应对风险和挑战能力相对薄弱。兰州海关作为甘肃省进出口食品安全监管部门，始终把维护进出口食品安全放在首要位置。2022年，兰州海关积极落实国务院"放管服"改革要求，紧贴甘肃省进出口食品贸易的发展现状，认真贯彻落实海关总署《关于促进外贸保稳提质的十条措施》，出台《兰州海关促进农产品扩大出口十二条措施》，全力支持外贸企业，助力甘肃外贸经济发展。

一、严格监管，守住食品安全底线

（一）开展进口食品"国门守护"行动

按照《进口食品"国门守护"行动方案（2020—2025年）》要求，同甘肃省公安厅、商务厅共同开展行动，严格落实进口食品产品准入、境外生产企业注册、进出口商备案、动植物源性食品检疫审批、指定口岸检验检疫、进口和销售记录等监管制度，严厉打击食品走私活动。配合缉私部门，排查全省冷链仓储物流企业60余家，成功破获"1·06"走私冻品案件，案值7221.33万元，扣押涉案冻品32.14吨，侦办了"8·25"走私冻品案，案值733.6万元。

（二）严格进口冷链食品监管

自新冠疫情发生以来，兰州关区未实际发生进口冷链食品业务。严格落实海关总署和甘肃省联防联控机制要求，认真开展各项工作。组织关区进口冷链食品模拟实战演练2次，开展人员防护和应急处置专题培训3期，配合"百名科长百日督查"工作组和海关总署疫情防控督导组工作要求，对兰州关区各口岸和监管场所进口冷链食品口岸新冠疫情防控措施落实情况开展督导检查2次，共发现问题5条，均已有效整改。

（三）支持油籽类产品转关进口

支持中欧班列提质增效和地方外向型经济发展，推动"一带一路"建设，采取多项措施支持哈萨克斯坦油籽类产品转关进口。组织人员对关区转关进口亚麻籽、葵花籽等油籽类产品业务开展集中调研，通过梳理相关法律法规、深入业务现场、走访加工企业、实施除害效果实验评估等多种方式，加大风险研判，及时精准布控。加强同兄弟海关的沟通交流，研究出台执法依据充分、操作流程规范，符合兰州关区实际的有效监管措施。组织隶属海关召开企业座谈会,进行政策解读、为企业答疑解惑,最大程度降低了进口油籽类产品携带其他杂草籽的植物检疫风险,帮助企业和基层一线切实解决业务疑点难点问题。2022年,共检疫监管进口油籽2.96万吨,货值1631.6万美元。

二、助企纾困,促进外贸保稳提质

(一)加大惠企政策宣讲力度

兰州海关通过电话、企业微信群等方式,向出口企业加大进口方新规、海关惠企措施等宣讲力度。围绕甘肃农产品外贸产业发展需求,对辖区内93家农食产品出口企业开展专项助企问卷调查,征询企业需海关帮助支持的意见建议,收集掌握企业需求,排查甘肃省农产品出口的堵点难点问题,制定"一企一策"帮扶措施,帮助企业应对技术性贸易措施。

(二)帮助企业解决出口难题

在得知关区罂粟籽主要出口企业主要出口国印度暂停进口,企业货物积压1万多吨的困难后,兰州海关积极联系企业收集信息,向海关总署专题报告,积极请求海关总署帮助,想尽办法帮助企业渡过难关。历时近半年,2022年初该企业终于获得了印度的进口许可证,年内出口货值1.56亿元,同比增长308.2%。2022年经兰州海关监管出口的灭活罂粟籽货值1.6亿元,同比增长308.2%;在海关总署帮助下,及时解决出口肠衣在国外清关受阻问题,为企业避免和挽回损失450余万元,助企纾困工作得到省委副书记、省长任振鹤批示肯定,《甘肃日报》整版报道关区助企纾困促进外贸保稳提质工作,为近年来首次。

(三)促进特色食品农产品扩大出口

为助力外贸企业发展,兰州海关多措并举,靶向施力,优化审批流程,对涉及食品农产品进出口的行政许可事项从企业申请到证书签发全流程实现电子信息化,做到审批环节"即时即办";开展业务培训和指导,帮助企业应对贸易风险,扩大贸易业务。保障关区出口罂粟籽、苹果汁、肠衣等农食产品在疫情期间顺利通关。收集掌握企业需求,指导隶属海关针对重点出口企业,制订针对性帮扶计划,开展业务培训和指导,帮助企业实现扩大出口,天水豆铃卷、陇南蜂蜜、甘南羊肚菌、漳县沙棘汁等多个特色农产品实现首次出口。

三、合力协作,构建食品安全共治格局

(一)组织开展食品安全周宣传活动

围绕"严防新冠疫情通过进口冷链食品输入风险""进口食品'国门守护'行动""食品安全口岸行"等主题,采取电视访谈、专场宣传、业务现场宣传、食品安全进企业、食品安全进口岸等多种形式,开展关区食品安全宣传周活动。营造关区进出口食品安全良好有序的舆论环境,集中展现近年来进出口食品安全工作成果,营造进出口食品安全共建共治共享新格局。

(二)积极参与全省食品安全治理

与甘肃省卫生健康、市场监管、公安、商务等部门建立了密切的合作协调机制。会同甘肃省卫生健康委员会制订2022年度全省食品安全风险监测计划,对进口食品中国家食品安全标准之外的潜在风险进行监测,定期开展风险会商;与市场监管部门密切合作,相互通报

食品安全信息，协同处置相关食品安全问题；与甘肃省公安厅和商务厅联合印发《进口食品"国门守护"行动方案（2020—2025年）》，共同打击食品走私和违法犯罪行为，形成食品安全治理合力。

撰稿单位

兰州海关动植物和食品检验检疫处

兰州海关 2022 年法治宣传教育工作

2022年，兰州海关坚持以习近平法治思想为引领，切实落实全国海关工作会议、全国海关全面从严治党工作会议和"十四五"海关法治建设规划部署，聚焦《兰州海关法治宣传教育第八个五年规划》，坚持围绕中心、服务大局，扎实推进法治宣传教育工作，普法依法治理基础显著提升，法治文化建设取得显著成效。

一、深入学习宣传贯彻习近平法治思想

把习近平法治思想作为两级党委理论学习中心组重点学习内容，发放《习近平法治思想学习纲要》等权威读本，举办党委理论学习中心组（扩大）学习会，邀请法学专家开展习近平法治思想专题讲座，引导全体人员深入领会习近平法治思想的重大意义、丰富内涵、精神实质和实践要求。将学习宣传贯彻习近平法治思想与捍卫"两个确立"、做到"两个维护"、强化政治机关建设专项教育活动深度融合，在加大法律法规知识普及力度的同时，注重讲深说透其中蕴含的政治方向、政治要求和立法宗旨。认真学习领会习近平总书记重要指示批示精神，在重点工作和专项执法行动中持续有力开展配套法治宣传教育，确保习近平总书记重要指示批示精神和党中央决策部署在海关普法实践中一贯到底。常态化、制度化开展党内法规学习，把党内法规列入海关各级党委理论学习中心组学习内容和党支部"三会一课"学习内容，大力宣传管党治党的相关法律法规，助力全面从严治党向纵深推进。

二、突出宪法、民法典、海关法等重点法律法规宣传

2022年年初制定发布《兰州海关2022年度普法责任清单》和《兰州海关2022年法治宣传教育计划》，进一步明确职能部门和隶属海关普法责任，细化普法措施。将普法责任清单落实情况纳入关区绩效考核，强化评估、督促落实，推动普法工作提质增效。结合"服务大局普法行"、"4·15"全民国家安全教育日、"美好生活·民法典相伴"民法典宣传月、"8·8"海关法治宣传日、全省法治化营商环境集中宣传月、"12·4"国家宪法日暨宪法宣传周等普法专项活动，综合运用普法讲师团宣讲、企业政策宣讲会、微信公众号、普法讲座

等多种形式，广泛开展形式多样、生动活泼的法治宣传教育活动。对接企业和公众个性化法治需求，开展送法进企业、进学校、进乡村等"说理式"执法和"沉浸式"普法，精准投放普法资源。年内累计举办线下集中宣传35场次，发放图书资料600余册，编发普法微信图文11期，在《中国国门时报》、《甘肃日报》、《兰州晚报》、兰州新闻网等媒体发表法治宣传稿件7篇，兰州海关法规处荣获全省"七五"普法工作先进集体荣誉称号。

（一）创设沉浸式宪法宣传氛围

邀请关区专职法律顾问举办线上宪法讲座，对党的二十大报告中的法治元素与公民宪法基本权利进行讲解，就行政机关如何贯彻落实习近平法治思想、扎实推进依法行政开展深入解读，引导全体关警员全面准确把握党的二十大精神和习近平法治思想核心要义，把学习贯彻党的二十大精神与做好海关行政执法工作紧密结合，提升依法履职能力和水平。结合疫情防控实际，组织全体人员通过兰州海关行政执法规范指导平台和甘肃省国家工作人员学法考试平台，积极开展《中华人民共和国国旗法》《中华人民共和国海关法》《中华人民共和国行政处罚法》等10余部法律法规的学习，观看庭审直播和普法案例。组织关区全体干部职工积极参加"中国普法网"和"甘肃丝路法雨"微信公众号举办的法律知识有奖答题活动，进一步强化宪法基础知识。依托"丝路兰关"微信公众号，在全关区开展"宪法诵读""公职律师谈宪法""我与宪法合张影""宪法，我想对您说"等活动，通过感言、合影、寄语等方式，在实践体验中引导工作人员忠于宪法、遵守宪法、维护宪法。

（二）广泛开展"送法进乡村"等系列民法典宣传活动

开展民法典专题讲座，发挥驻村工作队力量，深入开展"民法典进乡村"主题宣讲活动，在甘肃省临夏州康乐县莲麓镇5个帮扶村举办"两委学民法"、送法进校园、现场宣讲会等活动8场次，发放法律读本和宣传手册200余份，积极开展法律援助与咨询服务活动，引导村民合法合规开展"美丽乡村"建设，做知法懂法用法的明白人。调动专业法治人才力量，深入开展民法典宣讲解读活动，发挥公职律师、普法讲师团等普法力量，广泛开展领学领读、以案释法等活动，制作发布宣传信息、微信图文10余篇，营造民法典宣传浓厚氛围。依托海关法治协作工作平台，积极参与海关法治工作第二协作区"美好生活·民法典相伴"主题普法活动，组织关区所有帮扶村和全体公职律师通过视频会议形式参加"民法典进乡村"主题普法活动，结合案例向帮扶村村民解读民法典中关于合同、婚姻、继承等法律条款，增强村民的法律意识和风险防控观念，交流乡村振兴法律需求，提出海关普法工作建议。深入落实"谁执法谁普法"普法责任制，积极回应企业法治需求，在外勤执法中主动向企业开展习近平法治思想和民法典宣讲，将民法典学习宣传与海关政策宣讲、解决企业困难相融合、同开展，切实发挥好海关把关服务的职能作用。

（三）提升"8·8"海关法治宣传日普法活动成效

强化疫情防控法治服务保障作用，梳理汇

总国务院、海关总署、甘肃省关于疫情防控相关指南、指引，完善关区疫情内部防控指南文件体系。结合口岸新冠职业暴露暨室外一线工作人员高温中暑、机检岗位设置、行李物品查验工作开展应急演练和业务培训，提升依法防控水平。通过微信、短信等形式及时推送疫情防控法律法规和防控知识，提高关警员防范意识和防护技能。将疫情防控志愿服务和法治宣传工作紧密结合，组织志愿服务人员在服务社区开展疫情防控法治宣传活动，引导公众依法科学防疫。提升疫情风险区线上普法成效。严格落实属地疫情防控要求，在属地发生疫情的金城海关、兰州中川机场海关、天水海关重点开展线上普法活动。通过举办党委理论中心组线上学法、《习近平法治思想学习纲要》线上领读、业务骨干视频讲法、线上法治文化书法比赛等活动，进一步提升工作人员法治思维和执法水平。开展"固定电话+手机+微信群"的24小时受理咨询服务，聚焦"守国门、促发展"及时解答企业政策、法律咨询，促进外贸保稳提质。靠实职能部门普法责任，以兰州海关普法责任清单为基础，组织综合业务、卫生、动植食、企管、机关党委等职能部门对本次法治宣传活动重点宣传的12部法律和规章进行宣传任务认领，以新法解读、释法解惑、图文说法、规范执法为重点精准普法，持续推出《中华人民共和国海关经核准出口商管理办法》条文解读、RCEP管理办法解读等精品微信图文7篇，举办《中华人民共和国海关办理行政处罚案件程序规定》等法治讲座3场，满足广大关警员、企业和社会公众的法治需求。

三、强化法治宣传教育，全面落实普法责任制

将干部职工学法用法纳入海关全员培训总体规划，以宪法、海关法律法规作为重点法制培训内容，积极组织开展线上学习、集中调训、海关e课堂等活动，切实增强执法队伍的法治观念和尊法意识。加大对公务员初任培训、任职培训中法律知识的培训力度。加强以案普法、以案释法，结合实际积极组织观看网上庭审。把法治建设成效作为衡量下级党政领导班子及其主要负责人推进法治建设工作实绩的重要内容，纳入绩效考核指标体系。在领导干部选拔任用工作中，将依法把关能力作为选拔任用的指导思想，将依法依规办事作为选拔任用必须坚持的6项原则之一，列入选拔任用实施方案，推动形成坚持重视法治素养和法治能力的用人导向。

四、加强关区法治文化建设，统筹法治人才培养使用

以海关总署规章及业务规范性文件、兰州海关规章制度、兰州海关作业指导书等三级行政执法依据为主体，在管理网建成涵盖日常行政执法和内部管理文件、制度及行政执法案例查询的"行政执法规范指导平台"，推动工作人员树立"找制度""查依据""思法理"的法治工作思维。举办海关法治文化书法创作活动，将书法展示与普法活动深度融合，推动海关工作人员牢固树立依法把关、依法行政的法治理念。编制印发《中华人民共和国海关办理行政处罚案件程序规定》解读及操作指南。组

织关区普法讲师团结合《海关行政执法案例解读》《中华人民共和国安全生产法》《知识产权海关保护法律规定与实践》《新型冠状病毒口岸防控技术方案》等开展系列宣讲活动。完善"法治人才库"建设，鼓励库内人员积极参加法律职业资格考试，选拔1名优秀法治人才进入公职律师队伍。组织公职律师积极开展执法疑难问题研讨及专题法律论证。严格公职律师考核，1名公职律师获评全国海关优秀公职律师。

撰稿单位

兰州海关法规处

第三篇

大事记

2022 年兰州海关大事记

1月

4日 兰州海关组织开展新任副处级领导干部任前集体谈话,党委书记、关长王彦生代表关党委对9名新任副处级领导干部履新提出要求。党委纪检组组长张瑞宏对新任副处级领导干部开展任前集体廉政谈话。

7日 兰州海关关长王彦生参加甘肃省新冠疫情联防联控领导小组会议。

兰州海关党委书记、关长王彦生主持召开党史学习教育专题民主生活会职级公务员代表征求意见座谈会。

兰州海关副关长朱雪迎主持召开党史学习教育专题民主生活会青年干部征求意见座谈会。

兰州海关副关长张柯在甘肃省政府参加由内蒙古自治区主办的2021年黄河流域生态保护和高质量发展省际合作联席视频会议。

10日 兰州海关顺利通过第二批省级无烟党政机关评估验收,被命名为"无烟党政机关"。

11日 兰州海关党委召开理论学习中心组学习会。党委书记、关长王彦生主持学习会议,其他关党委委员参加学习。

兰州海关党委书记、关长王彦生主持召开2022年第1次党委会议。

12日 兰州海关副关长袁文泽参加甘肃省新冠疫情联防联控领导小组"流调溯源组"疫情防控会商会。

兰州海关党委纪检组组长张瑞宏参加监察室党支部召开的坚决捍卫"两个确立"、做到"两个维护"主题党日活动。

14日 兰州海关副关长张柯组织召开兰州海关落实"十四五"海关发展规划推进会。

兰州海关党委纪检组组长张瑞宏主持召开2022年关区第1次纪检监察工作例会。

兰州海关政治部主任吴向前主持召开驻村工作座谈会。机关党委负责人、兰州海关驻康乐县工作队全体人员参加会议。

15日 兰州海关关长王彦生参加兰州—连云港班列对开暨苏陇(甘肃)物流供应链有限公司揭牌仪式。

16—19日 兰州海关关长王彦生参加政协甘肃省第十二届委员会第五次会议。

17日 兰州海关副关长朱雪迎参加敦煌机场海关党委党史学习教育专题民主生活会。

兰州海关副关长朱雪迎参加科技处党支部2021年度组织生活会。

兰州海关党委纪检组组长张瑞宏参加监察室党支部2021年度党史学习教育专题民主生活会和组织生活会。

20日 兰州海关关长王彦生参加甘肃省政府第十次全体会议。

兰州海关党委书记、关长王彦生主持召开兰州海关党委党史学习教育专题民主生活会。

21日 兰州海关副关长朱雪迎参加甘肃省宣传部长会议。

24日 兰州海关参加2022年全国海关工作会议、全国海关全面从严治党工作会议。

兰州海关新任党委委员、副关长刘汉鸣，党委委员、政治部主任王劲松2名同志到岗履职。

25日 兰州海关党委书记、关长王彦生主持召开2022年第2次党委会议。

副关长朱雪迎、副关长张柯参加海关总署口岸监管司、卫生检疫司召开的关于进一步做好寄递渠道新冠疫情个人防护专题视频会议。

兰州海关党委纪检组参加2022年全国海关纪检监察工作视频会议。会后，党委纪检组组长张瑞宏就深入学习贯彻全国海关纪检监察工作会议精神提出要求。

26日 甘肃省委常委、兰州市委书记朱天舒到兰州海关调研。兰州市委秘书长乔建新，副市长杨平，市政协副主席雏泽民，兰州新区管委会副主任王洋，市委政研室、市发改委、市商务局、安宁区、永登县相关负责人陪同调研。

兰州海关关长王彦生与工商银行甘肃省分行党委书记、行长宋关昶一行座谈。副关长刘汉鸣、缉私局政委倪春江参加座谈。

兰州海关党委纪检组组长张瑞宏参加中国共产党甘肃省第十三届纪律检查委员会第六次全体会议。

27日 兰州海关召开2022年工作会议。党委书记、关长王彦生作报告，副关长朱雪迎主持会议，党委委员方永岌、张柯、张瑞宏、刘汉鸣、王劲松出席会议。

兰州海关召开2022年全面从严治党工作会议。

28—29日 兰州海关关长王彦生、副关长朱雪迎、缉私局局长方永岌先后走访慰问退休老干部。

28日 兰州海关举行领导干部报告个人有关事项专题培训。政治部主任王劲松对组织开展领导干部个人有关事项报告工作提出要求。

甘肃省副省长张锦刚对兰州海关报送的2021年甘肃外贸分析专报作出批示。

兰州海关副关长张柯参加全国海关安全生产电视电话会议。会后组织相关部门学习落实会议精神，对2022年安全生产工作做出部署并提出相关要求。

29日 兰州海关副关长张柯带队以"四不两直"方式通过视频检查关区监管区域安全工作。

兰州海关政治部主任王劲松参加机关党委处级领导干部述职会议。

30日 甘肃省副省长、省交通检疫组组长刘长根一行督导检查兰州中川国际机场疫情防控工作。

兰州海关副关长刘汉鸣、政治部主任王劲松带队开展节前安全检查。

31日 兰州海关关长王彦生检查节日期间兰州海关机关和隶属海关单位值班带班安排、疫情防控、人员外出、安全工作等情况，对做好值班工作提出要求，并代表关党委向全体值班带班人员致以节日的慰问。

2月

3日 甘肃省委常委、兰州市委书记朱天舒到兰州中川机场海关调研慰问。兰州市委常委、兰州新区党工委书记杨建忠陪同调研慰问。

8日 兰州海关关长王彦生参加全国海关缉私工作会议暨全国打私办主任会议。

9日 兰州海关党委书记、关长王彦生主持召开2022年第3次党委会议。

兰州海关关长王彦生参加全省经济运行调度视频会议。

兰州海关缉私局召开专题会议，传达学习2022年全国海关缉私工作会议暨全国打私办主任会议精神，缉私局局长方永岌就贯彻落实会议精神提出要求。

兰州海关副关长张柯参加综合业务二处2021年度工作总结述职会议。

兰州海关副关长刘汉鸣参加财务处2021年度工作总结述职会议。

10日 兰州海关副关长朱雪迎参加2022年全国海关动植物检疫工作会议。

兰州海关副关长朱雪迎参加动植物和食品检验检疫处（以下简称"动植食检处"）2021年度工作总结述职会议。

兰州海关副关长张柯参加全省打击治理电信网络新型违法犯罪工作会议。

兰州海关副关长张柯参加甘肃省常务副省长程晓波主持召开的经济体制和生态文明体制改革专项工作会议。

兰州海关副关长刘汉鸣参加办公室2021年度工作总结述职会议。

兰州海关副关长刘汉鸣参加企业管理和稽查处2021年度工作总结述职会议。

11日 兰州海关关长王彦生列席甘肃省委十三届254次常委会。

兰州海关副关长朱雪迎参加科技处及中国电子口岸数据中心兰州分中心（以下简称"数据分中心"）2021年度工作总结述职会议。

兰州海关副关长朱雪迎参加卫生检疫处（以下简称"卫检处"）2021年度工作总结述职会议。

14日 兰州海关关长王彦生参加2022年全省生态环境问题排查整治工作视频会议。

兰州海关副关长朱雪迎参加中川机场海关2021年度工作总结述职会议。

15日 兰州海关副关长朱雪迎参加保健中心2021年度工作总结述职会议。

兰州海关副关长刘汉鸣参加金城海关2021年度工作总结述职会议。

16日 兰州海关关长王彦生主持召开兰州海关2022年第2次形势分析及工作督查例会。兰州海关党委委员，其他署管干部（厅局级），机关内设机构、后勤管理中心、数据分中心主要负责同志在主会场参加会议；离退休干部办公室（以下简称"离退办"）、保健中心、技术中心、各隶属海关主要负责同志在分会场参加会议。

兰州海关参加"海关重点项目和财物管理以权谋私"专项整治工作动员部署视频会议。党委班子成员，其他署管干部参加会议。

17日 兰州海关党委纪检组组长张瑞宏主持召开兰州海关党委纪检组专题会议，传达"海关重点项目和财物管理以权谋私"专项整治工作动员部署会议精神，研究部署近期专项整治工作。

兰州海关副关长刘汉鸣参加技术中心2021年度工作总结述职会议。

18日 兰州海关党委书记、关长王彦生参加甘肃省委理论学习中心组学习会议。

兰州海关关长王彦生列席甘肃省委十三届255次常委会。

兰州海关副关长朱雪迎检查指导兰州中川机场海关入境航班保障准备工作。

19日 兰州海关关长王彦生、副关长朱雪迎带队通过视频对兰州中川国际机场航空口岸1架来自俄罗斯入境分流航班（CA910）的海关监管保障工作进行督导检查。

21日 兰州海关党委书记、关长王彦生主持召开2022年第4次党委会议。

22日 兰州海关缉私局局长方永炎专题向甘肃省副省长张锦刚汇报2022年全国打私办主任会议精神、2019年以来甘肃省反走私情况和2022年甘肃省反走私工作计划。

兰州海关副关长刘汉鸣参加财务处党支部与兰州市财政局第六党支部开展"交流取经验 学习促发展"主题党日共建活动。

23—24日 兰州海关副关长朱雪迎参加甘肃省市党政主要领导干部学习贯彻党的十九届六中全会精神专题研讨班。

兰州海关副关长刘汉鸣参加2022年全国海关商品检验工作会议。

兰州海关党委纪检组组长张瑞宏主持召开兰州海关"海关重点项目和财物管理以权谋私"专项整治工作第一次推进会。

25日 兰州海关政治部主任王劲松参加2022年全国海关政治部主任会议。

28日 兰州海关党委召开2月理论学习中心组学习会。党委委员、副关长朱雪迎主持会议，其他党委委员参加学习并交流发言。

兰州海关副关长刘汉鸣、政治部主任王劲松带队以"四不两直"形式开展疫情内部防控检查。

3月

1日 兰州海关召开2022年关区缉私工作会议。

兰州海关副关长刘汉鸣参加第二十八届中国兰州投资洽谈会筹备工作会议。

兰州海关关史办组织召开《兰州海关年鉴（2022）》编纂培训会议。政治部主任王劲松对年鉴编纂工作提出具体要求。

2日 兰州海关党委书记、关长王彦生主持召开2022年第5次党委会议。

兰州海关副关长朱雪迎参加2022年全国海关进出口食品安全工作会议暨海关总署进出口食品安全工作领导小组全体会议。

兰州海关政治部主任王劲松主持召开3月政治部工作例会。

3日 兰州海关召开"海关重点项目和财物管理以权谋私"专项整治工作动员部署会议。

4日 兰州海关副关长朱雪迎召集卫检处、动植食检处、科技处、保健中心等单位（部门）召开业务碰头会，听取2021年绩效考核得分情况、2022年度重点任务措施细化完成情况及近期工作汇报。

兰州海关副关长朱雪迎参加全省疫情防控工作视频会议。

兰州海关党委纪检组组长张瑞宏主持召开

党委纪检组2022年第3次纪检监察工作例会。

兰州海关政治部主任王劲松参加人事教育处（以下简称"人教处"）党支部主题党日活动。

6日 兰州海关副关长朱雪迎、党委纪检组组长张瑞宏视频指挥第三架接返自乌克兰撤离中国公民临时航班MU7126保障工作。

7日 兰州海关副关长朱雪迎参加全省新冠疫情防控工作视频会议。

兰州海关副关长朱雪迎参加甘肃省省疫情防控外事组视频会议，会议安排部署3月9日入境包机检疫有关工作。

兰州海关党委纪检组组长张瑞宏主持召开兰州海关"海关重点项目和财物管理以权谋私"专项整治综合组第1次例会。

8日 兰州海关副关长朱雪迎参加全省疫情防控工作调度会议。甘肃省省长任振鹤主持会议，安排部署近期全省疫情防控工作。

9日 兰州海关副关长朱雪迎视频指挥第七架接返自乌克兰撤离中国公民临时航班MF8002（华沙—兰州）保障工作。

兰州海关副关长刘汉鸣以"四不两直"方式，对金城海关、酒泉海关、敦煌机场海关、平凉海关的疫情内部防控工作进行了视频检查。

兰州海关副关长张柯带队检查兰州海关疫情内部防控工作，针对近期疫情防控工作提出了要求。

10日 兰州海关副关长朱雪迎参加全省新冠疫情联防联控领导小组交通检疫组工作会议。

11日 兰州海关参加全国海关疫情防控工作专题视频会议。会议传达学习习近平总书记关于疫情防控工作的重要批示精神，部署全国海关疫情防控工作。

兰州海关召开贯彻落实全国海关疫情防控工作专题视频会议，传达全国海关疫情防控工作会议精神，安排关区疫情防控工作。

兰州海关副关长朱雪迎参加甘肃省新冠疫情联防联控领导小组会议。

兰州海关副关长张柯参加甘肃省新冠疫情防控工作调度会议。

兰州海关党委纪检组组长张瑞宏主持召开专项整治问题排查会商会议。

12日 兰州海关副关长朱雪迎参加全国新冠疫情防控工作电视电话会议。

兰州海关副关长朱雪迎参加甘肃省疫情联防联控领导小组调度会。

13日 兰州海关副关长朱雪迎参加甘肃省疫情联防联控领导小组调度会。

14日 兰州海关召开2022年知识产权保护工作推进视频会议，副关长张柯参加会议。

15日 兰州海关党委纪检组组长张瑞宏主持召开"海关重点项目和财物管理以权谋私"专项整治综合组第2次例会。

16日 兰州海关副关长朱雪迎主持召开兰州海关2022年第3次形势分析及工作督查例会。兰州海关党委委员，其他署管干部（厅局级），机关内设机构主要负责同志，后勤管理中心、缉私局办公室主要负责同志参加会议。

17日 兰州海关副关长朱雪迎参加2022年全国海关卫生检疫工作视频会议。

兰州海关组织开展内部人员感染新冠疫情桌面推演。副关长朱雪迎、副关长刘汉鸣，办公室、卫检处、人教处、后勤管理中心负责人参加推演。

18日 兰州海关召开2022年度信息宣传工作会议。副关长刘汉鸣总结2021年关区信息宣传工作情况，并就做好2022年信息宣传工作作出安排部署，副关长朱雪迎就关区信息宣传工作提出要求。

19日 兰州海关副关长朱雪迎参加全国疫情防控工作视频会议。

20日 兰州海关副关长朱雪迎参加全省新冠疫情联防联控领导小组交通检疫组工作会议。

21日 兰州海关党委书记、关长王彦生主持召开2022年第6次党委会议。

22日 兰州海关副关长朱雪迎参加全省新冠疫情防控工作调度会议。

24日 兰州海关副关长朱雪迎、副关长刘汉鸣参加全国海关持续推进审计问题整改工作视频会议。

兰州海关党委纪检组组长张瑞宏主持召开"海关重点项目和财物管理以权谋私"专项整治综合组第3次例会。

25日 兰州海关政治部主任王劲松参加海关总署政工办重点工作推进视频会议。

28日 兰州海关副关长张柯参加海关总署政策法规司"晨读一刻"线上联学活动。

兰州海关党委纪检组组长张瑞宏主持召开兰州海关"海关重点项目和财物管理以权谋私"专项整治工作问题线索起底研讨会。

29日 兰州海关副关长朱雪迎参加甘肃省推进"一带一路"建设工作领导小组会议。

兰州海关副关长朱雪迎参加全省新冠疫情联防联控领导小组会议。

兰州海关党委召开理论学习中心组学习会。党委委员、副关长朱雪迎主持学习会议，在家党委委员参加学习，并就学习内容进行交流发言和重点发言。

30日 兰州海关党委纪检组组长张瑞宏主持召开督察审计和巡视巡察发现问题分析研判专题会议。

兰州海关副关长刘汉鸣参加2022年全国海关属地查检工作和企管系统审核监督工作部署推进会。

31日 兰州海关副关长刘汉鸣参加全国海关企业管理条线工作视频会议。稽查处相关人员在兰州分会场参加会议。

兰州海关政治部主任王劲松带队开展内务规范督察和日常纪律作风视频检查，并对加强关区内务规范化管理提出要求。

4月

1日 兰州海关政治部主任王劲松参加海关总署2022年机关党建工作会，会后对兰州海关政治机关专项教育、开展"学查改"专项工作、准军事化纪律部队建设等工作提出落实要求。

2日 兰州海关参加海关总署党委理论学习中心组（扩大）学习会。

兰州海关副关长刘汉鸣带队开展清明节前安全检查。

6日 兰州海关副关长张柯参加全省疫情防控外防输入工作视频会议。

7日 兰州海关举办"海关重点项目和财物管理以权谋私"专项整治谈话工作培训，党委纪检组组长张瑞宏参加培训并就高质量开展谈话工作提出要求。

兰州海关副关长刘汉鸣主持召开分管部门工作汇报会。

兰州海关副关长刘汉鸣听取财务处"海关重点项目和财物管理以权谋私"专项整治工作汇报并提出工作要求。

8日 兰州海关副关长朱雪迎主持召开兰州海关科技委工作会议，审议通过了兰州海关科学技术委员会分专业委员会委员调整方案，研究2021年度兰州海关科技成果评定项目及等次和2022年度关级科研立项项目。

兰州海关召开政治机关建设专项教育活动、"学查改"专项工作、基层党建"双提升"行动、巡视整改集中清查工作推进会议，政治部主任王劲松主持会议并讲话。

兰州海关政治部主任王劲松主持召开兰州海关2022年度离退休干部工作领导小组会议。

11日 兰州海关副关长张柯参加全国打击治理电信网络新型违法犯罪工作电视电话会议。

12日 兰州海关副关长朱雪迎参加全省新冠疫情防控领导小组交通检疫组工作会议。

兰州海关副关长刘汉鸣走访甘肃省财政厅，与副厅长王炯玉、赵鹏分别进行了座谈交流。

兰州海关政治部主任王劲松参加甘肃省直机关党的工作暨纪检工作会议。

13日 兰州海关副关长张柯会同甘肃省商务厅副厅长邹军一行赴兰州新区益海嘉里（兰州）粮油工业有限公司开展联合调研。

兰州海关副关长刘汉鸣参加全国海关风险防控专项行动推进会，稽查处有关负责同志参加会议。

兰州海关副关长刘汉鸣参加兰州海关2022年度保密委暨密码工作领导小组会议。

14日 兰州海关副关长朱雪迎参加省西部地区开放领导小组2022年工作会议。

兰州海关缉私局局长方永岌主持召开2022年兰州海关防控、监管、打击一体化打私工作第一次联席会议。

兰州海关副关长张柯参加2022年全国海关口岸监管工作视频会议。

15日 兰州海关副关长张柯主持召开分管部门工作汇报会。

兰州海关副关长张柯参加全国海关安全生产工作领导小组会议暨全国海关安全生产电视电话会议。

兰州海关副关长刘汉鸣主持召开2022年兰州海关审计自查工作情况汇报会议。

18日 兰州海关副关长朱雪迎主持召开兰州海关2022年第4次形势分析及工作督查例会。兰州海关党委委员，其他署管干部（厅局级），机关内设机构、后勤管理中心主要负责同志参加会议。

兰州海关副关长张柯参加全国保障物流畅通促进产业链供应链稳定电视电话会议。

20日 兰州海关召开新闻发布会。副关长刘汉鸣发布2022年第一季度甘肃省外贸进出口情况，并对记者提问现场进行作答，介绍兰州海关支持兰州新区综合保税区发展方面采取的措施。综二处相关负责同志回答记者现场提问，介绍兰州海关在支持特色农产品出口采取的措施。《甘肃日报》、甘肃电视台、《甘肃经济日报》、甘肃广播电台、《兰州日报》、《兰州晚报》、兰州广播电台等媒体记者参加新闻发布会。

20—21日 兰州海关党委纪检组组长张瑞宏带领工作专班一行5人赴酒泉海关督导"海关重点项目和财物管理以权谋私"专项整治工

作。督导期间，党委纪检组组长张瑞宏一行赴酒钢集团冶金建设有限公司调研，听取企业对专项整治工作的意见建议。

21日 兰州海关副关长朱雪迎参加全国新冠疫情防控视频会商会议。

兰州海关副关长张柯参加2022年甘肃省打击侵权假冒工作领导小组成员单位联席会议。

兰州海关副关长刘汉鸣赴兰州新区综合保税区开展调研。财务处、金城海关、兰州新区文化和商务旅游局负责人陪同调研。

兰州海关副关长刘汉鸣调研兰州海关兰州新区公共检测平台项目。技术中心主要负责人及基建办相关人员陪同调研。

甘肃首列中老铁路（敦煌—万象—曼谷）国际货运列车从甘肃敦煌始发，经磨憨口岸过境老挝万象再运往泰国曼谷。兰州海关二级巡视员魏金云，敦煌机场海关全体人员参加首发仪式。

22日 兰州海关党委书记、关长王彦生主持召开2022年第7次党委会议。

24日 兰州海关副关长朱雪迎参加全省法治政府建设工作会议。

兰州海关副关长张柯参加国务院物流保通保畅工作领导小组总指挥（全体）调度会议。

兰州海关参加海关总署"海关重点项目和财物管理以权谋私"专项整治工作重点项目清单分析指引应用视频培训会议。兰州海关专项整治工作领导小组综合组、工作专班全体人员参加会议。会后，党委纪检组组长张瑞宏就落实会议精神提出要求。

25日 兰州海关副关长朱雪迎列席参加甘肃省政府第170次常务会议。

兰州海关参加海关总署署管干部学习贯彻党的十九届六中全会"线下+线上"轮训班开班式。兰州海关在家署管干部集体在兰州海关分会场参加了开班式。

26日 兰州海关党委召开4月理论学习中心组学习会。党委委员、副关长朱雪迎主持学习会议，在家党委委员参加学习。

27日 兰州海关召开行政复议专题会议，缉私局局长方永岌、副关长张柯参加会议并听取海关总署《行政复议答复通知书》办理情况。缉私局、法规处、稽查处、综一处等部门负责人参会。

兰州海关副关长张柯参加甘肃省商务厅与泰国商业部国际贸易促进厅贸易合作谅解备忘录线上签订仪式。

28日 兰州海关副关长张柯参加全省"五一"期间交通检疫暨物流保通保畅工作电视电话会议。

29日 兰州海关党委纪检组组长张瑞宏参加海关总署青年政治理论学习交流会。人教处、机关党委负责同志，团委书记、委员及兰州海关青年理论学习小组代表在兰州海关分会场参会，各隶属海关、事业单位负责政治工作的班子成员，办公室主任，各团支部、青年理论学习小组、青年文明号创建集体负责人，青年代表在各自分会场参会。

兰州海关副关长刘汉鸣带队开展节前安全检查，对节日期间值班值守，楼宇视频监控、机房安全，后勤保障等工作提出要求。

5月

5日 兰州海关副关长朱雪迎参加甘肃省季度经济运行调度会议。

6日 兰州海关副关长朱雪迎参加海关总署科技发展司"海关重点项目与财物管理以权谋私"专项整治工作电视电话会议,兰州海关专项整治工作专班、科技处人员参加会议。

7日 兰州海关副关长朱雪迎参加全国自建房安全专项整治电视电话会议和2022年甘肃省安委会第二次全体(扩大)会议暨全省自建房安全专项整治工作会议。

兰州海关党委纪检组组长张瑞宏主持召开"海关重点项目和财物管理以权谋私"专项整治综合组例会。

兰州海关党委纪检组组长张瑞宏调研指导技术中心"海关重点项目和财物管理以权谋私"专项整治工作。

兰州海关党委纪检组组长张瑞宏与部分离退休老同志座谈,征求"现场监管与外勤执法权力寻租"专项整治和"海关重点项目和财物管理以权谋私"专项整治意见建议。

9日 兰州海关副关长朱雪迎参加全国新冠疫情防控工作电视电话会议暨全省疫情防控工作视频会议。

兰州海关副关长刘汉鸣参加甘肃省政府常务会议。

兰州海关政治部主任王劲松主持召开5月政治部工作例会。

10日 兰州海关党委纪检组组长张瑞宏对兰州海关"海关重点项目和财物管理以权谋私"专项整治涉及档案移交工作进行督促检查,并对下一步档案移交工作提出要求。

兰州海关副关长张柯参加国务院抗震救灾指挥部办公室、应急管理部、甘肃省人民政府在甘肃省张掖市等地联合举行的"应急使命·2022"高原高寒地区抗震救灾实战化演习。

11—12日 兰州海关副关长张柯在酒泉海关检查指导工作。

12日 兰州海关副关长刘汉鸣陪同甘肃省副省长张锦刚赴兰州新区调研并召开座谈会。副关长刘汉鸣介绍了海关相关政策。甘肃省商务厅、兰州新区管委会、兰州新区综合保税区管委会主要负责同志和相关人员,综二处、金城海关负责人和相关人员参加了调研和座谈会。

16日 兰州海关关长王彦生主持召开兰州海关2022年第5次形势分析及工作督查例会。兰州海关党委委员,其他署管干部(厅局级),机关内设机构、后勤管理中心主要负责同志参加会议。

兰州海关党委巡察工作领导小组组织召开2022年第一轮巡察工作动员部署会。政治部主任王劲松参加会议并做动员部署讲话。

17日 兰州海关党委纪检组组长张瑞宏走访甘肃省纪委监委,与省纪委监委第七纪检监察室主要负责人董兆生进行座谈,就加强协作配合达成共识。

兰州海关召开新闻发布会。副关长刘汉鸣发布了2022年前4个月甘肃省外贸进出口情况,并对记者提问现场进行作答,介绍兰州海关在支持企业享受RCEP政策红利方面采取的措施。新华社甘肃分社、中新社甘肃分社、甘肃电视台、甘肃广播电台、兰州电视台、《兰州晨报》、《兰州晚报》等媒体记者参加新闻发布会。

兰州海关副关长刘汉鸣就财务管理考核工作与财务处进行座谈,对进一步做好财务工作提出要求。

18日 兰州海关关长王彦生专题听取监察

室关于"海关重点项目和财物管理以权谋私"专项整治工作整体情况的汇报和工作专班关于重点项目清单分析研判情况的汇报。党委纪检组组长张瑞宏、监察室和工作专班相关人员参加汇报。

兰州海关副关长张柯组织召开专题会议，研究落实海关总署促进外贸保稳提质工作措施，对《兰州海关促进外贸保稳提质十四条措施》进行了研究讨论，细化具体措施。会议还对《南京海关 兰州海关进一步深化关际合作共建"一带一路"促进"双循环"新发展格局合作协议（征求意见稿）》进行了研讨。

19日 兰州海关党委书记、关长王彦生主持召开2022年第8次党委会议。

兰州海关组织开展口岸疫情防控培训，副关长朱雪迎在开班仪式上讲话，提出要求。本次培训共计62人报名参加，包括5位关党委委员和部分梯队人员。

20日 兰州海关党委书记、关长王彦生专题听取政治机关建设专项教育活动和"学查改"专项工作开展情况汇报。政治部主任王劲松参加汇报。

兰州海关副关长张柯参加海关总署关税司综合治税电视电话会议。会后，副关长张柯就兰州海关综合治税工作提出具体要求。

兰州海关副关长张柯参加2022年甘肃省知识产权战略实施暨强省建设工作领导小组会议。

21—23日 兰州海关副关长刘汉鸣参加全省新冠疫情防控专题培训班。

23日 兰州海关印发《兰州海关促进外贸保稳提质十四条措施》。

24日 兰州海关关长王彦生带队走访审计署驻兰州特派员办事处，与特派办党组书记、特派员钱夫中进行座谈交流。副关长刘汉鸣，办公室、财务处、督审处负责同志随行参加座谈。

25日 兰州海关召开新闻发布会。副关长刘汉鸣通报了《兰州海关促进外贸保稳提质十四条措施》，并对记者提问现场进行作答，介绍兰州海关在优化监管及减税降费方面的具体举措。甘肃电视台、《甘肃经济日报》、甘肃广播电台、甘肃交通广播、《兰州日报》、《兰州晚报》等媒体记者参加新闻发布会。

26日 兰州海关副关长朱雪迎参加全国海关科技工作会议。科技处、技术中心、保健中心、数据分中心相关人员参加了会议。

兰州海关缉私局召开学习贯彻全国公安系统英雄模范立功集体表彰大会精神会议。缉私局局长方永岽为荣获全国缉私部门优秀青年尤博阳同志颁发荣誉证书。

兰州海关党委纪检组组长张瑞宏主持召开专项整治重点项目问题风险排查研讨会。工作专班及综二处、财务处、科技处相关人员汇报了重点项目问题风险排查情况。

27日 兰州海关举办党委理论学习中心组（扩大）学习会暨《民法典》专题讲座，甘肃省委党校曹建民教授应邀就"人民权利的百科全书——《民法典》"主题进行授课。

兰州海关政治部主任王劲松带队开展内务规范督察和日常考勤检查。

27—30日 兰州海关党委书记、关长王彦生列席中国共产党甘肃省第十四次代表大会。

30日 兰州海关党委纪检组组长张瑞宏主持召开专项整治重点项目清单分析研讨会。

兰州海关副关长刘汉鸣主持召开事业单位

监委会会议。

31日 兰州海关关长王彦生、副关长刘汉鸣专题听取督审处关于海关总署安排开展的2022年督察审计自查情况和发现问题的整改进展情况。

兰州海关副关长朱雪迎参加甘肃省疫情防控形势分析研判会议。

兰州海关副关长朱雪迎参加全国海关网络安全保障工作电视电话会议，并对做好党的二十大网络安全保障工作进行了再部署。

6月

1日 兰州海关召开安全生产工作领导小组会议暨关区安全生产工作会议，关长王彦生主持会议。会议传达习近平总书记关于安全生产工作重要指示批示精神和全国安全生产电视电话会议精神，兰州海关安全生产工作领导小组办公室汇报阶段性工作通报。关长王彦生对关区安全生产工作作总结讲话并提出要求。副关长张柯参加会议。

兰州海关副关长张柯主持召开分管部门业务工作会议。

兰州海关副关长刘汉鸣与到访的甘肃省国家安全厅副厅长王超一行进行座谈。双方围绕贯彻落实《口岸国家安全风险联合防控合作备忘录》等相关工作进行了交流。

2日 兰州海关党委书记、关长王彦生主持召开2022年第9次党委会议。

兰州海关党委纪检组组长张瑞宏带队开展节前安全检查，对节日期间值班值守，楼宇视频监控、机房安全，后勤保障等工作提出了具体要求。

3日 兰州海关副关长张柯检查指导中川机场海关入境航班保障和入境航班卫生检疫人员封闭管理准备工作，慰问全体航班保障人员。

4日 兰州海关关长王彦生、副关长朱雪迎带队在关区二级监控指挥中心对CA910莫斯科入境航班通过视频进行监控指挥。

6日 兰州海关副关长刘汉鸣主持召开分管部门工作汇报会。

兰州海关政治部主任王劲松带队参加甘肃省直属机关第十二届运动会开幕式。兰州海关67名职工组队参加足球、乒乓球、羽毛球、网球、篮球、游泳等6个项目的比赛。

7日 兰州海关副关长朱雪迎主持召开分管部门工作汇报会。

8日 兰州海关副关长朱雪迎参加全省优化营商环境大会。

兰州海关党委纪检组组长张瑞宏主持召开2022年度第4次纪检监察工作例会。

兰州海关副关长刘汉鸣参加全省稳经济暨强工业促发展大会。

兰州海关政治部主任王劲松和省直机关工委常务副书记胡秉俊座谈交流。

9日 兰州海关副关长刘汉鸣带队开展房产安全检查。财务处、后勤管理中心负责人及相关同志陪同检查。

10日 兰州海关召开2022年度网络安全和信息化领导小组会议，副关长朱雪迎提出工作要求。关区网信领导小组成员参加会议。

11日 兰州海关副关长刘汉鸣参加主题为"文物保护：时代共进 人民共享"的甘肃省2022年文化和自然遗产日主场城市活动开幕式。

兰州海关党委纪检组召开"海关重点项目

和财物管理以权谋私"专项整治迎检工作筹备会议。党委纪检组组长张瑞宏提出要求。科技处、财务处、监察室主要负责人及工作专班、综合组有关人员参加会议。

13日 兰州海关政治部主任王劲松赴兰州新区调研。

14日 兰州海关关长王彦生参加甘肃省深化"放管服"改革推进政府职能转变领导小组会议暨甘肃省政府行政审批制度改革工作领导小组会议。

兰州海关政治部主任王劲松指导关区政治机关建设专项教育和"学查改""两个专项"工作第一督导组开展督导工作。

兰州海关政治部主任王劲松主持召开6月政治部工作例会。

15日 兰州海关关长王彦生参加迎峰度夏能源保供工作电视电话会议。

兰州海关副关长刘汉鸣参加甘肃省政协"抢抓'一带一路'倡议最大机遇加快甘肃省外向型优势产业发展"月协商座谈会，并就兰州海关统筹做好口岸疫情防控和促进外贸稳增长工作，更好促进甘肃省外向型优势产业发展贡献海关智慧和力量作了发言。

16日 兰州海关关长王彦生主持召开兰州海关2022年第7次形势分析及工作督查例会。兰州海关党委委员，其他署管干部（厅局级），兰州海关内设机构主要负责同志，缉私局办公室、后勤管理中心主要负责同志参加会议。

20日 兰州海关党委书记、关长王彦生主持召开2022年第10次党委会议。

21日 兰州海关党委书记、关长王彦生主持召开2022年第11次党委会议。

兰州海关召开"海关重点项目和财物管理以权谋私"专项整治工作视频督导检查见面沟通会。关长王彦生汇报了兰州海关专项整治工作情况。海关总署第十三督导检查组组长杨卓介绍了专项整治视频督导检查工作任务和工作方式，从提高政治站位、增强责任感使命感，坚持同向发力、扎实推进各项工作，注重统筹兼顾、完善管理机制等方面对兰州海关专项整治工作提出要求。

22日 兰州海关关长王彦生前往兰州国际陆港汽车整车进口口岸调研，实地查看进口汽车整车检测线，对优化检测方式、提升检测效率提出意见建议。

兰州海关召开纪律作风建设、党务清查整改和文明单位创建工作推进会议。政治部主任王劲松参加会议并讲话。

24日 兰州海关副关长朱雪迎参加中川机场海关关长任职会议，并对新一届党委班子提出要求。

兰州海关副关长朱雪迎检查指导中川机场海关入境航班保障相关准备工作，慰问全体航班保障人员。

兰州海关副关长张柯参加口岸监管司专题线上研讨会议。

25日 兰州海关关长王彦生带队在关区二级监控指挥中心对入境的CA910莫斯科—兰州航班通过视频进行监控指挥。副关长朱雪迎参加检疫监管工作和封闭管理。

27日 兰州海关副关长张柯主持召开分管部门学习贯彻落实俞建华署长讲话精神专题会议。

28日 兰州海关缉私局、兰州市人民检察院举行"侦查监督与协作配合办公室"揭牌仪式。缉私局局长方永岌、兰州市人民法院副院长肖蒙、兰州市人民检察院副检察长蒲军出席仪式。

兰州海关党委纪检组组长张瑞宏督导"海关重点项目和财物管理以权谋私"专项整治督导在线答题测试。

29日 兰州海关与甘肃省国家安全厅签署合作备忘录。关长王彦生、副关长刘汉鸣出席签署仪式。

兰州海关关长王彦生、副关长张柯参加海关总署疫情防控工作视频会议。副署长张际文针对当前海关系统疫情防控工作提出要求。

兰州海关政治部主任王劲松参加人教处党支部"走好第一方阵、我为二十大做贡献"主题党课活动。

30日 兰州海关举办党委理论学习中心组（扩大）学习会，会议由党委书记、关长王彦生主持。副关长张柯、政治部主任王劲松，综二处、卫检处、财务处相关负责同志进行现场交流发言。关长王彦生作会议小结，并结合自身学习体会，提出意见。

兰州海关副关长张柯参加甘肃省质量发展领导小组会议。

兰州海关副关长刘汉鸣参加财务处党支部"庆七一、学讲话、强党性"主题党日活动。

兰州海关政治部主任王劲松参加甘肃省直属机关"两优一先"表彰大会。

7月

1—2日 兰州海关参加2022年全国海关年中工作视频会议。

5日 兰州海关党委书记、关长王彦生主持召开2022年第12次党委会议。

兰州海关党委纪检组组织参加"海关重点项目和财物管理以权谋私"专项整治工作第二、三批视频督导检查培训会。会后，党委纪检组组长张瑞宏就贯彻落实会议精神、做好第三批视频督导检查工作对兰州海关督导检查组提出要求。

6日 兰州海关副关长朱雪迎主持召开分管部门工作会议。

兰州海关党委纪检组组长张瑞宏主持召开2022年度第5次纪检监察工作例会。

兰州海关副关长刘汉鸣主持召开分管部门工作汇报会。

7日 兰州海关组织参加全国海关政策研究工作专题会议。副关长张柯在厦门海关主会场参加会议。

兰州海关副关长刘汉鸣在兰州海关二级监控指挥中心参加口岸监管司、商品检验司组织召开的全国海关防止口岸危化品积压问题专题视频会议。

8日 兰州海关副关长刘汉鸣参加"2022新通道新枢纽建设发展论坛"。

兰州海关副关长刘汉鸣参加2022年海关稽查北部协作区首次视频工作会议并作交流发言。

兰州海关政治部主任王劲松主持召开7月份政治部工作例会。

10日 兰州海关副关长朱雪迎参加甘肃省新冠疫情防控工作第1次调度会议。

11日 兰州海关副关长朱雪迎参加甘肃省新冠疫情防控工作第2次调度会议。

13日 兰州海关关长王彦生参加甘肃省新冠疫情联防联控领导小组会议和专题会议。当日下午，关长王彦生参加甘肃省委书记组织召开的疫情防控专题工作会议。

兰州海关副关长朱雪迎参加全省新冠疫情防控工作第4次调度会议。

兰州海关副关长张柯、副关长刘汉鸣组织

业务职能部门召开贯彻落实"2022 年全国海关年中工作会议"精神专题会议。

兰州海关副关长刘汉鸣主持召开疫情内部防控工作会议。

14 日 兰州海关关长王彦生主持召开兰州海关统筹疫情防控和促进外贸稳增长工作指挥部第 68 次会议。

兰州海关副关长刘汉鸣带队检查关区疫情防控工作情况。

15 日 兰州海关党委书记、关长王彦生主持召开 2022 年第 13 次党委会议。

兰州海关副关长刘汉鸣检查指导兰州中川机场海关入境航班保障相关准备工作。

16 日 兰州海关关长王彦生视频监控指挥入境航班 CA910 莫斯科—兰州航班通关监管保障工作。副关长朱雪迎、副关长张柯参加视频监控,副关长刘汉鸣作为"关长走进口岸封控区"参加一线监管。

18—31 日 根据属地疫情情况,兰州海关机关办公场所实行封闭办公。

18 日 兰州海关副关长张柯参加全省新冠疫情防控工作第 9 次调度会议。

19 日 兰州海关关长王彦生参加甘肃省新冠疫情联防联控领导小组电视电话会议。

兰州海关副关长张柯参加甘肃省新冠疫情防控工作第 10 次调度会议。

兰州海关政治部主任王劲松参加海关文化建设西北协作区联学联建活动。金城海关稽核科与保税监管科联合党支部代表兰州海关基层党支部作经验分享。王劲松主任在活动中作交流发言。

20 日 兰州海关关长王彦生慰问兰州海关志愿服务队员,传达了关党委的慰问,要求志愿服务队员要在疫情严峻复杂的环境下,按照甘肃省委组织部的统一部署,发扬准军作风,完成社区指派的各项疫情防控工作任务,同时做好个人防护,确保队员和家属防疫安全。

兰州海关参加海关总署"口岸危险品综合治理"百日专项行动部署动员会。关长王彦生、副关长张柯参加会议。

兰州海关副关长张柯参加全省新冠疫情防控工作第 11 次调度会议。

兰州海关召开"海关重点项目和财物管理以权谋私"专项整治督导检查动员部署会。党委纪检组组长张瑞宏就落实督导工作提出要求。

21 日 兰州海关副关长张柯参加全省新冠疫情防控工作第 12 次调度会议。

海关总署"海关重点项目和财物管理以权谋私"专项整治第一督导检查组召开与上海特派办视频督导检查见面会,党委纪检组组长张瑞宏听取上海特派办党委专项整治工作开展情况汇报,介绍本次视频督导检查组成员,工作任务、方式和机制,并对督导检查工作提出要求。

22 日 兰州海关关长王彦生列席甘肃省委十四届第 7 次常委会,会议传达学习习近平总书记关于"三农"工作重要论述,研究甘肃省贯彻落实意见,审议相关报告。

兰州海关副关长张柯参加全省新冠疫情防控工作第 13 次调度会。

23 日 兰州海关关长王彦生参加全省新冠疫情防控工作第 14 次调度会。

24 日 兰州海关关长王彦生参加全省新冠疫情防控工作第 15 次调度会。

25 日 兰州海关关长王彦生参加省政府党组扩大会议、列席省政府第 180 次常务会议。

兰州海关副关长张柯参加全省新冠疫情防

控工作第 16 次调度会议。

兰州海关党委纪检组组长张瑞宏主持召开专项整治督导检查工作推进会。

26 日 兰州海关党委纪检组组长张瑞宏参加 2022 年全国海关离退休干部工作会议。

27 日 兰州海关副关长张柯参加企业管理和稽查司检验检疫行政处罚工作视频会议。

兰州海关党委纪检组组长张瑞宏参加驻署纪检监察组专项整治第三批次问题线索汇报会，听取上海特派办专项整治问题线索情况汇报。

8 月

1 日 兰州海关关长王彦生参加全省经济运行调度会议。

2 日 兰州海关关长王彦生参加全省新冠疫情联防联控领导小组会议。

兰州海关组织完成 2022 年全国海关动植物检疫高级签证官资质统一考试。副关长朱雪迎通过视频检查各考点考试情况。

4 日 兰州海关党委书记、关长王彦生主持召开 2022 年第 14 次党委会议。

5 日 兰州海关关长王彦生参加全省党政主要领导干部会议。会议通报全省 2022 年上半年经济社会发展情况，安排部署 2022 年下半年经济社会发展工作。

兰州海关副关长朱雪迎参加全省新冠疫情防控工作第 17 次调度会议，会议研究讨论甘肃省常态化核酸检测及查验实施方案。

兰州海关政治部主任王劲松对上半年未有效运用监督执纪"第一种形态"党组织书记进行约谈。

8 日 兰州海关举办党委理论学习中心组（扩大）学习会暨"走好第一方阵 我为二十大作贡献"专题党课。党委书记、关长王彦生主持会议，关区各单位、各部门主要负责同志，各隶属海关科长列席会议。

10 日 海关总署网络视频连线兰州海关举办主题为"外贸保稳提质出实招 服务富民兴陇开新局"的在线访谈活动。关长王彦生介绍兰州海关认真落实海关总署促进外贸保稳提质十条措施，支持甘肃省进出口企业发展，提振市场主体信心，激发市场主体活力，稳住外贸基本盘采取的措施和经验做法，并对网友提问进行在线解答。访谈取得圆满成功，在线访问量突破 191 万次，网友在线提问 75 个，现场答复 68 个。

12 日 兰州海关政治部主任王劲松出席离退办和团委举办的"薪火相传——银青共建话关史"主题活动。

13 日 兰州海关二级巡视员魏金云参加全省涉企违规收费专项整治行动电视电话会议。

15—16 日 兰州海关副关长张柯赴青岛参加海关服务黄河流域生态保护和高质量发展 2022 年度联席会，并参加"关港铁区"协作机制倡议签署仪式。

16 日 兰州海关兰州海关关长王彦生主持召开兰州海关 2022 年第 7 次形势分析及工作督查例会。兰州海关党委委员，其他署管干部（厅局级），兰州海关内设机构主要负责同志，缉私局办公室、后勤管理中心主要负责同志参加会议。

18 日 兰州海关党委纪检组组长张瑞宏主持召开 2022 年第 6 次纪检监察工作例会。

兰州海关政治部主任王劲松出席敦煌机场海关关长任职仪式。

19 日 兰州海关关长王彦生主持召开关务会。听取关区信访工作情况汇报和统计督察整改情况工作汇报，对拟印发的相关制度进行集中审议。

兰州海关副关长张柯参加综二处党支部"海关重点项目和财物管理以权谋私"专项整治问题整改专题组织生活会。

兰州海关政治部主任王劲松参加敦煌机场海关巡察反馈工作会议，并就做好巡察整改工作提出具体要求。

22日 兰州海关组织参加全国海关加强新时代廉洁文化建设暨警示教育大会。

兰州海关副关长朱雪迎参加全省新冠疫情联防联控领导小组（扩大）会议。

兰州海关副关长刘汉鸣参加财务处党支部"海关重点项目和财物管理以权谋私"专项整治问题整改专题组织生活会。

23日 兰州海关举行党委理论学习中心组（扩大）学习会。全体关党委委员参加集体学习。其他署管干部、兰州海关各党支部书记列席集体学习。

兰州海关组织开展处级领导干部任职能力提升专题培训，政治部主任王劲松作开班动员讲话。全体关党委委员参加了兰州大学专家"学习《习近平谈治国理政》第四卷，迎接党的二十大胜利召开"专题授课。

兰州海关副关长朱雪迎参加科技处党支部"海关重点项目和财物管理以权谋私"专项整治工作专题组织生活会。

25日 兰州海关组织新任命的36名处科级领导干部进行宪法宣誓仪式。关长王彦生监誓。

兰州海关举办廉政专题讲座，关党委委员、关区处级领导干部任职能力提升培训班的全体学员参加了授课。

兰州海关副关长张柯参加甘肃省国际物流集团有限公司揭牌仪式。

兰州海关政治部主任王劲松出席兰州海关处级领导干部任职能力提升专题培训班结业式并作小结讲话。

26日 兰州海关副关长朱雪迎主持召开2021年度中级职称评审委员会会议，政治部主任王劲松及工程系列、农业系列评审委员会委员参加会议。

29日 兰州海关关长王彦生参加全国深化"放管服"改革持续优化营商环境电视电话会议。

兰州海关副关长张柯带队开展支持兰州新区综合保税区高质量发展调研。分别与综合保税区管委会、综合保税区企业、金城海关召开座谈会，辖区18家企业参加座谈。

兰州海关政治部主任王劲松主持召开乡村振兴工作见面会，并对驻村工作队同志进行慰问。

兰州海关政治部主任王劲松参加2022年海关新录用公务员初任培训动员部署会。

30日 兰州海关党委书记、关长王彦生主持召开2022年第15次党委会议。

兰州海关副关长刘汉鸣参加兰州海关业务风险跨部门联合研判机制第一次工作会议，并就发挥好机制作用、落实相关制度提出要求。

31日 兰州海关关长王彦生参加海关总署"人民满意的公务员"宣讲报告会视频会议。兰州海关机关各部门党员代表及各隶属海关、事业单位党员代表通过视频会议参加了宣讲报告会。

9月

1日 兰州海关二级巡视员魏金云参加2022年全省"质量月"活动线上启动仪式。

2日 兰州海关党委书记、关长王彦生参加甘肃省委理论学习中心组学习会议。会议邀请中宣部政策研究室主任王雷鸣围绕学习《习近平谈治国理政》第四卷作专题辅导报告。

6日 兰州海关关长王彦生应邀参加甘肃省电视台"共创食安，我们在行动"系列访谈活动，介绍了兰州海关进口食品安全监管工作和共治共享成效，解答了群众关心关注的进口食品安全热点问题。

兰州海关副关长张柯参加甘肃省委全面依法治省委员会执法协调小组第四次会议暨全省行政执法工作推进会议。

7日 兰州海关副关长刘汉鸣召集相关部门专题研究关区涉检行政处罚工作。

8日 兰州海关召开内控领导小组工作会议。关长王彦生就做好内控工作提出要求。副关长刘汉鸣参加会议。

兰州海关党委纪检组组长张瑞宏主持召开"海关重点项目和财物管理以权谋私"专项整治整改工作推进会议。

兰州海关副关长刘汉鸣主持召开分管部门工作汇报会。

9日 兰州海关参加海关总署疫情防控工作视频会议，对国庆前后新冠疫情防控工作方案进行解读，对口岸疫情防控和疫情内部防控工作提出具体要求。关长王彦生、副关长张柯、副关长刘汉鸣参加海关总署疫情防控工作专题会议。

兰州海关关长王彦生主持召开兰州海关统筹疫情防控和促进外贸稳增长工作指挥部会议，会议对贯彻落实海关总署疫情防控工作专题视频会议精神，做好国庆节前后关区疫情防控和促进外贸稳增长工作提出要求。

兰州海关副关长张柯带队进行办公楼节前安全检查，对节日期间值班值守，楼宇视频监控、食堂水电气，疫情内部防控工作提出要求。

兰州海关二级巡视员魏金云参加全国新冠疫情防控工作电视电话会议暨全省疫情防控工作调度会议。

13日 兰州海关政治部主任王劲松主持召开9月政治部工作例会。

14日 兰州海关关长王彦生在关会见甘肃省物流集团党委书记、董事长王月成一行，双方就如何发挥好"口岸+区域+通道"融合模式，叠加优惠政策打好"组合拳"催生集聚效应，加快构建甘肃省现代物流体系等方面开展座谈交流。副关长张柯、副关长刘汉鸣一同参加会见。

兰州海关组织召开新闻发布会。兰州海关新闻发言人刘汉鸣发布2022年前8个月甘肃省外贸进出口情况，并对记者提问现场进行作答，介绍兰州海关支持甘肃省外贸进出口稳健增长的针对性举措。《甘肃日报》、《甘肃经济日报》、甘肃广播电台、《兰州日报》、《兰州晨报》、《兰州晚报》等新闻媒体记者参加新闻发布会。

兰州海关组织参加全国海关2022年稽查岗位练兵线上比武。副关长刘汉鸣巡视了兰州海关比武考点。

国务院联防联控机制督查组对甘肃省口岸疫情防控情况开展督导检查。督查组检查了兰州中川机场口岸疫情防控工作。甘肃省副省长何伟一行陪同检查。

15日 兰州海关党委书记、关长王彦生主持召开2022年第16次党委会议。

兰州海关副关长朱雪迎参加兰州海关组织开展2022年"全国食品安全宣传周"活动。

16 日 兰州海关关长王彦生主持召开兰州海关2022年第8次形势分析及工作督查例会。

兰州海关副关长张柯组织召开促进兰州新区综合保税区高质量发展专题调研课题组研讨会。综二处、稽查处、动植食检处负责人和科室负责人参加了研讨会。

19 日 兰州海关副关长张柯在兰州海关会见甘肃省商务厅二级巡视员李春，省口岸办和兰州新区商务和文化旅游局主要负责同志，以及益海嘉里（兰州）粮油工业有限公司负责人等一行，就益海嘉里公司申请在兰州新区粮油食品加工基地设立海关特殊监管区域事项开展座谈交流。

兰州海关副关长张柯召开专题会议研究2022年重点工作任务和年度考核客观指标落实分解工作。

20 日 兰州海关副关长张柯参加全省稳外贸稳外资抓招商扩消费电视电话会议，并结合海关职能就全力促进甘肃外贸保稳提质工作措施作了交流发言。甘肃省委常委、副省长张锦刚，省各相关部门及全省各地市州负责人参加会议。

21 日 兰州海关副关长张柯会见益海嘉里（兰州）粮油工业有限公司董事长米杰一行，就该公司申请在兰州新区粮油食品加工基地设立海关特殊监管区域事项进行了座谈交流。

兰州海关党委纪检组组长张瑞宏主持召开2022年关区第7次纪检监察工作例会。

兰州海关组织开展2022年海关行政执法资格考试，政治部主任王劲松巡视了考场。

22 日 兰州海关关长王彦生在甘肃省政府参加由省委常委、副省长张锦刚主持召开的协同解决益海嘉里（兰州）粮油工业有限公司有关诉求推进会。并就兰州海关前期推动落实工作情况作了汇报。省商务厅、省发改委、省粮食和物资储备局、兰州新区管委会分管领导及处室负责人参加了会议。副关长张柯、综二处负责人参加了会议。

兰州海关副关长朱雪迎主持召开兰州海关召开优化国际航班旅客入境检疫监管流程工作专题会议。

兰州海关政治部主任王劲松参加康乐县巩固拓展脱贫攻坚成果同乡村振兴有效衔接帮扶工作（视频）推进会。

23 日 兰州海关参加全国海关系统"防风险、保稳定、迎二十大"专题电视电话会议。会后，关长王彦生提出贯彻落实要求。

兰州海关关长王彦生调研指导中川机场海关工作。

兰州海关副关长朱雪迎参加由甘肃省政协副主席郭天康调研组一行召开的就"加强食品药品监管，稳步推进'食安甘肃'建设"调研座谈会。副关长朱雪迎介绍了兰州海关进出口食品安全监管工作开展情况。

兰州海关政治部主任王劲松参加《中国海关年鉴（2022）》编纂总结暨2023版年鉴编纂启动部署会议。

27 日 兰州海关举行党委理论学习中心组学习会，以"追忆党的光辉历程，喜迎二十大胜利召开"为主题，举行2022年第九次集体学习。

兰州海关党委书记、关长王彦生主持召开2022年第17次党委会议，研究落实网络意识形态责任制，防范化解舆情风险相关工作，审议兰州海关关于巡视发现共性问题自查自改情况的报告，听取机关党委关于兰州海关直属机关第七次党员代表大会筹备情况的汇报，审议相关考核制度等事宜。

兰州海关参加全国海关技术性贸易措施交涉应对工作视频会议。会后，副关长张柯提出相关工作要求。

28日　兰州海关副关长朱雪迎主持召开分管部门工作推进会，听取相关部门重点工作进展情况，并就做好下一步工作提出要求。

兰州海关面向全省进出口企业举办线上知享惠企宣传贯彻培训会。此次宣传贯彻在各隶属海关及各地市州商务局配合下，设15个分会场，共有210家企业以及地方商务、隶属海关等部门350余人参会。副关长张柯出席并致辞。

兰州海关副关长刘汉鸣主持召开分管部门安全生产工作专题汇报会。

29日　兰州海关召开直属机关第七次党员代表大会。兰州海关全体党委委员，第六届直属机关党委委员、机关纪委委员，共95名党员代表参加会议。甘肃省委直属机关工委二级巡视员刘拥军、组织部副部长庄健到会指导。

兰州海关关长王彦生、副关长刘汉鸣专题听取关区2022年度预算调整工作汇报。

兰州海关副关长朱雪迎参加科技发展司电视电话会议，会议对党的二十大期间网络安全保障工作和实验室安全工作进行了安排部署。会后，副关长朱雪迎就做好关区网络和实验室安全工作提出要求。

兰州海关副关长朱雪迎实地检查技术中心和保健中心安全工作。

兰州海关副关长刘汉鸣主持召开关长办公会研究财务工作事项，研究审议科技设备资产报废和事业单位设备采购调整事项。

兰州海关参加企业管理和稽查司稽核查业务视频工作会议。副关长刘汉鸣参加会议。

30日　兰州海关副关长张柯主持召开兰州海关安全生产工作领导小组会议，传达学习《海关总署办公厅关于开展安全生产大检查"回头看"的通知》，听取关区安全生产大检查以及"口岸危险品综合治理"百日专项行动工作推动落实情况。

兰州海关副关长张柯带队开展重点项目和重点区域安全检查工作。

兰州海关党委纪检组组长张瑞宏参加海关系统纪检监察干部监督工作会议。

兰州海关副关长刘汉鸣参加海关总署信访工作培训视频会。

兰州海关政治部主任王劲松主持召开第七届直属机关党委第1次全体会议。会议等额选举王劲松同志为第七届直属机关党委书记，刘永强同志为专职副书记。会议表决同意了中共兰州海关直属机关第七届纪律检查委员会第1次全体会议关于刘永强同志任第七届直属机关纪委书记的选举结果。会议审议通过了《兰州海关直属机关党委工作规则》和《兰州海关直属机关纪委工作规则（草案）》。

兰州海关副关长刘汉鸣带队进行节前安全检查，并对加强节日期间值班值守、重点区域视频监控、防疫物资存储、罚没精品库管理等工作提出具体要求。

10月

1日　兰州海关关长王彦生检查国庆节期间值班工作。

4日　兰州海关副关长刘汉鸣参加海关总署值班工作视频会议，海关总署党委委员、办公厅主任黄冠胜传达署长俞建华对节日期间坚守一线岗位全体同志的慰问信。会后，关长王彦生要求将署长俞建华的慰问信传达到一线工作的每一名同志，并要求要担负起守国门、保安全、促发展的职责，把海关总署各项任务落实落细落到位。

9日 兰州海关副关长刘汉鸣主持召开分管部门工作汇报会。

12日 甘肃省省长任振鹤在兰州海关报送的工作专报《兰州海关纾困解难帮助企业保订单稳出口》作出批示"兰州海关想企业所需，帮助企业所难的做法值得总结，请办公厅发参阅件至各地各部门参阅。同时加大宣传力度。"

兰州海关副关长张柯参加甘肃省知识产权战略实施暨强省建设工作领导小组会议。会议由副省长张世珍主持召开，研究部署甘肃省知识产权保护工作。

13日 兰州海关组织参加海关系统全力以赴做好党的二十大期间安全生产相关工作视频会议。会后，关长王彦生对关区工作提出要求。党委委员，各内设部门、事业单位主要负责同志，各隶属海关党委班子成员参加会议。

兰州海关缉私局组织召开迎接党的二十大安保维稳动员部署会，传达学习全国缉私部门夏季打击整治"百日行动"总结暨党的二十大安保维稳动员会精神，并对党的二十大安保维稳工作进行安排部署。缉私局长方永发对做好当前安保维稳工作提出要求。

兰州海关副关长张柯组织召开分管部门业务运行分析会议。

兰州海关党委纪检组组长张瑞宏在城关办公区调研。听取党委第二派驻纪检组相关工作汇报，研究解决相关问题。听取保健中心全面从严治党主体责任落实情况、存在的主要风险和发展困难，对进一步做好事业单位派驻监督工作进行分析研讨。

14日 兰州海关副关长刘汉鸣主持召开预算执行推进会议。

兰州海关政治部主任王劲松主持召开10月政治部工作例会。

16日 兰州海关召开党委理论学习中心组学习会，集中收看党的二十大开幕会。会议由党委书记、关长王彦生主持，党委委员结合分管工作，就学习体会、学习贯彻落实措施进行研讨交流。

17日 兰州海关召开《兰州海关年鉴（2022）》审议工作会议。政治部主任王劲松参加会议，总结了《兰州海关年鉴（2022）》编纂工作，对做好《中国海关年鉴（2023）》供稿及《兰州海关年鉴（2023）》编纂工作提出要求。

甘肃省省长任振鹤、副省长张锦刚对兰州海关报送的推动兰州新区综合保税区高质量相关建议作出批示。省长任振鹤批示"请锦刚同志及建忠同志阅处。建议针对尚需关注的问题系统研究，力争尽早解决，使综保区促谋发展"。副省长张锦刚批示"请省商务厅组织兰州海关，兰州新区部门和单位，对尚需关注的问题认真研究，对已经暴露出的明显不合理的制度、规定马上整改，也请兰州新区加大招商力度"。

18日 兰州市人民政府副市长成少平带领兰州市住建局、兰州市自然资源局、安宁区政府、经开区管委会等部门负责人到兰州海关调研经适房项目审计整改情况。兰州海关副关长朱雪迎、党委纪检组组长张瑞宏与调研组座谈交流。

20日 兰州海关党委书记、关长王彦生主持召开2022年第18次党委会议。

21日 兰州海关副关长朱雪迎主持召开分管部门工作会议。

24日 兰州海关组织党员干部代表参加全

国海关学习宣传贯彻党的二十大精神视频会议。海关总署党委书记、署长俞建华传达学习了党的第二十次全国代表大会主要精神。海关总署参加党的二十大会议代表、列席同志作了交流发言。关长王彦生和在家的关党委委员，兰州海关各部门科以上党员干部代表，各隶属海关、事业单位党委委员、党员干部代表参加了会议。

24日—12月9日 根据属地疫情情况，兰州海关机关实行办公场所封闭办公。

25日 兰州海关关长王彦生参加全省新冠疫情联防联控领导小组会议。会议分析当前疫情防控形势，安排部署下一阶段全省新冠疫情防控工作。

26日 兰州海关关长王彦生主持召开兰州海关统筹疫情防控和促进外贸稳增长工作指挥部第72次会议，副关长张柯、缉私局政委倪春江出席会议。会议传达10月25日甘肃省新冠疫情联防联控领导小组工作会议精神，通报省委书记尹弘、省长任振鹤会议讲话主要内容，对关区近期疫情防控和相关重点工作进行安排部署。

29日 兰州海关关长王彦生带队在关区二级监控指挥中心对首班自白俄罗斯明斯克入境兰州的CA722航班通过视频进行监控指挥。副关长张柯、相关部门同志参加了监管保障工作。

兰州海关政治部主任王劲松参加人教处党支部学习宣传贯彻党的二十大精神主题党日活动。

31日 兰州海关党委纪检组组长张瑞宏通过视频连线检查指导金昌海关工作。

二级巡视员魏金云参加甘肃省季度经济运行调度会议。

31日—11月5日 兰州海关组织党员干部代表参加海关总署党委理论学习中心组（扩大）学习暨司局级主要负责同志学习贯彻党的二十大精神培训班全体会议。党委书记、关长王彦生和在家的关党委委员参加了培训班。兰州海关各部门科以上党员干部代表，各隶属海关、事业单位党委委员、党员干部代表聆听了专家辅导等宣讲报告。

11月

1日 甘肃省省长任振鹤对兰州海关铜精矿监管通关试点工作作出批示："感谢海关总署的关心和支持！祝贺兰州海关的有为和成功！请办公厅以通报形式转发各地各部门参阅，并加大宣传力度。"

3日 兰州海关关长王彦生、副关长张柯参加海关总署"口岸危险品综合治理"百日专项行动总结暨常态化工作部署电视电话会议。兰州海关"口岸危险品综合治理"百日专项行动工作组成员单位负责人参加了会议。

4日 兰州海关副关长刘汉鸣以视频形式参加全国海关办公室系统青年理论学习小组联学活动启动仪式暨第一期活动。

5日 兰州海关副关长朱雪迎在关区二级监控指挥中心检查了明斯克—兰州CA722航班的视频监控指挥保障工作情况。

8日 兰州海关关长王彦生参加甘肃省委学习贯彻党的二十大精神中央宣讲团报告会。

9日 兰州海关关长王彦生参加国务院联防联控机制综合组甘肃工作组工作对接会。

10日 兰州海关副关长朱雪迎参加全省新冠疫情联防联控领导小组会议。

11日 兰州海关参加全国海关纪检机构学习宣传贯彻党的二十大精神专题辅导视频会

议。关长王彦生、监察室相关人员在兰州海关分会场参加会议。

副关长朱雪迎在甘肃省委分会场参加全国新冠疫情防控工作电视电话会议。

12 日 兰州海关关长王彦生带队在关区二级监控指挥中心对自白俄罗斯明斯克入境兰州的 CA722 航班通过视频进行监控指挥。副关长朱雪迎及相关人员参加了监管保障工作。

14 日 甘肃省委书记尹弘一行赴兰州中川国际机场调研入境航班保障工作。兰州海关关长王彦生陪同省委书记尹弘视察了旅客入境通道，介绍了入境旅客检疫监管全流程。省委书记尹弘听取了兰州海关保障入境航班工作汇报以及优化检疫监管流程的做法并对海关工作表示肯定。兰州海关办公室负责人、中川机场海关负责人参加调研。

兰州海关副关长刘汉鸣主持召开预算执行分析会，听取关区 1—10 月预算执行情况及下一步推进措施。

兰州海关副关长刘汉鸣主持召开关长办会议审议相关财务支出事宜。

15 日 兰州海关关长王彦生主持召开兰州海关统筹疫情防控和促进外贸稳增长工作指挥部第 73 次会议。副关长朱雪迎、副关长刘汉鸣、政治部主任王劲松出席会议。

兰州海关副关长朱雪迎参加甘肃省整治疫情防控"层层加码"问题工作专班会议。

16 日 兰州海关副关长朱雪迎主持召开分管部门工作会议。

17 日 兰州海关关长王彦生主持召开工作会议，研究恢复正常办公秩序相关事宜。副关长朱雪迎、副关长刘汉鸣、政治部主任王劲松，办公室、卫检处、人教处、后勤管理中心相关负责人参加会议。

18 日 兰州海关副关长刘汉鸣参加稽查处党支部"学习党的二十大 实干担当谱新篇"线上主题党日活动。

19 日 兰州海关副关长朱雪迎、副关长刘汉鸣带队在关区二级监控指挥中心对自白俄罗斯明斯克入境兰州的 CA722 航班通过视频进行监控指挥。

21—25 日 兰州海关举办党委理论学习中心组（扩大）学习暨处级领导干部学习贯彻党的二十大精神培训班。

23 日 兰州海关召开兰州海关党委理论学习中心组（扩大）学习暨处级领导干部学习贯彻党的二十大精神培训班，党委书记、关长王彦生为全体学员讲授了题为《深入学习贯彻党的二十大精神为推动中国式现代化建设贡献兰州海关力量》的专题党课。关党委委员，关区各单位、各部门负责同志，各隶属海关党委委员，事业单位班子成员，党员干部代表分别在主会场、分会场参加。

兰州海关政治部主任王劲松参加全国海关政治部门学习宣传贯彻党的二十大精神学习宣讲视频会议。

兰州海关党委理论学习中心组（扩大）学习暨处级领导干部学习贯彻党的二十大精神培训班全体同志在观看党的一大到党的十九大历次会议、重温光辉历程后，政治部主任王劲松主持开展了重温入党誓词活动。各部门负责同志参加。

25 日 兰州海关关长王彦生、副关长朱雪迎参加兰州海关处级领导干部学习贯彻党的二十大精神培训班第一小组讨论。

兰州海关缉私局局长方永崶、副关长刘汉鸣参加兰州海关处级领导干部学习贯彻党的二十大精神培训班第二小组讨论。

兰州海关政治部主任王劲松参加兰州海关处级领导干部学习贯彻党的二十大精神培训班第三小组讨论。

29日 兰州海关党委书记、关长王彦生主持召开2022年第19次党委会议，专题研究推荐十三届甘肃省政协中共党员委员初步人选事宜。

12月

5日 兰州海关副关长朱雪迎参加全省老年人新冠病毒疫苗接种推进工作视频会议。

8日 兰州海关党委书记、关长王彦生主持召开2022年第20次党委会议。

9日 兰州海关关长王彦生参加全省新冠疫情联防联控领导小组会议。

14日 兰州海关关长王彦生对关区督审处撰写的《兰州海关跨境电商业务运行情况专题执法评估报告》作出批示："督审处主动作为，对关区跨境电商业务运行情况进行执法评估，找出了问题，提出了建议，请关内相关部门认真研究。望督审处再接再厉，紧盯重点工作、聚焦敏感业务，发挥自身优势，为规范关区执法工作发挥更大作用。"

兰州海关副关长刘汉鸣主持召开兰州海关国企改革工作会议。

15日 兰州海关副关长刘汉鸣指导兰州海关2022年度重点材料写作小组第一次线上碰头会。

26日 兰州海关关长王彦生参加甘肃省政府《政府工作报告》征求意见专题会议。

27日 兰州海关党委书记、关长王彦生主持召开2022年第21次党委会议。

28日 兰州海关参加全国海关新冠病毒感染疫情防控工作专题视频会议。关长王彦生、副关长刘汉鸣、政治部主任王劲松参加全国海关新冠病毒感染疫情防控工作专题视频会议。

兰州海关副关长刘汉鸣主持召开海关抗疫总结宣传工作会议。

30日 兰州海关关长王彦生主持召开兰州海关2022年12月份形势分析及工作督查例会。兰州海关党委委员，其他署管干部（厅局级），兰州海关内设机构负责同志，缉私局办公室、后勤管理中心主要负责同志参加会议。

兰州海关参加全国海关全面加强审计问题整改工作专题视频会议。海关总署副署长吕伟红传达了署长俞建华对全国海关加强审计问题整改工作的批示要求，并对下一步工作提出要求。关长王彦生、副关长刘汉鸣，兰州海关相关部门负责同志在主会场参加会议。隶属海关、事业单位主要负责同志、各科科长在分会场参会。

31日 兰州海关关长王彦生带队在关区二级监控指挥中心对自白俄罗斯明斯克入境中国兰州的CA722航班通过视频进行监控指挥。

第四篇

党的建设

党建工作

【概况】2022年，兰州海关有中国共产党兰州海关委员会1个，隶属海关党委7个，基层党组织41个（基层党委1个、党支部40个），兰州海关机关工会1个，共青团兰州海关委员会1个，团支部4个。

2022年，兰州海关以学习宣传贯彻党的二十大精神为主线，围绕"第一议题"和意识形态工作，优化党委理论学习中心组学习，加强思想理论建设。有序推进政治机关建设专项教育活动和"学查改"专项工作，以党支部阶梯建设、党员教育管理、党建信息宣传和党风廉政建设为抓手推动基层党建"强基提质"。持续深化精神文明建设和准军事化纪律部队建设，发挥工会桥梁纽带作用和共青团组织后备军力量，在民主团结进步示范单位创建、内务规范强化月、常态化关心关爱新冠疫情防控一线干部职工、银青共建等工作中展现队伍精神风貌。巩固脱贫攻坚成果，推进乡村振兴有效衔接，开展防返贫监测工作，全面推动帮扶村产业振兴。

【思想理论建设】2022年，兰州海关建立"第一议题"学习、落实2套台账，关党委学习习近平总书记重要讲话101篇次，提出具体贯彻落实措施和要求40余次。优化党委理论学习中心组学习，以政治学习为根本，建立"自学+集体学习+重点研讨"学习模式，年内开展专题研讨6次，印发个人自学资料12册，形成个人发言材料6万余字，研究制定《兰州海关服务黄河流域生态保护和高质量发展工作措施》《兰州海关贯彻落实习近平总书记在清华大学考察时的重要讲话精神具体措施》等推动学习形成闭环。筑牢关区意识形态坚强防线，党委会议专题研究意识形态工作2次，以干部职工思想动态调研、关领导接待日、"关长信箱"等多种方式掌握关区思想动态，采取务实措施回应诉求。

【学习宣传贯彻党的二十大精神】2022年，兰州海关把学习好、宣传好、贯彻好党的二十大精神作为首要政治任务，迅速掀起学习宣传贯彻热潮。采取不同形式，组织党委委员和广大党员干部收听收看党的二十大开幕会实况。组织开展党委理论学习中心组（扩大）学习暨处级领导干部学习贯彻党的二十大精神培训班，63名党员干部参加培训。各基层党组织以"线上+线下"等方式开展学习研讨40余次，邀请专家线上授课2次，开展形式丰富的联学联建主题党日活动12次。主动融入党的宣传工作大局，策划"热议二十大""学习二十大""永远跟党走，奋进新征程"等多个主题，持续展现各基层党组织、各业务一线、驻村工作队、团青组织和群众组织学习宣传贯彻党的二十大精神的良好风貌，在"丝路兰关"微信公众平台发布60余期文章，在《甘肃日报》、"学习强国"App和"海关发布""金钥匙杂志"微信公众号等系统内外主流媒体上刊发稿件30余篇。

【精神文明建设】2022年，兰州海关围绕举旗帜、聚民心、育新人、兴文化、展形象的使命任务，持续唱响精神文明建设主旋律。组织召开关区精神文明建设暨文明单位创建大会，指导各单位部门主动参与地方文明单位创建工作。全面完成关史室建设、文体活动室和图书室改造项目。推进机关文化建设，举办"我们的节日——品味端午 传承文明"帮厨比赛、"弘扬雷锋精神 聚力文明实践 共享美好生活"学雷锋志愿服务活动等，在兰州市2次

▲2022年3月7日，兰州海关机关党委联合安宁区银安路社区开展"弘扬雷锋精神 聚力文明实践 共享美好生活"学雷锋志愿服务活动　（张雪韬　摄）

疫情期间选派干部13人赴社区参与开展疫情防控志愿服务工作。结合海关总署政治部"'清风国门'——弘扬海关清廉家风"主题宣传教育，圆满完成海关总署西北协作区"喜迎二十大 奋进新征程"文化交流活动。2022年，兰州海关被命名为"第八批全省民族团结进步示范单位"，兰州海关机关图书室荣获省直机关"职工书屋"示范点荣誉称号。

【准军事化纪律部队建设】2022年，兰州海关聚焦政治本色、队列训练、从严管理、树形象、强素质、严纪律，加强关区准军事化纪律部队建设。抓好内务规范强化月活动，组织观看内务规范示范片，重温《海关内务规范》，设置部门队列训练小教员，突出重点精准施训，实现各单位部门队列训练全覆盖。联合人事教育处、督察内审处等部门成立内务规范督察组，加大对各隶属海关8个业务现场的纪律检查频次，年内共开展视频检查38次，实地内务规范检查14次，发布日常纪律作风和内务规范检查通报10篇，兰州海关8个处（室）获得"内务规范流动红旗"。组织党务干部、稽查岗位练兵，1人入围稽查岗位练兵全国"百强名单"。

【基层党建工作】2022年，兰州海关以支部阶梯建设工作为抓手，实施基层党建"强基提质工程"，推动关区基层

党组织全面进步、全面过硬。有序推进捍卫"两个确立"、做到"两个维护"、强化政治机关建设专项教育活动和"学习研讨、查摆问题、改进提高"专项工作，对标查找各岗位政治要求323条，制定431条措施持续推进整改落实。完成直属机关党委、机关纪委换届工作，印发机关党委和纪委工作规则。优化每月党建工作指引，推动党史学习教育常态化长效化，巩固"我为群众办实事"实践活动成效。制订党支部从"合格支部"、"四强"党支部到"培育品牌""示范品牌"的阶梯建设方案，探索支部阶梯建设模式，金城海关稽核科与保税监管科联合党支部通过全国海关示范品牌复核，金昌海关办公室与综合业务科联合党支部、天水海关综合业务科党支部通过全国海关培育品牌复核，保健中心党支部被评选为2022年全国海关新增培育品牌。强化党员教育管理，组织党支部书记和党务干部网上培训，固化"一述双考三结合"党建考核模式，完成2021年度党组织书记述责述廉述党建和评议考核工作。强化党建信息宣传工作，上线"先锋堂"党建工作宣传专栏，原创视频《十年：一棵树的成长》被海关总署网站"海关影像"发布，获西北协作区十佳微视频评选第一名。开展警示教育月活动，组织全员观看警示教育片，制作《基层书记组长谈责任》访谈视频2期。制定《关于加强新时代兰州海关廉洁文化建设的实施方案》，开展"清风国门"廉洁文化创意作品征集活动，1件作品入选《金钥匙》杂志，2件入选参展，获奖3人次。2022年，季碧云同志被推荐为甘肃省第十四次党代会代表；刘旭伟同志获评省直机关"优秀共产党员"，朱要林同志获评省直机关"优秀党务工作者"，金昌海关办公室与综合业务科联合党支部获评省直机关"先进基层党组织"，督审处党支部、平凉海关办公室和综合业务科联合党支部获评省直机关标准化示范党支部。

【工会工作】2022年，兰州海关发挥机关工会桥梁纽带作用，加大对坚守抗疫一线干部职工的关心关爱，举办4次线上心理排忧辅导、搭建心理健康热线，累计179人次接受心理热线辅导。常态化关注口岸一线人员思想状况，持续开展"兰关温暖从心开始"心理团建活动，"隔离期间心理关怀"热线服务累计56人次。参加中国海关出版社"闭环文化暖心服务"系列活动3期，为中川机场海关配送爱心书籍300册，配备

▲2022年9月29日，中共兰州海关直属机关第七次党员代表大会召开，选举产生中共兰州海关直属机关第七届委员会和中共兰州海关直属机关第七届纪律检查委员会　（张雪韬　摄）

隔离期间健身锻炼体育器材百余件。用心用情做好人文关怀工作,及时慰问家中困难、患病住院等各类会员共90人次。丰富职工文体生活,常态化开展文体协会活动,组织67名职工参加省直机关运动会足球、篮球、网球、羽毛球等6个项目的比赛。

【共青团工作】2022年,兰州海关团委持续加强与团省委沟通联系,指导敦煌机场海关、金昌海关开展省级青年文明号创建活动。完成团委换届选举、团支部换届,进一步建强基层团组织建设。联合乌鲁木齐海关所属红其拉甫海关开展"青春守国门、'四特'建新功——强化政治机关建设"视频连线交流活动,关区团员青年线上参观红其拉甫海关水布浪沟党性教育基地,开展专题交流。联合离退休办公室开展"薪火相传——银青共建话关史"主题活动,共话关史,传承光荣。连续第10年与康乐县帮扶村小学开展"手牵手·心连心·送希望"帮学助教活动。2022年,保健中心团支部获评"省直五四红旗团支部"称号,马建辉同志获评"省直优秀共青团干部"称号。

【定点帮扶与乡村振兴】2022年,兰州海关严格按照关区年度乡村振兴帮扶工作要点,强化帮扶举措,健全帮扶机制,巩固脱贫攻坚成果,推进乡村振兴有效衔接。落实好到村帮扶责任,召开帮扶工作专题会议5次,重点研究驻村干部待遇调整、落实扶贫资金、制定推进帮扶工作的具体措施以及物资援助等工作。落实各项保障待遇,协调解决驻村干部遇到的实际困难和问题3个。加强防返贫监测,通过村民知情大会等方式宣传防返贫监测对象自主申报程序15次;在5个帮扶村组织成立防返贫监测领导小组;开展常态化、全覆盖监测4轮,入户4800余次;每季度对脱贫户、一般户开展走访,共走访8300余人次,形成工作日志5本、2000余页;按照程序新识别纳入"三类户"14户、51人。全力推动产业振兴,确定"因地制宜、以山为主、发展特色、示范带动"的产业振兴总体思路,整合各方资源,全力推动帮扶村产业振兴,做到村有致富产业、户有增收渠道。组织开展焊工、挖掘机、面点等劳务技能培训班21个;5个帮扶村共动员外出务工人员1360人;发展中药材种植、乌龙头种植、蜜蜂养殖等特色产业,产值300余万元。

撰稿人

张雪韬

巡察工作

【概况】2022年,兰州海关在前5轮常规政治巡察基础上,对敦煌机场海关和平凉海关党委进行巡察,实现对关区25个被巡察党组织5年内巡察工作全覆盖。组织开展巡察整改集中清查工作,确保向23个被巡察党组织反馈的249个问题全部完成整改。进一步强化关区巡察整改责任,落实好被巡察党组织、纪检机构、组织人事部门和巡察机构各方责任,确保巡察成效。一年来,各党组织政治机关意识持续深化,全面从严治党更加深入,战斗力得到有效提升,基础工作更加扎实,制度建设更加完善,内控手段不断丰富。

【巡察管理】2022年,兰州海关党委抓好基础建设,统筹推进巡察工作。加强制度建设,对接海关总署巡视整改集中清查工作要求,研究制订《兰州海关系统巡察整改集中清查工作实施方案》,开展巡视巡察上下联动,加强巡察整改和成果运用的整体部署。推进队伍建设,优化巡察人才配置,聚焦巡察对象性质和巡察重点,通过"以老代新""以生代熟",用好用活巡察工作人才库;注重多元培训,健全"巡前培训+巡中提点+巡后复盘"全链条培训机制。规范档案建设,对党的十九大以来巡察工作档案进行全面梳理归档,严把标准关、质量关和管理关,助力巡察工作提"档"升级。

【巡察工作开展】2022年,兰州海关党委坚持从严从紧,完成常规巡察工作。对敦煌机场海关和平凉海关党委进行常规巡察,累计查阅资料318份、开展个别谈话25人次、发放问卷调查28份,发

▲2022年10月14日,兰州海关召开巡视巡察座谈会并向受海关总署表彰的同志颁发荣誉证书 (张雪韬 摄)

现问题23个。巡察期间，同步对关区重点工作、绩效考核以及"学习研讨、查摆问题、改进提高"专项工作开展督查督办，对巡视巡察上下联动进行积极探索。按照海关总署对巡视工作整改情况集中清查活动的要求，结合巡察工作开展以来整改落实情况，开展"回头看"工作，形成监督问责闭环效应。

【巡察"后半篇文章"】2022年，兰州海关党委以严肃巡察反馈、形成监督合力和强化巡察整改持续做好巡察"后半篇文章"。党委召开会议专题听取2022年兰州海关第一轮巡察工作汇报，明确整改要求和处置意见；原原本本向被巡察单位反馈问题，督促被巡察单位严肃整改。建立巡察与纪检监察、督查内审、组织人事等部门的协作配合机制，共享共用信息、资源、力量和成果，指定纪检监察和人事部门承担巡察整改日常监督责任，切实推动问题解决。督促被巡察单位第一时间制订整改方案，累计制订63项整改措施，全部完成整改并取得实效，"第一议题"制度落实更严更细；督促相关单位共计制定、修订完善制度5项，获取各类执法及特殊岗位资质8人次，将被巡察单位整改情况纳入年度绩效考核，倒逼整改主体责任落实；针对巡察发现的内部管理不够规范等共性问题，加强与各工作条线专项工作的结合整治，推动监督、整改、治理有机贯通。

撰稿人

张雪韬

纪检监察

【概况】2022年，兰州海关党委纪检组以习近平新时代中国特色社会主义思想为指导，认真贯彻党中央全面从严治党战略部署，深入落实全国海关和关区全面从严治党会议任务部署。全面履行监督第一职责，发挥监督保障执行、促进完善发展作用。坚持以严的基调正风肃纪反腐，推动纪律作风建设抓实落细。不断加强自身规范化、法治化、正规化建设，以更高标准践行忠诚干净担当。

【习近平总书记重要指示批示精神和党中央重大决策部署督促落实】2022年，兰州海关党委纪检组聚焦"两个维护"，紧盯"第一议题"制度落实开展专项监督。督促健全完善学习、落实台账，严肃纠正学习不深入、措施不细致、执行不到位等问题，跟进推动建立健全闭环机制。协调职能部门联动协作，合力推动党史学习教育常态化、政治机关专项教育活动和"学查改"专项工作持续走深走实、取得实效。紧盯党中央重大决策部署开展贯通监督，修订政治监督工作指引，优化方法、创新手段，开展清单式、跟进式监督。督促解决进口陆运铜精矿目的地检验改革试点等基层和地方政府反映外贸保稳提质热点难点问题。

【新冠疫情防控监督】2022年，兰州海关党委纪检组毫不松懈抓好常态化疫情防控监督，实地检查、视频监督45次，发现问题22个，提出监督建议33条，推动整改、压实责任。对履行疫情防控主体责任不力和违反内部防控规定2名党员干部，给予党纪处分和组织处理，全关通报、严明纪律。

【全面从严治党责任推动落实】2022年，兰州海关党委纪检组强化对"关键少数"监督。针对党委、机关、事业单位"一把手"和领导班子权力运行规律特点，瞄准紧盯责任落实、议事决策、制度执行等情况开展监督。督促健全完善、严格执行议事规则和"三重一大"决策制度，推动依法依规决策用权办事。定期会同两级党委开展全面从严治党、党风廉政形势和政治生态分析，针对问题隐患，共商对策措施，及时防范化解风险隐患。协助推动两级党委认真贯彻《党委（党组）落实全面从严治党主体责任规定》，督促用好监督执纪"第一种形态"，做到守土有责、守土尽责。围绕巡视巡察整改"回头看"，通过内外部走访、实地验证等方式，推动问题见底清零。协助对2个隶属海关党委进行巡察，实现5年内全覆盖。近距离加强选人用人监督工作，派员全程参与关键岗位干部选拔任用考核，审核回复党风廉政意见204人次，督促对不符合任职条件干部中止提拔。

【"海关重点项目和财物管理以权谋私"专项整治】2022年，兰州海关党委纪检组扎实推进"海关重点项目和财物管理以权谋私"专项整治工作。组织召开综合组会议11次，制发各类工作通知29个、情况通报5期、工作简报8期。赴关区5个隶属海关、2个事业单位实地督导，走访调研、召开内外部座谈会34次，推动专项整治上下联动、走深走实。创新"三类清单筛查法"，综合数据模型和人工分析，梳理问题和廉政风险96项，排查出高风险项目7个，重点人员7名。组织260人违规事项申报，1人主动说明问题。针对自查和督导检查发现的问题，组织制定整改措施234项，对3个重点部门进行专项督查，确保整改落实到位。制发监督建议书12份，推动修订工作制度12个、工作指引10个，深化源头治理、标本兼治。针对区域性、系统性风险，上报专题分析报告2篇。

【作风建设】2022年，兰州海关党委纪检组紧盯老问题新动向开展明察暗访、专项检查，第一时间消除苗头倾向性问题。建立健全日常通报警示机制，开展酒驾醉驾专项教育，严格婚丧喜庆报备事宜，持之以恒加固中央八项规定堤坝。

【违纪案件查办】2022年，兰州海关党委纪检组加强对问题线索的集中管理、集体研判和全程督办，持续保持惩治腐败高压态势，立案3件。

【"四种形态"运用】2022年，兰州海关党委纪检组坚持"惩前毖后、治病救人"，运用"第一种形态"批评教育帮助11人次，运用"第二种形态"处理2人次，运用"第三种形态"处理1人次。

【以案促改】2022年，兰州海关党委纪检组做实做细以案促改、以案促治，向4个单位部门制发纪律检查监督建议书，推动整改纠偏、完善制度、深化治理。定期组织全体干部职工观看系列警示教育片，学习违纪违法典型案件通报，推动廉政警示教育、纪法家风教育常态化。牵头制定加强新时代海关廉洁文化建设33条细化措施，组织观看警示教育片，学习通报典型案例，邀

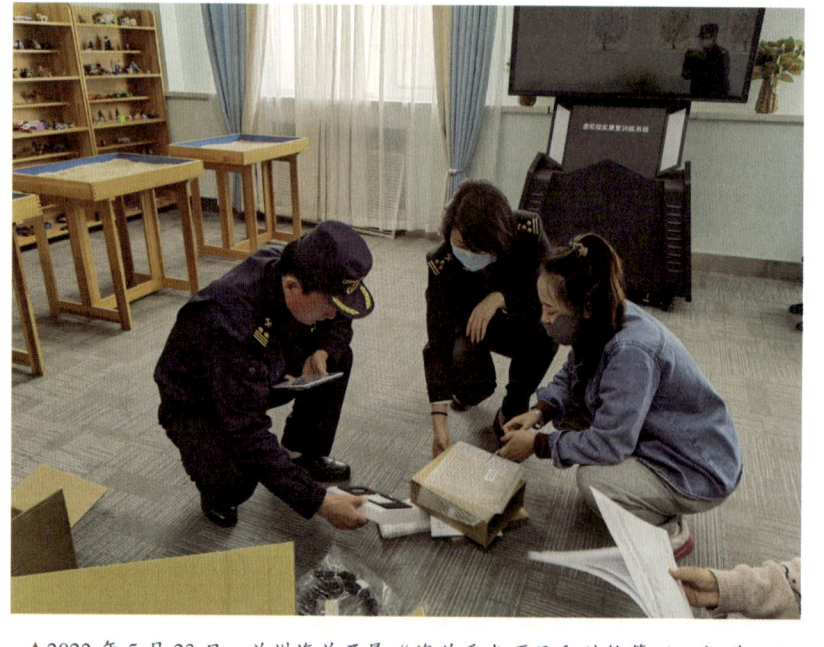
▲2022年5月23日，兰州海关开展"海关重点项目和财物管理以权谋私"专项监督下沉监督工作　（蒋惠菊　摄）

请省纪委专家现场教学，推进廉政警示教育常态长效、入脑入心。坚持一体推进"三不腐"，制发《兰州海关防范化解腐败风险重点任务分工》，细化措施145项，同步防范执法领域和非执法领域廉政风险，配套制定《事业单位派驻监督工作指引》，扎紧制度"篱笆"、织密权力"笼子"。

【队伍建设】2022年，兰州海关党委纪检组坚持深化"三转"，深入落实"组地关"协作配合部署，多次走访甘肃省市纪委、司法部门，深化沟通配合，强化执纪办案联动协作，推动疑难问题高效解决。持续深化全员培训，制定29项提升"四个能力"工作措施，邀请甘肃省纪委专家培训2次，派员参加驻署纪检监察组集中工作，安排派驻纪检组参与线索核查工作，打造政治过硬、本领高强的干部队伍。修订《政治监督工作指引》《派驻监督工作指引》，制定《事业单位派驻监督工作指引（试行）》，健全完善体现关区纪检工作特色和满足发展需要的制度机制。强化内部监督和办案安全管理机制，严格组织授权，规范权力边界，防止和纠治"灯下黑"。

▲2022年4月8日，兰州海关监察室与兰州市七里河区纪委监委沟通交流纪检监察工作 （陈辅健 摄）

撰稿人

陈辅健

队伍管理

【概况】2022年,兰州海关坚持以习近平新时代中国特色社会主义思想为指导,深入贯彻新时代党的建设总要求和新时代党的组织路线,以强化政治机关建设为统领,以推动重点工作任务落实为目标,以夯实工作基础为抓手,扎实推进干部工作"五大体系"(素质培养、知事识人、选拔任用、从严管理、正向激励)建设,以高素质干部队伍建设推动各项工作高质量开展。

【干部教育培训】2022年,兰州海关制订干部培训工作方案,举办处级领导干部党的二十大精神集中轮训班1期,十九届六中全会精神集中轮训班2期、网上培训班3期,邀请7名甘肃省委党校和省内高校教授专题授课,4名关领导讲授主题党课,引导党员干部坚定不移拥护"两个确立",坚决做到"两个维护",不断增强政治执行力、政治判断力、政治领悟力。认真落实"三应"机制要求,以提升处科级领导干部队伍履职能力为重点,举办处级培训班1期、科级培训班3期、晋衔培训班2期,组织执法一线科长参加海关总署网上专题培训班,对关区全体处科级领导干部全覆盖进行轮训。有针对性开展基层党建、应急处置、舆情应对、管理科学等专业化能力教学,强化学员交流研讨,进一步巩固和提升干部队伍政治素质和履职能力。以强化法律法规掌握和提升执法技能为重点,紧盯审计自查和"海关重点项目和财物管理以权谋私"专项整治发现的能力短板,分模块实施52项培训计划,通过集中调训、"海关e课堂"等网上培训班、实操培训、在线答疑、自主学习等多种形式分级分类开展培训,外聘专家授课18人次,处级以上领导干部上台讲课126人次。指导隶属海关、事业单位开展岗位实训,组织22名关员参加执法资格考试并全部通过,全面提升执法一线人员监管执法和服务发展能力。开展岗位资质培训,68人取得动植物检疫、危险化学品查验、国境卫生监督员等相关资质,有效缓解部分隶属海关高级岗位资质短缺的问题。

【干部队伍基础建设】2022年,兰州海关不断优化干部考核方式方法,制定年度考核、平时考核、专项考核"三个实施细则",完善专项考核、干部日常评价制度,"三位一体"考核体系逐步健全,实行分类分级差异化考核,紧盯重点任务和客观指

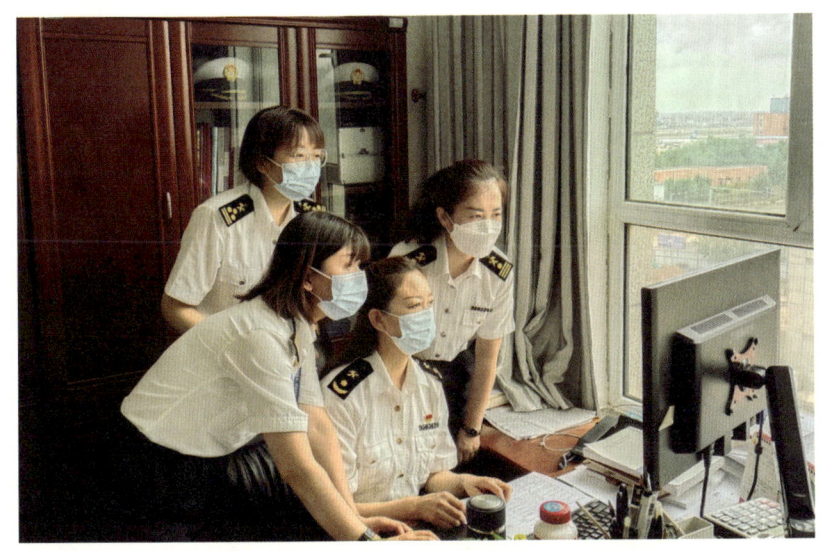
▲2022年7月20日,人事教育处在中川机场海关开展队伍建设调研工作（樊伟 摄）

标实施绩效考核。开展基层一线现场执法科室摸底调研，推广应用全国海关队伍建设综合管理平台，常态化开展处科级领导干部日常考核。选拔长期在艰苦边关工作的干部担任隶属海关主要负责人。机构编制和人力资源向基层一线、重点任务倾斜，为隶属海关增设业务科室1个。制定加强兰州海关人才队伍建设17条措施，强化专业人才评审评价，组建第一批17个"业务专业人才库"，引导优秀人才立足岗位建功立业，干部队伍基础不断完善。

【干部队伍结构优化】2022年，兰州海关持续加大年轻干部培养使用力度，制定优秀年轻干部精准化培养使用措施，分级建立执法一线科长和优秀年轻干部纪实成长档案125份，一人一表精准画像。把急难险重任务和业务改革一线作为年轻干部练兵场，选派优秀年轻干部到海关业务改革试点地方、口岸疫情防控一线、艰苦边关，选调隶属海关优秀青年骨干到机关任职，选派青年干部参与海关总署集中专项工作。制定《兰州海关内部遴选办法（试行）》，加大干部交流力度，调整交流干部30名，实现了机关内部、机关与隶属海关、隶属海关之间人员的合理配置和有序流动。探索开展机关与事业单位之间人员交流，采取考试的方式，将隶属海关公务员选配到事业单位工作，干部队伍活力不断增强。

【干部管理监督】2022年，兰州海关不断完善从严监督机制，健全全面从严治党体系，坚持落实中央八项规定精神，加强对干部全方位管理和经常性监督。制定"一把手"和领导班子其他成员中开展重点事项监督自查报告工作制度，落实重大事项请示报告情况作为对班子、领导干部考察、考核重要内容。对处级以上领导干部开展配偶、子女及其配偶从业情况抽查。全覆盖开展海关工作人员违规投资企业及在企业兼（任）职问题自查，制定《公务员辞去公职后从业行为限制清单》，规范离职人员从业行为。

【干部队伍激励】2022年，兰州海关制定《兰州海关工作人员奖励办法》，通过表彰先进，加大宣传力度，营造崇尚先进、见贤思齐的良好风尚。兰州海关所属金昌海关获评全国海关系统先进集体，兰州海关所属酒泉海关稽核科科长周金秀获得海关2021年度"百名优秀执法一线科长"荣誉称号。结合年度考核开展及时奖励，兰州海关办公室综合科科长高智勇等71名关员被评定为2021年度优秀等次。结合疫情防控等重点工作树立先进典型，兰州海关所属中川机场海关获海关总署政治部年度先进集体表彰，兰州海关卫生检疫处二级主管周方方获海关总署政治部年度先进个人表彰；兰州海关所属中川机场海关综合业务科科长冯莉洁等11名口岸疫情防控一线人员获海关总署政治部通报表扬；兰州海关所属中川机场海关旅检二科副科长季碧云作为口岸疫情防控一线青年关员当选甘肃省第十四次党代会代表。

年内，兰州海关制订《兰州海关关心爱护疫情防控一线人员工作方案》，持续激励干部职工在疫情防控一线担当作为。严格落实干部职工福利待遇，充分发挥工会和共青团桥梁纽带作用，慰问困难干部职工90人次。认真落实关长接待日制度，关党委委员接待职工来访17次；畅通"关长信箱"，召开职级公务员和科级领导干部座谈会，认真听取干部职工意见建议，回应干部职工诉求。

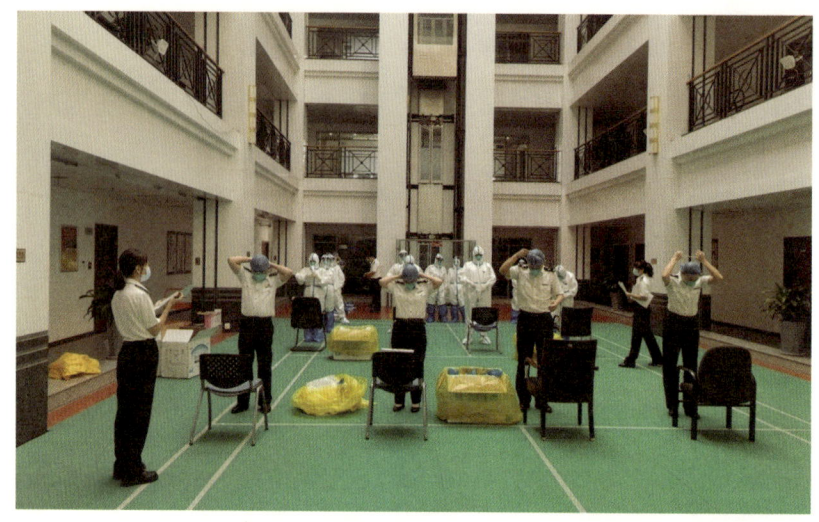

▲2022年9月16日，人事教育处组织开展口岸疫情防控梯队人员培训（李俊杰 摄）

【口岸防疫人力资源保障工作】2022年，兰州海关强化口岸疫情防控人力资源调配，印发《兰州海关口岸疫情防控人员调配应急预案》，优化调整口岸疫情防控三级梯队，开展支援2批、15人次。选派7名关区优秀青年关员赴口岸疫情防控一线岗位任职，进一步充实了口岸一线人力资源。开展疫情防控专项技能培训，先后举办3期口岸疫情防控专业能力提升专题培训。结合入境航班保障任务，选派梯队人员赴中川机场海关进行跟班实操，"岗对岗"提升技能。共组织开展疫情防控常态化岗前培训19次，实操培训12次，累计培训434人次。开展2次新冠疫情防控工作专项考核，保证工作正常运转。

撰稿人

麻毅强

离退休人员管理

【概况】2022年，兰州海关认真贯彻落实习近平总书记对老龄工作的重要指示，按照海关总署离退休干部局工作部署和兰州海关重点工作任务安排，深入学习宣传贯彻习近平新时代中国特色社会主义思想和党的二十大精神，以开展"海关重点项目和财物管理以权谋私"专项整治、政治机关建设专项教育活动和"学查改"专项工作为契机，进一步深化信息化、精准化、规范化建设，落实离退休干部政治待遇、生活待遇，丰富离退休人员精神文化生活，提升离退休干部工作服务管理水平。

【离退休人员党建工作】2022年，兰州海关全面加强离退休干部党建工作，始终将学习贯彻习近平新时代中国特色社会主义思想作为首要任务，推进党的政治建设。建立支部集中学、领导带头学、党员自觉学模式，依托"微信群""智慧银海""鑫海桑榆"等信息化平台，深入学习领会党的二十大重大意义和精神内涵。加强离退休党员思想理论武装，2022年离退休干部党支部开展政治理论学习15次，专题党课4次，开展主题党日12次，引导老同志坚决捍卫"两个确立"，坚决做到"两个维护"。组织离退休党员开展"建言二十大""我看中国特色社会主义新时代"调研活动、"党的二十大报告知识互动测试"。制定《兰州海关贯彻落实〈关于加强新时代离退休干部党的建设工作的意见〉工作任务分解表》，出台《兰州海关离退休公用经费管理办法》和《兰州海关离退休干部逝世后丧事办理规定》两项制度。注重运用"四种形态"特别是"第一种形态"引导教育干部，开展提醒谈话2人次。坚持每月廉政提醒、节前廉政教育、季度谈心谈话制度，开展退休人员违规投资企业、在企业兼（任）职问题自查工作，全面加强离退休干部队伍党风廉政建设。

【离退休人员服务管理】2022年，兰州海关用心用情提升离退休干部工作精准化服务水平，年内接收退休人员5人。完善离退休干部领导小组工作机制，规范召开离退休干部工作领导小组会议，专题研究解决老同志集中反映的物业管理、养老金发放、家属院供暖改造等突出问题，有效推动离退休干部工作水平提升。创新工作方式，增强离退休干部工作活力，利用腾讯会议平台线上召开"云上党支部""情况通报会"，使居住在全国多地的离退休老同志全程参会，通过会议及时组织老同志学习海关总署署长俞建华对老干部工作的批示，向老同志介绍离退休办公室各项工作开展情况。改革慰问品发放模式，采用专用平台，采取离退休办公室指定品种、老同志自助选购定额慰问品方式，有效解决众口难调等矛盾。关心关爱老同志，坚持走访慰问，元旦、春节期间，关领导上门走访慰问7位退休老领导，离退休办公室上门走访慰问老同志15人次。对重病、重大变故等老同志进行人文关怀，累计50余人次，向工会申请困难补助2人次、申请办理住院慰问金30人次，直系亲属去世慰问金6人次。组织完成2021年度退休厅局级干部年度体检，集中开展元旦、春节、重阳节慰问活动，慰问范围覆盖全体离退休老同志。为陈满新同志颁发"光荣在党50年"纪念章。做好离退休老同志疫情防控工作，加强防疫知识宣讲、持续推动疫苗接种。

【老干部文化教育】2022年，兰州海关注重老年文化教育，加大离退休干部工作宣传力度。向海关总署离退休干部局报送16篇稿件，其中在离退休干部局"鑫海桑榆"微信公众号发表6篇，在《中

▲2022年8月15日，兰州海关为退休干部陈满新颁发"光荣在党50年"纪念章　（朱要林　摄）

国国门时报》副刊刊发4篇，署内信息载体刊发2条，宣传稿件数量与质量较往年有较大提高。积极参加海关总署离退休干部局"喜迎二十大 奋进新征程"——全国海关老同志线上文艺汇演，选送老同志自创诗朗诵《共赴盛世邀约》。

【发挥老干部作用】2022年，

▲2022年8月12日，离退休办公室开展"薪火相传 银青共建话关史"活动（蒙琳　摄）

兰州海关注重发挥老同志独特优势，弘扬正能量。助力海关史研究，按关史办要求完成相关资料收集、整理汇报，撰写《用心用情做好新时代兰州海关老干部工作》论文；开展"薪火相传"活动，与金城海关查验科党支部联合开展老同志寄语年轻关员活动；深入挖掘先进典型，积极宣传老同志先进事迹，整理宣传退休老同志公凡、陈满新2位同志先进事迹；与团委合作开展"薪火相传——银青共建话关史"主题活动，与青年关员开展座谈交流，取得良好效果。

撰稿人

蒙　琳

第五篇

业务建设

法治建设

【概况】2022年，兰州海关深入学习贯彻党的二十大精神和习近平法治思想，认真落实全国海关工作会议和关区工作会议精神，以全力提供高质量制度供给为目标，全面推进严格规范公正文明执法，大力提升法治服务保障水平，丰富普法方式和内容，法治固根本、稳预期、利长远的保障作用逐步显现。

【法规管理】2022年，兰州海关制订发布《兰州海关2022年度制度建设计划》，加大制度制修订推进力度。进一步完善由法规处牵头、相关业务职能部门共同参与的制度前置审核机制，调整充实制度审核小组成员，提升制度审核的专业性和准确性，年内共审核通过制度45项。敦促隶属单位开展制度建设工作，年内接受隶属海关和事业单位报备新建、修订制度84项。组织开展2022年关区制度执行情况专项督查，以制度内容审核为基础，通过文件审核和线上督查方式对关区制发的134项制度和隶属海关制发的217项制度执行情况进行督查，发现关区在制度执行、制度内容和制度建设方面存在的问题53项，通过立查立改和督查整改，推动关区各单位提升制度执行力和制度建设水平。制作发布"兰州海关行政执法规范指导平台"使用指引，提升平台运用效能。

【依法行政】2022年，兰州海关深入推进行政执法"三项制度"。紧盯源头、过程、结果等关键环节，持续规范行政执法，完善关区政务服务事项目录清单、行政处罚事项事前公开清单、行政强制事项目录清单315项。编制年度执法统计年报并通过门户网站对外公示，接受社会监督。推进行政许可事项清单管理，修订完善并更新门户网站的行政许可办事指南，逐项完善清单要素。利用海批平台指导监督涉及行政许可工作的各职能部门及隶属海关，确保"零延时""零投诉"。践行新时代"枫桥经验"，通过释理说法，以"海关积极引导、企业主动撤回"方式配合政策法规司实质性化解2起行政复议案件。在金城海关成立"枫桥经验"工作室，把化解行政争议与促进依法行政有机结合，以实际行动贯彻落实"人民至上"服务理念。组织学习全国海关行政复议诉讼案件有关情况通报，以案为鉴，强化关区执法人员的程序意识和风险防范意识。积极参与2022年度海关规章立法后评估工作，组织关区公职律师及相关部门分别对《中华人民共和国海关行政赔偿办法》等43部海关规章逐一提出保留、修改、废止建议。就《中华人民共和国海关法（修订草案征求意见稿）》《中华人民共和国海关进出口商品检验采信管理办法》等法律和海关规章向政策法规司反馈修订意见5次。开展合同审核91次。

【法治宣传教育】2022年，兰州海关坚持以习近平法治思想为引领，制订印发《兰州海关法治宣传教育第八个五年规划》《兰州海关2022年法治宣传教育计划》《兰州海关2022年度普法责任清单》，将普法工作融入海关执法全过程，量化举措、强化评估、督促落实。结合"服务大局普法行"、"4·15"全民国家安全教育日、民法典宣传月、"8·8"海关法治宣传日、"12·4"宪法宣传日等普法专项活动，综合运用普法讲师团宣讲、企业政策宣讲会、微信公众号、普法讲座等多种方式，广泛开展形式多样、生动活泼的法治宣传教育活动。举办海关法治文化书法创作活动，推动书法展示与普法活动深度融合。

▲2022年6月27日，兰州海关普法讲师团成员开展海关行政执法案例解读（席艳燕 摄）

年内，兰州海关在帮扶村开展"法润乡村助振兴"专项普法活动，扩大海关法治文化宣传影响力。年内累计举办线下集中宣传35场次，发放图书资料600余册，编发普法微信图义13期，在《中国国门时报》、《甘肃日

▲2022年5月19日，兰州海关驻村工作队深入学校开展"法润乡村助振兴"民法典专项普法活动（洪天晖 摄）

报》、《兰州晚报》、兰州新闻网等媒体发表法治宣传稿件7篇，法规处荣获甘肃省"七五"普法工作先进集体荣誉称号。

年内，兰州海关将干部职工学法用法纳入全员培训总体规划，精准提升执法能力和水平。发放《习近平法治思想学习纲要》等权威读本，举办党委理论学习中心组（扩大）学习会，邀请法学专家开展习近平法治思想、民法典、宪法等专题讲座，有效提升政治和法律素养，推进依宪执政、依宪执法有效落实。组织公职律师、普法讲师团成员积极参加海关总署权责清单编制、案件办理、法治培训、普法宣传、执法疑难问题研讨及专题法律论证，进一步强化法治意识和法律素养，切实提升法治建设保障水平，年内指导相关部门处置法律疑难问题11项。

撰稿人

席艳燕

业务改革与发展

【概况】2022年,兰州海关强化制度建设,建立"业务专业人才库",夯实业务改革基础。积极推进黄河流域关际合作,强化西部陆海新通道区域海关协作,加强与南京海关业务合作,起草并签署《南京海关兰州海关进一步深化关际合作 共建"一带一路"促进"双循环"新发展格局合作协议》,服务国家区域经济发展。结合税收担保改革持续宣传推广"两步申报"等通关改革,做好业务运行监控,全力压缩通关时间,加强知识产权保护力度,进一步优化口岸营商环境,积极拓展多式(海铁和公铁)联运业务,大力支持口岸发展和更多国际班列、航班开通,增强企业获得感。

【口岸开放与发展】2022年,兰州海关积极保障武威保税物流中心(B型)业务稳定发展,常态化运营。支持武威保税物流中心信息化升级,支持保税物流中心运营企业抓住中欧班列快速发展契机,顺利恢复"天马号"中欧班列运营,并新增武威至杜伊斯堡、武威至伦敦、武威至第比利斯三条中欧班列线路。推动完成兰州中川国际机场旅检通道升级改造和部分不达标高非冷链查验场地整改,优化入境人员采样和航空器终末消毒监督作业流程。持续指导兰州国际陆港做好兰州国际陆港保税物流中心(B型)申报工作,支持进口整车进入兰州新区综合保税区进行保税仓储,保障兰州国际陆港整车口岸进口整车通关业务。2022年,兰州新区综合保税区实现进出口值77.5亿元,占全省进出口值的13.3%;武威保税物流中

▲2022年8月,兰州海关所属金昌海关关员查验中欧班列出口货物 (王坤 摄)

心（B型）实现进出口值2亿元。

【业务改革协调】2022年，兰州海关按照海关总署构建"三应"运行机制工作要求，报送《进一步深化改革融合背景下涉检业务流程有效性及风险性管控研究》报告，入选综合业务司"如何进一步深化改革融合"课题研究"N项业务专题"。持续做好"关企通""基层业务问题直报"工作，修订《兰州海关基层业务问题直报管理办法》，年内解决隶属海关提出的业务疑难问题21个；按照《兰州海关重大专项业务工作联动配合机制》，建立了两类9个"业务专业人才库"（第一批），利用机制开展优化铜精矿监管模式试点研究工作；运用《兰州海关业务会商暂行管理办法》，组织开展危险化学品检验监管模式改革研讨，研究解决关区进出口危险化学品在检验取样、送检等检验监管环节及处置过程中遇到的复杂疑难问题。按照海关总署国际检验检疫标准与技术法规研究中心安排，运用《兰州海关技术性贸易措施工作机制》，组织技术性贸易措施人才库人员开展评议5次，其中关于巴西黄瓜种子的5条SPS评议意见全部被海关总署采纳。

【业务改革推进】2022年，兰州海关结合税收担保改革持续宣传推广"两步申报"模式，年内关区"两步申报"结关报关单1352票。其中，酒泉海关42票，金城海关9501现场719票，金昌海关277票，天水海关216票，中川机场海关84票，金城海关9507（兰州新区综合保税区）14票。

【通关运行管理】2022年，兰州海关进出口报关单5420票，同比下降9.4%，其中进口3912票，同比增长8.1%，出口1508票，同比下降36.2%。按照海关总署"问题清零"工作机制要求，对问题答复时效、质量情况进行跟踪管理。定期开展业务运行监控，对超期未结关报关单、单证岗位超期未处置情况进行监控，发现问题及时提醒处理。定期维护通关管理系统后台参数，保障通关业务运行顺畅。深化国际贸易"单一窗口"应用，覆盖率达到100%。持续加强整体通关时间管控工作，定期编发通报分析原因，查找问题症结，强化日常监控工作。2022年12月，兰州海关整体通关时间为进口14.43小时，出口0.67小时，对比2017年基准值分别压缩70.44%、99.31%，完成压缩目标。

【知识产权海关保护】2022年，兰州海关制订《2022兰州海关知识产权保护专项行动方案》《2022年兰州海关知识产权保护专项行动量化考核指标任务分解表》，对关区知识产权保护工作情况及量化指标完成情况进行定期督促检查；落实"龙腾行动2022"专项行动工作要求，加强业务技能培训，共计组织对内执法培训20次、543人次，开展对外宣讲培训11次、245家企业；开展"知识产权宣传周"活动，落实与甘肃省知识产权中心合作协议内容，联合开展信息宣传、案件研讨等工作；加强知识产权专项防控业务指导，动态调整布控规则体系，围绕重点国家、重点商品开展专项分析，业务现场通过本关二级布控规则，金昌海关首次在"天马号"中欧班列查获侵犯知识产权出口鞋类货物共计10239双，货值6.8万美元。

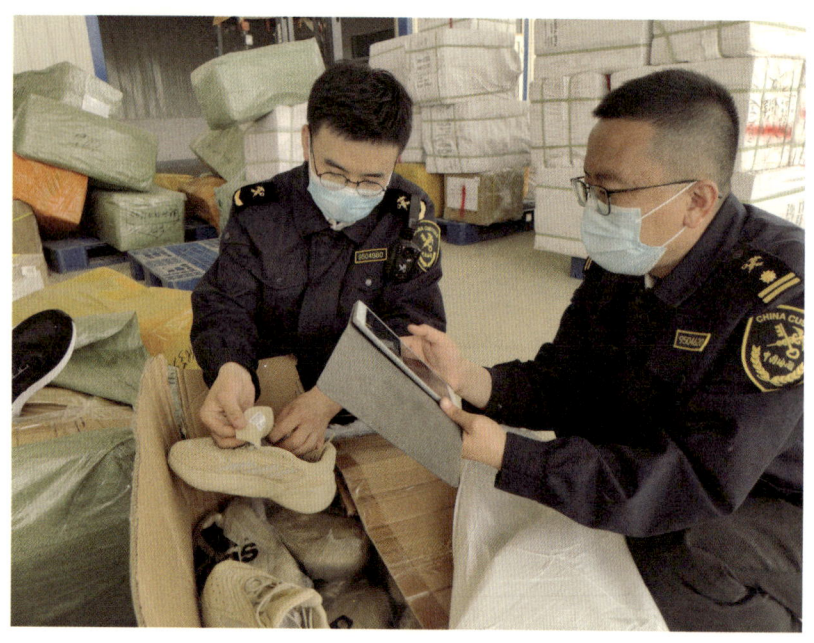

▲2022年6月9日,兰州海关所属金昌海关关员安方泰、郑治泰对辖区首票侵犯知识产权货物进行现场查验 (徐思静 摄)

【特殊监管区域管理】2022年,兰州海关出台支持综合保税区专项措施,助推综合保税区政策红利释放,支持平行进口汽车入区开展保税仓储业务,复制推广"保税+整车口岸"的通关模式,助力兰州汽车整车口岸顺利运营,有效压缩整车进口中间环节,降低整车购置、经营、物流成本,年内共有304台平行进口汽车从甘肃(兰州)国际陆港汽车整车进口口岸转至兰州新区综合保税区进行保税仓储。发挥海关事中事后监督职责,持续督促地方政府完善综合保税区管理体制,协助地方政府完善《兰州新区综合保税区2022年高质量发展行动计划》,指导做好2021年综合保税区绩效考评,兰州新区综合保税区在2021年全国综合保税区发展绩效评估中排名第71位,比2020年度提升15位。强化政策研究,成立综合保税区发展专项课题组,就兰州新区综合保税区作用发挥、政策制度执行情况进行书面调研,多次赴综合保税区进行交流座谈、实地调研,找准兰州新区综合保税区发展"瓶颈"和问题"短板",在进一步完善综合保税区监管制度措施,拓展政策功能等方面提出对策和意见建议,为兰州新区综合保税区高质量发展建言献策。向甘肃省政府上报《兰州海关关于推动新区综保区高质量发展相关建议》,获省长、副省长批示。2022年兰州新区综合保税区实现进出口值77.5亿元,占全省进出口值的13.3%,同比上升0.4%。

【进口铁路运输铜精矿监管通关试点落地甘肃】2022年,海关总署促进外贸保稳提质十条措施出台后,兰州海关迅速研究,细化出台兰州海关的服务外贸保稳提质措施和工作方案,将协调解决甘肃省重点企业发展诉求作为务实抓手,在了解到以金川公司为代表的甘肃有色金属企业因铁路运输方式进口铜精矿遇到实际困难,在保订单、稳物流方面面临较大压力的情况后,兰州海关党委书记、关长王彦生牵头成立工作组,多次调研,摸清口岸"堵点",组织关内多个业务职能部门联合分析论证,在海关总署相关司局的指导下,形成了《兰州海关优化进口铁路运输铜精矿监管通关试点工作实施方案》等6个配套文件。2022年10月10日,海关总署正式批复同意兰州海关开展进口铁路运输铜精矿监管通关试点。

【高新技术货物一体化布控查验模式扩大试点工作】 2022年，兰州海关积极扩大应用真空包装高新技术货物一体化布控查验模式试点，针对甘肃省集成电路封装测试企业原料进口面临的实际困难，积极联系协调海关总署风险管理司，将省内高新技术企业纳入真空包装高新技术货物一体化布控查验模式试点范围，优化查验模式，在入境口岸仅对原料做外观查验便快速放行，后续由兰州海关实施目的地查验，查验全流程由7个工作日缩减至3个工作日，企业交货周期缩短40%，有效降低了集成电路损耗和通关时长。畅通专职协调员机制助企纾困，指导企业及时调整运输模式，灵活选择多个进境口岸，提供"7×24小时"属地查检服务，保障进口集成电路供应链畅通，支持高新技术企业产能释放。

【服务黄河流域生态保护和高质量发展】 2022年，兰州海关积极推进黄河流域关际合作，共同研究制定12个方面25项重点工作，并参与其中20项具体工作事项；强化西部陆海新通道区域海关协作，共同研究制定6个方面16项重点工作，并参与12项具体工作事项；主动融入地方经济发展大局，积极汇报工作进展成效，分别向甘肃省有关部门报送了《兰州海关推进黄河流域生态保护和高质量发展工作情况汇报》《兰州海关支持西部大开发相关工作情况报告》《兰州海关关于促进内外贸一体化发展的实施意见》等；落实省政府工作要求，加强与南京海关业务合作，起草并签署《南京海关兰州海关进一步深化关际合作 共建"一带一路"促进"双循环"新发展格局合作协议》，服务国家区域经济发展。

【自贸试验区改革试点经验复制推广工作】 2022年，兰州海关复制推广自贸试验区改革试点经验任务已达26项。复制推广的海关特殊监管区域间保税货物流转监管模式、"四自一简"监管创新、"先出区、后报关"、"一线放开"、"二线安全高效管住"等多项通关监管服务模式显著提高了通关效率，节约了企业的通关时间，在有效防范风险的前提下促进了通关的便利化。改革简化原产地签证管理，进一步简化企业备案手续，实现网上提交数据，免于提交相关纸质材料；实施对外贸易经营者备案和原产地企业备案"两证合一"，有效缩短企业备案登记时间，降低企业成本，提升了外贸企业竞争力；实行原产地签证无纸化和一体化，原产地证书自助打印，实现便利化原产地签证模式。促进综合保税区保税加工、保税物流和保税服务等多元化业务发展，支持区内企业利用剩余产能承接境内区外（关境内，综合保税区外）委托加工，在综合保税区内实施仓储货物按状态分类监管，促进企业提高统筹国内国际两个市场、利用两种资源提升创新能力和竞争力。

【口岸开放与发展】 2022年，兰州海关积极保障武威保税物流中心（B型）业务稳定发展，常态化运营。支持武威保税物流中心信息化升级，支持保税物流中心运营企业抓住中欧班列快速发展契机，顺利恢复"天马号"中欧班列运营，并新增武威至杜伊斯堡、武威至伦敦、武威至

第比利斯三条中欧班列线路。推动完成中川机场旅检通道升级改造和部分不达标高非冷链查验场地整改，优化入境人员采样和航空器终末消毒监督作业流程。持续指导兰州国际陆港做好兰州国际陆港保税物流中心（B型）申报工作，支持进口整车进入兰州新区综合保税区进行保税仓储，保障兰州国际陆港整车口岸进口整车通关业务。2022年，兰州新区综合保税区实现进出口值77.5亿元，占全省进出口值的13.3%；武威保税物流中心（B型）实现进出口值2亿元。

【国际贸易"单一窗口"建设】2022年，兰州海关持续推广国际贸易"单一窗口"应用，联合甘肃省商务厅组织了三期"单一窗口"应用培训，分别是海关进出口商品规范申报及两步申报培训、企业资质业务线上培训和RCEP规则以及核准出口商制度培训，参培企业共计有400余家；借助"甘肃国际贸易单一窗口"微信公众号海关业务咨询留言栏"关企通"，及时主动帮助企业解决发展难题共计33件。

撰稿人

卢晓琴　李　琳　李　鋆　吴　旋　张宇东　张维婧
程　璐

风险管理

【概况】2022年,兰州海关贯彻全国海关工作会议精神,落实关党委各项决策部署,坚持风险整体防控与精准防控有机结合,以"点、线、面"不同维度推进关区风险防控工作,深化全风险要素防控,推进一体化、精准化、智能化建设,不断提升自身履职能力,发挥风险管理业务运行中枢作用,不断拓展风险防控覆盖面,实现了由传统涉税风险向安全准入风险深入拓展、涉关风险与涉检风险的同步防控,关区人工分析查获率、涉检查获占比明显提升。

【风险信息情报、风险预警】2022年,兰州海关有效发挥风险情报信息的先导性,加强对新冠疫情、濒危动植物、固体废物、毒品等安全准入领域的全国海关风险信息收集、梳理、分析,加强风险要素收集和转化处置,上报海关总署风险动态信息。统筹加强对行业、企业及商品的分析,对获取的指向性明确的敏感信息,第一时间传递到相关部门和业务现场,发布各类风险预警提示,向海关总署上报全国风险预警提示建议。

【风险分析处置】2022年,兰州海关推动落实"一会两机制"工作部署,建立关区风险管理委员会并细化运行机制,制订《兰州海关业务风险跨部门联合研判工作机制》和《兰州海关风控部门与业务现场联动工作机制》,组织召开联合研判会4次,累计研判各类业务风险事项10个,提交需海关总署研究问题1个。推动落实关区海关业务全领域风险排查工作部署,组织各相关业务职能部门、各隶属海关对各业务领域的风险隐患进行了全面自查,从政策变动或者政策叠

▲2022年12月20日,兰州海关稽查处对关区风险业务绩效考核指标进行分析评估 (齐俐宏 摄)

加、推进新改革举措实施、制度不完善、监管缺失或者缺位等方面，确定6个方面的风险隐患并提出相关建议。

【大数据应用】2022年，兰州海关按规定作好大数据系统授权及使用管理工作，开展"云擎"系统授权用户清理，规范授权档案管理，开发"云擎"查询模块2个。依托"云擎"系统数据优势，通过风险与稽查业务集约化运作，形成优势互补的工作合力，下达稽核查指令20条；加强情报信息共享，与缉私局协助开展数据分析6次。

【口岸风险联合防控】2022年，兰州海关深化省级口岸安全风险联合防控机制建设，推动与甘肃省国家安全部门建立专项工作机制，签订合作备忘录，相互联系配合，强化数据共享和联合研判，持续推进固体废物、濒危物种、政治反宣、毒品、涉枪涉暴等重点领域风险防控协作，先后组织开展联合研判4次，甘肃省国家安全部门向兰州海关移交案件线索17起，兰州海关及时进行了处置并予以反馈。

撰稿人

张宇东

关税征管

【概况】2022年，兰州海关以防控税收风险和强化税政服务为抓手，推进属地纳税人管理落实，开展进出口商品归类、估价、原产地、减免税、对美加征及排除等数据排查，税收实际入库26.45亿元，同比增加45.38%。纠正企业相关申报差错76起，发现关区某企业涉嫌违规抵押减免税货物情事，移交缉私局立案调查后实施行政处罚。开展税政调研工作，持续推进税收征管改革，实施汇总征税、关税保证保险、企业集团财务公司担保等多元化税收担保模式，助力企业减负增效。制发征免税确认通知书543份，为企业减免税款4763.1万元。签发原产地证书4622份，帮助企业享受进口方关税优惠约700万美元。

【综合治税】2022年，兰州海关以防控税收风险和强化税政服务为抓手，推进属地纳税人管理落实，加强惠企政策宣传，对辖区重点税源企业实施"一对一"精准服务，以优质服务涵养税源。税收实际入库26.45亿元，同比增加45.38%。其中关税4865.59万元，进口环节海关代征增值税247657.91万元、消费税11933.5万元。主要税源商品以大宗矿产品为主，依次为：铜精矿11.42亿元，占比43.18%；钴湿法冶炼中间品4.34亿元，占比16.41%；镍精矿3.09亿元，占比11.68%；锌精矿1.26亿元，占比4.76%。主要税源商品实征税款占关区税收入库总额的82.68%。征税主要贸易方式为一般贸易与加工贸易内销。其中一般贸易征税入库19.46亿元，同比增加30.17%，占税收入库总额的73.57%；加工贸易内销征税入库6.88亿元，同比增加112%，占比26.01%，内销征税主要商品为：铜精矿、石油原油、电解精炼用铜阳极。

【税收风险防控】2022年，兰州海关对2019年以来兰州海关2万余条进出口商品数据再次进行排查，发现申报归类存疑商品8项、涉及数据680条，申报不规范商品3项、涉及数据538条，运保费申报差错1项、涉及报关单93票，原产地申报差错1项、涉及报关单94票，提前申报适用汇率不准确报关单1票。年内通过验估、归类复核等共计纠正归类差错69起，产生补税9起、退税5起。组织对综合保税区加工饲料开展税收风险防控专项核查，发现特殊关系影响成交价格、归类等问题，补征相应税款。关区减免税复核及后续监管有所突破，纠正减免税政策执行差错1项、涉及免表3份。发现关区某企业涉嫌违规抵押减免税货物情事，经主管海关实地核查确认后移交缉私局，立案调查发现该企业擅自将海关减免税设备予以抵押，货值1038.93万元，对当事人进行行政处罚。隶属海关建立台账化清单管理模式，通过系统管理和台账记录相结合，精准掌握公式定价商品二次结算、报关单修改等各项工作的推进落实情况，防范审价风险，做到"重点工作有推进有落实、业务数据可查询可统计、异常情况能处置可追溯"。

【税则税政调研】2022年，兰州海关分析关区进出口商品、企业数据，聚焦甘肃省支柱行业、重点商品，挖掘企业需求，报送税则调整建议3项，全部通过海关总署审核。

【税款担保改革】2022年，兰州海关继续推进税收征管改革，积极推广自报自缴、汇总征税、关税保证保险改革，扩大企业集团财务公司担保改革试点范围，为进出口企业提供更加便捷、多元化的税收征管方式。关区年内共有11家企业申报的890票报关单应用汇总征税，担保税额合计16.86亿元，占同期入库税款总额的63.74%，有效减少企业资金占压。同时，不断扩大企业集团财务公司担保范围，关区企业集团财务公司出具的有效保函额度增加至6.4亿元；金川集团、金川新材料科技股份有限公司、酒钢集团3家企业合计应用该模式担保税款12.43亿元，占同期关区全部担保税额的73.72%，为企业节省直接担保成本约200万元。

【落实减免税优惠措施】2022年，兰州海关共签发进出口货物征免税确认通知书543份，同比增加6.54倍，货值5655.5万美元，增加30.5%，减免税款4763.1万元，增加1.37倍。主要享惠商品为进口科研仪器、成套生产设备等。其中，支持科技创新类货值3832.3万美元，同比增加11.64倍，减免税款3501.5万元，同比增加12.57倍；鼓励项目类货值1656.9万美元，同比减少52.6%，减免税款1161.4万元，同比减少19.1%；种子种源类货值166.3万美元，减免税款100.2万元，均为净增长。

【出口原产地签证】2022年，兰州海关积极开展"线上+线下"全方位政策宣介；建立RCEP专项联络员制度，开展"划重点"宣传贯彻、"一对一"答疑，及时受理、解决企业遇到的各类咨询问题。加强RCEP实施效果跟踪，指导企业根据不同协定项下的降税清单范围、税率优惠幅度及操作程序便利程度，定制"最优享惠组合"，帮助企业最大限度享受政策红利；进一步提升辖区企业签证便利化程度，将原产地证书"智能审核"与"自助打印"等便利化措施相叠加，实现证书申领"秒级审核、即时打印"，关区原产地证书自助打印率74.38%。2022年，兰州海关签发各类原产地证书共计4622份，同比增加6.5%，原产地签证金额达39253.3万美元，同比增加16.5%。其中，签发优惠原产地证书1794份，签证金额14613万美元，帮助企业享受进口方关税优惠约700万美元。签发RCEP原产地证书133份，签证金额1103万美元。

撰稿人

张维婧

卫生检疫

【概况】2022年,兰州海关深入贯彻习近平总书记重要指示批示精神,落实海关总署党委各项工作部署,扎实有序推动关区2022年卫生检疫工作,筑牢口岸检疫防线。实施特殊物品卫生检疫审批22批次;在2个航空口岸、1个边境口岸(暂停开放)开展病媒生物监测,捕获并送检病媒生物2842只;在出入境人员中开展艾滋病、传染性肺结核、病毒性肝炎和性病等监测体检工作,检出传染病7例;开展口岸卫生监督抽检和口岸食品安全抽检工作,检测合格率为100%,实现监督全覆盖。

【检疫管理】2022年,兰州海关严格落实海关总署最新疫情防控政策要求,根据海关总署发布的疫情公告、警示通报和风险预警等需重点关注的旅居史信息,针对性制订接机方案,在做好新冠疫情防控的同时,加大埃博拉、拉沙热、猴痘、鼠疫等其他传染病排查力度,从严从紧从细抓好口岸疫情防控。建立兰州海关国境口岸公共卫生风险评估工作机制,组建由8名业务骨干构成的兰州海关国境口岸公共卫生风险评估工作组,在两个隶属口岸海关分别建立国境口岸公共卫生风险评估工作组,按要求开展风险评估,每日收集海关总署分配的7个国家疫情防控措施变化情况,开展疫情风险研判。年内共收集各类疫情风险信息9000余条、90余万字,形成境外疫情研判评估报告300余份。成立兰州海关优化国际航班旅客入境检疫监管流程工作专班,全面梳理国际航班旅客入境检疫监管工作流程中的堵点和难点,提出针对性优化措施交由隶属中川机场海关论证,在"一机一方案"中予以细化落实,不断提高旅客通关效率。

【生物安全】2022年,兰州海关成立兰州海关生物安全工作领导小组,印发《兰州生物安全体系建设方案》,根据任务分工各牵头部门制定细化措施,扎实做好海关总署卫生检疫司关于《中华人民共和国生物安全法》相关配套措施在关区范围的贯彻落实,持续筑牢国门生物安全屏障。结合关区"全国疟疾日""海关法治宣传日"等宣传活动,加大《中华人民共和国生物安全法》的宣传贯彻力度,广泛开展海关生物安全宣传教育活动。严格做好出入境特殊物品卫生检疫审批及查验工作,完成22批次特殊物品卫生检疫审批。加快应用"海关出入境特殊物品卫生检疫审批与分析系统"，第一时间将全关区特殊物品卫生检疫业务纳入新系统，新系统受理审批单比例达到100%。

【疾病监测】2022年，兰州海关在出入境人员中开展艾滋病、传染性肺结核、病毒性肝炎和性病等监测体检工作，检出传染病7例。年内，保健中心完成甘肃口岸呼吸道传染病区域中心实验室验收申报工作，6名专业技术人员通过地方卫生部门组织的新冠病毒核酸检测资质考核，参加国家及甘肃省临检中心室间质评17类、72项，新增新冠病毒抗原、新冠病毒快检等室间质评项目，新增和修订《生物安全手册》7大类、38项，《实验室生物安全程序文件》25项，实验室检测能力提升。4月，组织开展"全国疟疾日"宣传活动，设置8个宣传点开展现场咨询活动，共向进出境旅客发放疟疾防控宣传材料1200份。12月，组织开展第35个"世界艾滋病日"宣传活动，设置5个宣传点开展宣传咨询活动，发放宣传资料1500份，制作科普宣传微信稿件，收到良好宣传效果。

▲2022年4月26日，兰州海关组织开展2022年"全国疟疾日"宣传活动（徐丽　摄）

【卫生监督】2022年，兰州海关组织开展敦煌口岸公共卫生核心能力预验收工作，经现场检查，符合向海关总署提交验收申请的标准，于10月10日正式提出达标验收申请。制订了《2022年兰州海关国境口岸卫生监督工作方案》《兰州海关2022年国境口岸食品安全抽检工作方

▲2022年5月31日，兰州海关开展入境口岸外来有害生物监测　（张莉　摄）

案》，共完成交通工具食品、餐饮食品实验室检测150批，完成农药残留测定、食品中二氧化硫检测等9个项目现场快速检测157批，检测合格率为100%。持续推进"双随机、一公开"，按照海关总署相关工作要求，完善兰州海关国境口岸卫生监督"双随机、一公开"抽查工作实施细则，9月完成2022年度随机抽查及公示工作。共完成13家单位《国境口岸卫生许可证》延续业务，1家单位《国境口岸卫生许可证》变更业务，8家单位《国境口岸卫生许可证》注销业务。年内，兰州海关在2个航空口岸、1个边境口岸（暂停开放）开展病媒生物监测，共开展鼠类监测8次，合计捕获鼠类43只；蚊类监测25次，捕获蚊类2667只；游离蜱监测13次，捕获132只；送检病媒生物2842只开展病原体检测，未检出病原体。2022年度共有30名同志报名参加国境口岸卫生监督员资质考评，均通过此次考试，考试合格率为100%。

撰稿人

周方方　姜　笑

动植物检验检疫

【概况】2022年，兰州海关坚决贯彻习近平总书记关于国家生物安全、粮食安全等重要指示批示精神，迅速落实海关总署党委各项工作部署，全力做好关区进出境动植物检疫工作。年内关区在册进出境动植物及其产品生产、加工、存放企业314家；检验检疫进出境动植物及其产品10953批，同比下降3.8%，货值3.14亿美元，同比增长15.6%。检疫监管供港澳活牛1539头、丹麦及美国虹鳟鱼发眼卵160万粒，年内无疫病检出。从进口种子中检出马铃薯纺锤块茎类病毒、番茄环斑病毒等检疫性有害生物5种类、15种次。

【水生动物入境检疫】2022年，兰州海关"一对一"为关区种用水生动物进口企业提供隔离使用证申请等有关政策指导，实施快速行政审批。主动协调解决口岸检疫、快速通关、动物移运及隔离场周边疫情防控等问题。以事中监管为抓手，发挥关区"动物及其产品进出境检疫专家库"的技术支撑作用，制定"一批次一专班一方案"工作举措，建立"海关+企业"双向责任机制，明确海关监管责任和企业主体责任，强化监管责任、细化监管措施、优化监管流程，确保口岸动物疫情防控实效。年内完成80万粒丹麦虹鳟鱼发眼卵和80万粒美国虹鳟鱼发眼卵的检疫监管。

【供港澳活牛监管】2022年，兰州海关持续加强供港澳活牛智慧监管，推进检疫信息化手段应用，定期开展新冠疫情防控和运输车辆、押运人员出入场防疫消毒远程培训，推广新冠疫情期间供港澳活牛视频监装模式，提高验放效率，实现快速通关。加强精准监管，固化"专职协调员"制度，实施"一场一策"，对每一个出口企业建立检疫监管手册，制订突发事件应急处置方案，引导企业按照港澳标准开展活牛养殖管理，帮助企业提升市场竞争力和突发事件应急处置能力。抓源头监管，帮扶企业完善动物传染病接种程序，加强水源、饲料及饲料添加剂、兽药等投喂品监管，指导企业完善牛只健康档案，凭地方农牧部门出具的动物检疫合格证入场，全面核查养殖场疫病防控、动物福利、无害化处理及溯源管理，从源头把控供港澳活牛质量安全。推动关区2家供港澳活牛育肥场通过香港食物环境卫生署动物疫病防控体系有效性审查。年内共检疫监管供港澳活牛1539头，完成出境动物疫病监测共计120个样品、240项次的检测任务，结果全部合格。

【进出境植物检疫】2022年，兰州海关针对新冠疫情部分国际航班停运情况，指导外繁制种企业"多样化"选择原种进口方式，对亲本种子允许采用快件方式寄送清关，利用统一申报、无纸化通关、线上办理、开辟"绿色通道"等模式，保障引种原种快速通关，为企业春耕备耕赢得时间。年内从进口种子中检出马铃薯纺锤块茎类病毒、番茄环斑病毒等检疫性有害生物5种类、15种次。

【扩大农产品出口】2022年，兰州海关持续认真落实海关总署深化"证照分离"改革和兰州海关扩大农产品出口等各项措施，及时向出口企业解读海关有关法律法规和政策要求，帮助有意向出口企业获得资质。年内关区新增24家出境水果备案果园，17家出境水果包装厂，20家出境种苗花卉生产企业。共有11家出口水果包装厂、11家果园获得澳大利亚注册资质，12家出口水果包装厂获得美国注册资格，9家出口苹果果园、9家出口水果包装厂获得智利注册资格，12家出口苹果果园、11家出口水果包装厂获得墨西哥注册资格。截至2022年年底，关区在册进出境动植物及其产品生产、加工、存放企业314家。

【国门生物安全监管】2022年，兰州海关加强国门生物安全监管，根据国门生物安全监测方案，对外繁制种基地开展为期2个月的田间疫情调查。加强监督检查，对关区314家进出境动植物及其产品在册企业开展专项检查。加强制度建设，制订《兰州海关关于加强国门生物安全建设工作方案》，统筹做好关区国门生物安全工作。开展宣传教育，在各业务现场向进出境旅客、工作对象、群众免费发放宣传材料，通过电子屏幕循环播放国门生物安全主题宣传片，深入开展防范外来物种入侵和动植物疫情疫病传入警示教育和科普教育。

【参与海关总署专项工作】2022年，兰州海关受海关总署委托，编辑整理动植物检疫政策动态相关刊物43期，翻译编辑动物检疫世界动物卫生组织（WOAH）政策动态相关刊物12期。参与海关总署专项工作，完成《高致病性禽流感风险分析报告》撰写工作，参与完成课题《海关动植物检疫资质管理体系评估及对策研究》工作，

▲2022年9月7日，兰州海关开展国门生物安全监测，在进境粮食加工厂周边开展外来杂草调查　（胡自强　摄）

参与完成《供港澳食用陆生动物检验检疫监督管理办法》修订工作。按照海关总署科技发展司安排,参加科技周动植物检疫主题在线交流活动,代表关区做题为《"同一健康"理念的基本内涵与发展》的交流报告。按照海关总署动植物检疫司安排,承担9批次、68240头新西兰、澳大利亚和智利等国输华种牛及种用羊驼的境外预检工作。

撰稿人

林茜茜

食品检验检疫

【概况】2022年,兰州海关认真贯彻落实习近平总书记关于食品安全"四个最严"重要指示批示精神,强化监管、优化服务,全力做好关区进出口食品安全检验检疫监管工作。年内,兰州关区共完成进出口食品检验检疫2995批次,货值1.69亿美元。其中,出口2963批次、货值1.63亿美元,产品主要为浓缩苹果汁、脱水蔬菜、肠衣、杂粮杂豆、中药材等;进口32批次、货值632万美元,产品主要为亚麻籽、葵花籽等。年内关区进出口食品未发生任何质量安全事故。

【进口冷链食品监管】2022年,兰州海关贯彻落实海关总署和甘肃省联防联控机制要求开展各项工作,组织开展兰州关区进口冷链食品模拟实战演练2次;组织开展人员防护和应急处置专题培训3期;配合"百名科长百日督查"工作组和海关总署疫情防控督导组,对兰州关区各口岸和监管场所的进口冷链食品口岸新冠疫情防控措施落实情况开展督导检查2次,共发现问题5条,均已进行有效整改。年内,兰州关区未发生进口冷链食品业务。

【油籽类产品转关进口】2022年,兰州海关贯彻落实海关总署促进外贸保稳提质十条措施,针对转关进口亚麻籽企业因货物滞港积压等问题,组织专题研讨,赴一线实地验证评估,采取过程监管的方式最大程度降低企业仓储物流等成本,全力支持粮油类产品转关进口,保障进口粮油供应链稳定畅通。共检疫监管转关进口油籽类产品11788吨,货值632万美元,保障了国内市场供应。

【进口食品"国门守护"行动】2022年,兰州海关按照《进口食品"国门守护"行动方案(2020—2025)》,同甘肃省公安厅、商务厅共同开展行动,落实进口食品产品准入、境外生产企业注册、进出口商备案、动植物源性食品检疫审批、指定口岸检验检疫、进口和销售记录等监管制度。落实进口肉类、冰鲜水产品指定监管场地检疫管理制度、进口食品随附证书审核制度、口岸检验检疫查验制度和进口食品风险监测制度等,打击食品走私活动。对进口不合格食品实施退货、销毁或改变用途处理,防范不合格食品进入消费市场。

【食品农产品扩大出口】2022年,兰州海关针对新冠疫情期间人流物流受阻的影响,经专题研讨、风险评估,对进出口食品农产品提供线上线下无假日预约查验和通关服务。采取视频监控查验方式,开展"货不等人,人等货"查验监管模式，实施快验快放，做到货到即检，保障了出口罂粟籽、苹果汁、肠衣等农食产品在疫情期间顺利通关。围绕农产品外贸产业发展需求，对关区93家农食产品出口企业开展专项助企问卷调查，收集掌握企业需求，指导隶属海关针对重点出口企业，制订针对性帮扶计划，精准开展业务培训和指导，帮助企业积极应对贸易风险，扩大出口。天水豆铃卷、陇南蜂蜜、甘南羊肚菌、漳县沙棘汁等多个特色农产品实现首次出口。急企业之所急，助企纾困，及时解决关区出口肠衣在国外清关受阻问题，为企业避免和挽回损失450余万元，相关助企纾困措施得到省长任振鹤批示肯定。

【进出口食品监督抽检和风险监测】2022年，按照海关总署安排部署，兰州海关承担"全国进出口食品、食用农产品、化妆品安全监督抽检和风险监测计划"和"进出口食品、食用农产品安全专项风险监测计划"2个大类、5个小类的监督抽检和风险监测任务。年内共完成进口食品29个样品（19个亚麻籽样

▲2022年12月28日，兰州海关所属天水海关开展出口食品监管工作（魏珊珊 摄）

品、10个葵花籽样品）、458项次的监督抽检任务；出口食品、食用农产品11个样品、17项次的监督抽检任务；出口动物源性食品8个食品品种、77个样品、296项次风险监测任务；供港蔬菜7个品种、15个样品、222项目专项检查任务。无跨境电商食品进口业务。

【"全国食品安全宣传周"活动】2022年，兰州海关围绕"严防新冠疫情通过进口冷链食品输入风险""进口食品'国门守护'行动""食品安全口岸行"等主题，组织电视访谈1场次、业务现场宣传8场次；出动工作人员57人次；现场参与人数17000余人；服务群众咨询73人次、印发各类宣传材料13100册，营造了关区进出口食品安全良好有序的舆论环境，集中展现了关区近年来进出口食品安全工作成果，将进出口食品安全知识带到群众身边，营造进出口食品安全共建共治共享的新格局。

撰稿人

张 艳

商品检验

【概况】2022年，兰州海关共检验监管进出口商品1058批，商品种类主要包括机电仪器、汽车整车、铜精矿、稀土、化工产品等。其中，进口156批，商品种类主要包括机电仪器、汽车整车、铜精矿等；出口902批，商品种类主要包括稀土、危险化学品、化肥等。兰州关区进出口商品整体质量状况良好，无涉及卫生、健康、环境保护、防止欺诈等方面的问题。年内，兰州海关进出口商品检验不合格9批，不合格检出率0.85%。其中，进口商品检验不合格3批，不合格检出率1.92%；出口商品检验不合格6批，不合格检出率0.67%。包装检验不合格13批，不合格检出率1.47%。无国外通报、退货情况；无针对国计民生的进口大宗重点商品出证索赔。

【进口商品质量安全风险监测】2022年，兰州海关印发《兰州海关2022年进出口商品质量安全风险监测及法定检验商品以外进出口商品抽查检验工作方案》，组织开展文具用品、服装与童鞋、儿童玩具、电动滑板车及电子坐便器等商检领域质量安全风险监测。年内，开展进口商品风险监测14批次，检出不合格进口商品2批，不合格检出率14.3%。

【汽车整车进口取得突破】2022年，兰州海关大力支持兰州汽车整车口岸运营，积极推广进口汽车整车第三方检验结果采信制度，整合优化车辆起卸、查验等口岸作业环节流程，压缩业务办理时间，加快检验证书签发，年内兰州汽车整车进口口岸验放平行进口汽车整车304台。组织开展进口汽车检验监管业务培训，邀请天津海关业务专家进行授课，全面梳理进口汽车商品检验法律法规及工作规范，详细讲解进口汽车现场检验监管业务流程，相关兄弟海关共计70余人参加线上培训，为做好进口汽车检验监管以及协助开展进口缺陷汽车召回等工作提供了良好借鉴。

【优化铜精矿监管通关】2022年，兰州海关落实海关总署促进外贸保稳提质十条措施，积极对接海关总署相关司局反映企业诉求，向海关总署上报《兰州海关关于申请优化进口铁路运输矿产品监管通关模式试点工作的函》。经多方努力，海关总署商品检验司批复同意兰州海关成为全国首个承接优化进口铁路运输大宗检验监管通关试点的直属海关，金川公司成为首个试点企业。制订《兰州海关优化进口铁路运输铜精矿监管通关试点工作实施方案》，撰写《金川集团进口铁路运输铜精矿监管试点风险分析报告》，细化《兰州海关进口铁路运输铜精矿目的地查检作业指导书（2022版）》等4个海关作业规范。在试点模式下，铜精矿从入境到投入使用时间由18天左右缩短为9天左右，整体通关时间从通常情况下5~10天压缩至平均36.8小时，预计年内可节约试点企业各项费用6000余万元，取得了良好的社会效益和经济效益，为示范带动我国内陆区域进口大宗资源类商品供应高效运转提供了实践参考。试点工作得到甘肃省委副书记、省长任振鹤的批示肯定，并在海关系统内得到了广泛关注。年内，兰州海关共计检验进口铜精矿41批，货重9.76万吨，货值16700.34万美元。

【出口危险化学品及其包装检验监管】2022年，兰州海关加强危险化学品检验监管，认真落实"安全生产"工作要求。采取自查整改、督导检查、整改落实等方式对危险品检验领域安全生产开展专项检查和危险化学品监管

▲2022年12月28日，兰州海关所属金昌海关开展进口陆运铜精矿属地查检工作 （朱广跃 摄）

风险排查。对存在的采样防护、样品储存、样品运输、检测试剂及制度执行不到位等问题提出整改工作要求；持续开展危险品检验领域安全生产排查，成立"兰州海关进出口危化品检验监管业务指导组"，创新探索源头管理，扎实抓好关键环节，有效提升监管能力，在党的二十大期间对出口危险货物包装检验监管开展"提级管

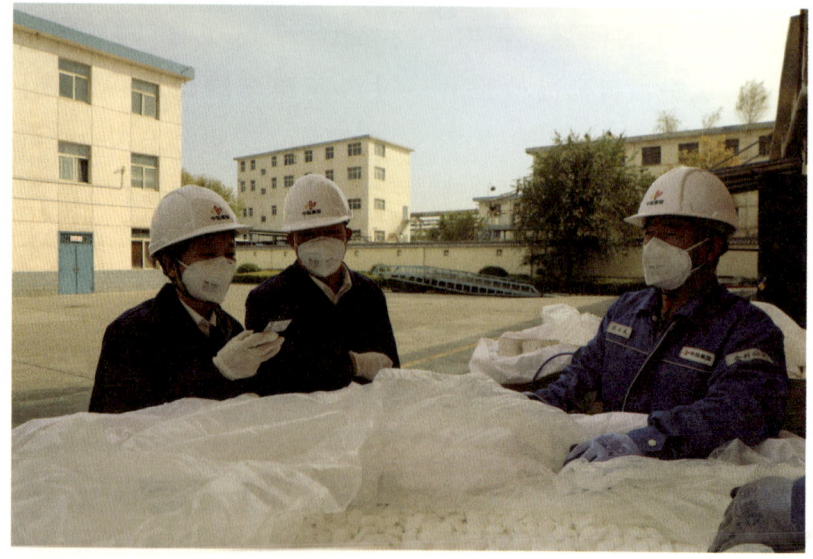

▲2022年10月11日，金城海关关员对危险化学品进行查验 （韩思远 摄）

理",切实做好危险品检验监管工作。严格危险化学品岗位资质管理,年内共组织参加两期海关总署进出口危险货物及其包装检验监管培训考核,参加培训的28人全部通过考核,通过率达100%。以《出口危险货物包装检验规程(2021版)》正式实施为契机,进一步强化持续培训,针对已获证人员开展"2022年度进出口危险货物及其包装检验监管培训",不断提升执法一线进出口危险货物及其包装检验监管水平。年内共计检验出口危险化学品683批,货重37690.04吨,货值8297.81万美元。检验鉴定出口危险货物包装882批,416429件(含危险货物包装性能检验和使用鉴定)。

撰稿人

卢晓琴

口岸监管

【概况】2022年，兰州海关强化监管优化服务，科学精准做好口岸疫情防控，筑牢口岸检疫防线，加强智能化装备运用，坚持"人、物、环境"同防；推进"口岸+属地"监管有效衔接，强化口岸监管，加强监管场所规范化管理，规范口岸检查作业；积极培育外贸新业态发展，持续优化监管流程，支持符合条件的企业开展跨境电商B2B直接出口和跨境电商出口海外仓业务；巩固"口岸危险品综合治理"百日专项行动成效，推动建立进出口危险品监管长效机制，做好防范化解重大、系统性风险工作。

【跨境电商新突破】2022年，兰州海关助推跨境电商B2B和B2C业务健康发展，实现甘肃省"跨境电商+中欧班列"业务零的突破，申报企业通过"天马号"中欧班列运输跨境电商B2B直接出口（9710）商品83.6吨，货物货值486.56万元，主要商品为涤纶布、拉链和LED显示屏。这是甘肃省继2021年天水市本地企业通过跨境电商渠道出口蜜桃、苹果等特色农产品后，首次有省外企业通过甘肃省申报跨境电商B2B出口货物。年内，跨境电商贸易额为14.4亿元，同比增长84.4%。

【场所场地监管】2022年，兰州海关指导场所运营人开展新场所验收旧场所注销工作，全面规范甘肃省海关监管作业场所设置及运营。受新冠疫情影响，兰州海关关区内部分已通过海关总署验收的指定监管场地，连续两年未开展相关进境业务，按照政策规定，有4个已通过海关总署验收的海关指定监管场地将从海关总署指定监管场地名单中删除。为支持地方对外经济开放平台发展，促进外贸保稳提质，兰州海关在指导指定监管场地经营企业进行整改的同时，积极与海关总署主管司局对接，申请保留甘肃省4个指定监管场地资质并获得批准。截至2022年年底，甘肃省共有12个海关监管作业场所（场地）获得批准并运营。

【智慧口岸建设】2022年，兰州海关推动中川机场海关"先期机检"落地见效，增设行李自动消毒机和自动打锁机，实现进境国际旅客托运行李100%过机消毒、高风险行李100%布控加锁、布控行李100%开箱（包）人工彻查，依托"先期机检+智能审图"的联动配合，加强对旅客手提行李的过机检查、图像分析，进一步优化旅客行李物品查验流程、提升入境旅客体验感；增配智慧旅检智能核验一体机和智能闸机等信息化设施设备，强化健康申报核验、流调医学排查、采样、送样、检疫放行、扫码交接等多项工作的系统联动，深化人脸识别、系统自助审核、测温、数据即时传输等功能的高效集成，实现旅客"一码通关"；购置有害生物AR三维数字展馆，通过MR混合现实技术将有害生物标本展现到真实世界中，实现关员与各类3D有害生物标本的"零距离"无障碍接触，为一线监管查验人员动植物检验检疫能力提升提供"有形"教学案例支撑；推广运用新一代海关查验管理系统，扩大业务现场查验无纸化覆盖范围，更新移动查验、UC系统、执法记录仪等单兵设备，不断提升一线查验关员执法的便捷高效性。

【开展安全生产】2022年，兰州海关全面贯彻落实全国安全生产电视电话会议精神，加强各类文件、教育片及典型案例的专题学习；完善安全生产工作领导小组机制，制定安全生产重点任务分解表，细化各成员单位职责分工，层层压实安全生产责任；制定兰州海关安全生产风险隐患信息"吹哨人"机制和风险隐患排查台账机制；采用"四不两直"方式开展安全生产视频检查和实地调研；推动关区安全生产大检查和"回头看"，通过检查共发现49项问题，截至2022年年底已整改完成37项，持续督查未完成整改项；开展"口岸危险品综合治理"百日专项行动，相关工作落实情况被海关总署专项工作动态栏目刊登4期；推动落实海关总署进口危险化学品检验模式改革试点保障工作，建立进口危险化学品检验模式改革试点应急处置机制及审单时效监控机制。年内关区未发生安全责任事故。

【口岸疫情防控】2022年，兰州海关指导中川机场海关扎实做好"一机一方案"优化工作，全力严防境外疫情输入，圆满完成进境分流航班监管任务，实现"打胜仗、零感染"；配合完成海关总署

▲2022年11月5日，中川机场海关关员在旅客入境大厅对旅客托运行李物品进行先期机检判图　（刘长河　摄）

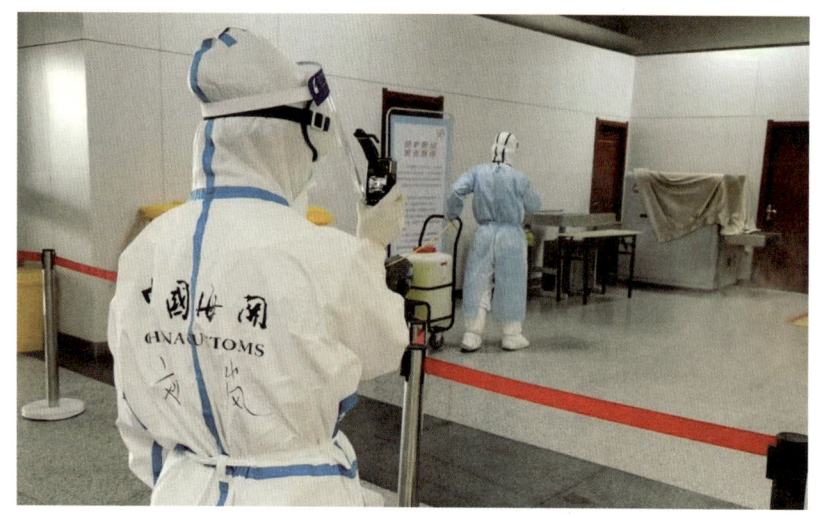

▲2022年10月29日，中川机场海关关员在入境通道现场实施卫生处理监督（高兴聪 摄）

"百名科长百日督查"工作；推动完成旅检通道升级改造和部分不达标高非冷链查验场地整改，跟班作业并优化入境人员采样和航空器终末消毒监督作业流程；派员赴太原海关参加为期一个月的海关总署口岸疫情防控专项督查。

撰稿人

陈　雪　陈怡文

统计分析及政策研究

【概况】2022年，兰州海关深入贯彻习近平总书记对统计工作以及在海关统计分析研究报告上的重要指示批示精神，聚焦统计分析研究职能，全面落实海关总署党委对统计分析研究工作提出的各项要求，围绕"数据+研究"，坚持"立足统计、做大研究"，在服务宏观决策、服务经济发展、服务中心工作、服务事业发展等方面取得新成效。

【统计监测分析】2022年，兰州海关围绕中央部署，加大进出口监测预警力度，组织关区监测预警小组成员，报送统计监测预警信息62篇，被海关总署相关刊物采用4篇，被国务院办公厅采用1篇。立足海关职能，分析外贸形势发展变化，为甘肃省委省政府准确把握外贸运行情况、制定外贸领域决策提供政策支持，向甘肃省委省政府报送月度分析报告10篇、专题分析报告2篇，获甘肃省领导批示1次。开展全球贸易监测，撰写全球贸易监测日报2期，审核兄弟海关日报3期；加强宏观经济运行及外贸形势分析研判，紧贴服务国家战略和外贸发展大局，围绕国际局势对外贸影响开展专题分析，报送专题分析报告2篇，报送农产品出口、种子进口依赖度分析等专项分析研究文章3篇。积极参与海关总署统计新闻发布分析研究机制，获统计分析司通报表扬。

【政策研究】2022年，兰州海关贯彻落实党中央、国务院重大决策部署和中央经济工作会议确定的年度重点工作任务，紧扣海关处在改革开放最前沿和国内国际双循环"交汇枢纽"定位，组织完成署级课题3项，均在统计分析司编印的2022年度署级课题成果汇编中采用；立足海关职能发挥促甘肃开放建设，围绕海关总署重大决策部署事项、地方开放型经济发展需求，立项完成关级课题24项。进一步完善课题管理工作机制，制定完成《兰州海关课题管理办法》。在全关范围内组织开展"学习贯彻党的二十大精神专刊"稿件征集上报工作，被海关总署相关刊物学习宣传贯彻党的二十大精神专刊刊发1篇。

【统计数据管理】2022年，兰州海关强化数据安全管理和统计服务工作，严格落实数据导出三级审批机制要求，加强导出事项台账管理，年内办理导出事项60余项。严把数据出口，严格按照规定对其他行政机关提供统计数据相关事宜；按时办理社会公众通过公开邮箱渠道对海关提出的数据需求申请，年内共办理完成近40项社会公众数据需求申请。严格落实海关总署、兰州海关有关规范新闻宣传工作有关制度，每月定期做好甘肃外贸运行分析，加大外贸形势解读力度，配合办公室做好外贸数据月度、季度新闻发布工作；加强统计新闻发布和数据审核把关力度，确保对外发布数据真实准确，年内共审核新闻稿近30篇。

【统计监督】 2022年，兰州海关加强统计监督职能作用发挥。强化数据核查力度，对关区大宗矿产品进口二次报关、涉综合保税区丝路电商产业园及钢材出口等重点企业开展重点核查，确保贸易数据真实；积极开展统计督察整改工作，完成9项整改工作；加大统计监督信息报送力度，完成统计监督信息和统计监督月报表报送，年内共报送统计监督信息和月报各12期。强化报关单数据质量控制，强化源头管控，加大对各隶属海关、业务现场指导力度，从源头确保统计数据质量。强化不实贸易管控。组织开展贸易统计专项调研工作，对综合保税区电子产品进口企业开展重点数据核查。

【统计调查】 2022年，兰州海关扎实履行统计调查职能，根据海关总署部署，坚持每月对关区出口先导指数样本企业开展线上问卷调研工作，及时通过系统向海关总署反馈问卷调查结果，年内共组织关区样本企业完成12期出口先导指数调查，为海关总署掌握第一手企业出口情况提供可靠信息支撑。扎实开展跨境电商调研工作，按照海关总署部署，完成2021年、2022年上半年跨境电商样本企业调查工作。根据海关总署安排，完成5期进口贸易景气指数调研工作。积极开展业务运行监测分析工作。围绕关区业务工作运行情况，按月度开展兰州关区业务运行情况分析，对全关区整体业务运行情况进行监测分析，完成各项组织保障工作。

撰稿人

徐 莲

企业管理和稽查

【概况】2022年,兰州海关统筹发展和安全理念,聚焦"发展要安全",发挥企管、风险、稽查三位一体业务优势,通过集约化运作模式,强化事前、事中、事后全方位监管,推进落实各项强监管优服务措施落地见效,维护国门安全。截至2022年年底,兰州关区报关单位备案4821家,同比增长10%,年内新增特定资质企业备案179家;按计划完成1家企业AEO认证工作,甘肃省AEO高级认证企业数量扩展到7家;监管加工贸易进出口总值137.01亿元,同比增长60.46%,占同期甘肃省进出口总值的30%;落实稽查改革成效显著,年内稽查有效率为100%;年内办结核查作业251起;开展进出口属地查检作业共2403批、货值31.68亿元。

【企业管理】2022年,兰州海关制定2022年关区信用培育重点企业名单,推荐关区1家AEO高级认证企业为全国首批AEO互认观摩对象名录企业,推动《海关认证企业管理措施目录》在关区落地实施,关区AEO企业查验率低于关区平均查验率20%以下,年内AEO高级认证企业进出口额、纳税额分别占全关区的56.76%和63.73%,为稳住甘肃省外贸外资基本盘发挥了积极作用。深化"多证合一""注销便利化"改革,增加报关单位备案"一网通办"覆盖率,年内关区报关单位备案通过"多证合一"渠道办理占比9%,同比增长了4倍。优化特定资质企业备案流程,取消进口肉类收货人、进口化妆品收货人备案及出口食品原料种植场备案第三方检测证明,推荐关区2家企业获准对蒙古国出口鸡肉、猪肉产品资质。优化企业协调员机制,对AEO高级认证企业和关区重点进出口企业实施"一企一策"个性化服务,完善"问题清零"机制,通过"线上+线下"多种途径为企业解决各类通关问题100余个,"中国海关信用管理"微信公众号企业提问满意度100%。

【保税监管】2022年,兰州海关发挥保税政策优势,支持金属矿产品加工领域产业链、供应链稳定,通过"报核前申报单耗"监管模式,解决铜精矿单耗管理难题,指导企业利用加工贸易保税政策优势,提升铜精矿等大宗金属原材料库存水平,甘肃省加工贸易项下进口铜精矿等大宗金属原材料102.71亿元,同比增长97.56%,占同期关区加工贸易进口总值的85.4%。协同推进关区进口铜精矿监管试点工作,指导金川集团建立进口陆运铜精矿目的地检验质量管控体系,提出"口岸+目的地"指令优化调整建议，加强海关总署政策性布控指令执行日常监控，及时协调解决试点初期指令流转异常问题。

【稽查核查】 2022年，兰州海关深化稽查业务改革，强化大数据风险线索收集，提升作业精准度，以查发为导向，通过联合稽查、交叉稽查等方式，构建监管合力，提升稽查工作质效，拓宽稽查覆盖面，办结关区首起涉检办结关区首起涉检稽查作业；依托稽查北部协作区平台，学习吸收兄弟海关先进工作经验，及时掌握全系统稽查"热点"。加强对关区重点企业调研，对涉及"双特"审价风险的企业开展专题研判，指导企业建立"双特"台账，服务兰州关区企业首次通过"双特"台账顺利支付特许权使用费297.31万元。建立主动披露监督台账，指定专人通过"业务运行可视化监控平台"实施监督作业，规范执法活动。持续优化核查作业模式，应用"线上核查"系统，克服疫情防控人员流动限制对工作的影响，组织开展联合抽查工作，优化更新5张联合监管作业表单，开展联合抽查7家次。

▲2022年6月30日，兰州海关稽查处赴企业开展实地稽查　（闫晓薇　摄）

【属地查检】 2022年，兰州海关稳步推进属地查检改革，制定《兰州海关关于推进进出口货物属地查检工作的指导意见》和《兰州海关属地查检领域部门间联系配合办法》；设立进出口鲜活易腐农食产品属地查检绿色通道，公布绿色通道预约查检电话11个，关区45家企业2.09亿元商品（活牛、苹果等产品）经绿色通道快速查检放行。服务辖区大宗贸易便利，协助制定进口陆运铜精矿目的地检验工作流程和作业指导书，年内40批次、11.27亿元铜精矿经目的地检验放行。下发属地查检安全作业规范，逐一验核关区2021年8月1日至2022年7月31日申报出口的17类、110批危险货物分类鉴定报告，对照《危险化学品目录（2015年版）》，确定产品危险货物属性，排查出口危险化学品伪瞒报风险。开展关区进口目的地指令执行情况自查，对长期未预约查检指令进行台账化管控，确保指令及时有效执行。

撰稿人

李　琳

查缉走私

【概况】2022年,兰州海关缉私局贯彻习近平总书记关于打击走私、疫情防控系列重要指示批示精神,认真落实全国公安工作会议、全国海关缉私工作会议精神,坚持"1236"总体工作思路,全力开展"国门利剑2022""蓝天2022""护卫2022"等专项行动,持续深化全员打私、反走私综合治理,建立"风险+缉私+现场"等立体化查缉模式,加强口岸阵地控制,构建"大协同"综治新格局,提升缉私合力,打击走私各项工作有力有序推进。

▲2022年6月,兰州海关缉私局召开"国门勇士2022"专项行动部署会议(陈坤越 摄)

【习近平总书记关于打击走私重要指示批示精神落实】2022年,兰州海关缉私局围绕"中央关注、社会关切、群众关心"的突出走私问题,部署推进打击走私"国门利剑2022"联合专项行动。开展"国门勇士2022"专项行动、夏季治安打击整治"百日行动",强化与地方公安合成作战,推进滚动打击枪爆违法犯罪工作,斩断枪支、弹药非法入境和流散通道,全力维护国家政治安全和社会稳定。开展打击骗取留抵退税和出口骗税违法活动,加强与地方税务、公安等相关部门数据共享,深挖违法线索,维护国家税收安全。持续打击"洋垃圾"走私,开展"蓝天2022"专项行动,密切关注货运渠道废矿渣、废电器等伪瞒报夹藏走私风险,强化口岸查验、商品检验和企业稽查,联合甘肃省生态环境部门对甘肃省重点企业加强监管检查。严厉打击象牙等濒危物种及其制品走私，开展"护卫2022"专项行动，深化货运、旅检、寄递和非设关地等渠道的监管打击，联合甘肃省林业、公安部门，持续加大象牙等濒危物种及其制品走私的打击力度。严厉打击防疫物资、疫苗非法出境行为。

【全员打私】2022年，兰州海关缉私局推进全员打私，提升打私绩效水平。组织召开兰州海关缉私工作会议，对缉私工作进行全面部署，完善防控、监管、打击一体化打私工作机制，定期分析研判各业务领域走私风险，提升全员打私合力，提高打私整体效能。完善打私绩效考核指标，海关全单位协同发力，发现案件线索快速移交；全面推广应用海关缉私行政执法办案系统，规范办理快办和简易程序行政处罚案件，全面提升关区行政执法工作。

年内，兰州海关缉私局刑事立案3起，抓获犯罪嫌疑人2名，案值117万元，移送审查起诉案件1起、2人，其中立案侦办的海南离岛免税"套代购"案件系关区首次查获。新立行政案件4起，案值8103万元。年内办理协查案件34起，接收线索17起，核查相关企业、人员百余次。按照海关总署缉私局要求完成全国海关缉私舆情监测分中心筹建工作，完善相关制度规定，有效发挥舆情监测作用。

【智慧缉私】2022年，兰州海关缉私局围绕缉私办案重点，加强走私风险分析研判，加强与网安、交警、禁毒、森林、机场公安等各警种的工作对接和沟通，与机场公安成立打击涉外犯罪工作专班，着力在拓展案源上下功夫。强化专业能力建设，加强实验室建设，通过CNAS资质复评审，提升侦查办案、电子取证、数据分析比对等专业能力，关注培养办案的复合型人才。前后多维合成作战，立足海关监管阵地，建立"风险+缉私+现场"等立体化查缉模式，加强口岸阵地控制，提升缉私合力。主动参与公安各警种合成作战，借助公安大数据资源和专业手段，联合打击走私及关联违法犯罪，打击走私专业能力水平得到有效提升。

【法治建设】2022年，兰州海关缉私局牢固树立"以审判为中心、以证据为核心"的工作理念，加强刑事案件立案审查和结案审查，以办好

▲2022年8月，兰州海关缉私局局长方永发主持召开兰州海关防控、监管、打击一体化打私工作第二次联席会议　（陈珅越　摄）

个案为突破口向能办同类案件拓展，力求达到法律效果与社会效果的统一。强化执法监督，围绕刑事、行政案件考评指标，开展执法自查、执法检查、缉私办案系统实时监控等多种监督，提高考评绩效。加强检法协作配合和监督制约，与兰州市中级人民法院、兰州市人民检察院召开执法协作联席会议，签订《深化执法司法协作配合办法》，与地方检察院成立侦查监督与协作配合办公室，构建常态协作新模式，提升走私犯罪案件办理质效。

【综合治理】2022年，兰州海关缉私局认真落实2022年全国打私办主任会议精神，坚持系统治理观念，深化综合治理，加强部门执法联动，推动反走私联合行动和专项打击纵深发展。在甘肃省打击走私综合治理办公室统一领导下，组织七部门开展打击成品油走私专项行动，加强源头管控，坚持"市场倒查""打两头、挖幕后"，建立对罚没成品油的后续处置制度和工作机制。压实反走私主体责任，调整甘肃省打私办成员单位，争取各级政府部门重视、关心、支持反走私工作。深化反走私宣传教育，开展反走私"五进"（进校园、进社区、进市场、进村屯、进企业）主题宣传活动，多层面进行反走私法律法规和典型案例宣传教育，形成全民反走私的良好社会氛围。

撰稿人

季　刚

第六篇

综合保障

政务管理

【概况】2022年,兰州海关持续加强政务管理工作,围绕中心、服务大局;提高政治站位,完善"第一议题"制度机制;压紧压实"四方"责任,落实各项属地防疫措施;开展督查督办,确保各项决策部署落实落地;发挥以文辅政作用,提高公文办理质效;加大新闻宣传力度,讲好兰州海关故事;强化纪律作风建设,"四风"问题得到有效纠治;落实工作要求,档案保密管理持续加强;推进政务公开,不断提升12360海关热线、网站管理效能;履行工作职能,提升综合保障工作成效。

【严格落实"第一议题"】2022年,兰州海关进一步完善"第一议题"制度,下发《兰州海关关于落实"第一议题"学习制度的通知》,建立"第一议题"学习、落实2本

▲2022年8月10日,兰州海关举行"外贸保稳提质出实招 服务富民兴陇开新局"在线访谈 (金赟 摄)

台账,结合学习内容研究提出贯彻落实思路和措施,安排工作任务,明确落实标准,构建了"组织学习、研提措施、执行落实、跟踪问效"的闭环工作机制,定期在政务管理网"重点工作"专栏公示。将学习贯彻习近平总书记重要指示批示精神和重要讲话精神纳入考核指标,层层压实责任、有效传导压力。运用任务书、督查单、反馈单闭环管理机制,对"第一议题"落实情况实现"立项、督办、验收"全链条推进。

【疫情内部防控】2022年,兰州海关压紧压实"四方"责任,落实各项属地防疫措施,动态调整疫情内部防控措施,

修订完善各类应急预案，组织召开关区统筹疫情防控和促进外贸稳增长工作指挥部会议15次。强化人员外出管理、加强国内疫情监测、落实日报告零报告制度、开展人员紧急排查、动态管理关区疫情内部防控工作台账、强化监督检查，落实落细各项防控措施。年内共制发加强疫情内部防控通知18份，开展排查340余次，报送疫情防控类、排查类信息71篇，开展监督检查8次，组织自查4次，制发各类检查通报8期。

【督查督办】2022年，兰州海关健全完善督查工作制度机制，修订印发《兰州海关督促检查工作管理办法》。紧盯海关总署党委、甘肃省委省政府重点工作和兰州海关领导批示以及党委会、形势分析及督查工作例会部署事项，抓好督办事项落实。建立督办事项到期提醒制，不定期下发专项工作督办单，对督办事项实时监控。年内制发各类会议、文件、批示专项督查单92份；完成兰州海关领导批示通报9期，对1790条关领导批示进行督办；制发8期形势分析及工作督查

例会会议纪要，对41项例会议定事项进行跟踪督办。

【公文处理】2022年，兰州海关持续转变文风，将追求短实新文风融入日常工作，把"求实、扎实、朴实"海关文化体现在公文处理之中。严格公文审核，落实重要文稿双人唱校制度，审核公文692份，外发公文保持"零差错"。组织开展公文培训，强化公文纠错，完善公文错情台账，登记公文错情18项，发布公文错情通报3期，对7个隶属海关抽取60份公文开展专项检查，办文责任进一步压实。严格控制发文数量，持续压缩公文发文数。

【新闻信息】2022年，兰州海关完善信息宣传工作制度，修订关区信息宣传工作考核细则。健全信息会商机制，联合业务职能部门定期分析外贸数据、重要业务推进情况，共同挖掘信息宣传点位。探索参与互联网信息，深化政务信息和互联网信息融合。组建信息宣传工作小组，组织开展线上培训、线下跟班学习，培养壮大信息宣传工作队伍。定期开展信息宣传工作情况通报，巩固新闻宣传成效。2022年，编发兰关

动态3271条、工作简报278期；海关总署相关刊物采用55条；报省专报15期，其中反映兰州海关支持甘肃外贸发展的信息材料得到甘肃省政府主要领导批示并转发交流；海关总署相关刊物采用信息12篇，关内载体编发15期。在各类媒体发布稿件529篇，召开新闻发布会6次，海关总署官方网站"海关影像"栏目刊播微视频5部。新闻宣传积分4214分，在C类海关排名第一。

【中央八项规定精神贯彻落实】2022年，兰州海关持之以恒抓好中央八项规定精神贯彻落实。注重实效开展调查研究，建立关领导联系企业机制和联系基层单位制度，主动下沉一级解难题、办实事、抓落实，上报调研报告4篇，获署领导批示1篇。持续为基层减负增效，制订"非执法领域年度联合监督检查计划"和"周期性报送数据表格材料正面清单"，着力解决要求基层提供数据、表格、材料"多、重、频、冗、急"和调研、检查重形式、轻实效的实际问题。根据人员岗位调整，及时开展办公用房、固定资产清查，确保

办公用房面积、固定资产配置符合标准。加强摄影摄像器材管理，做到定岗配置、专人保管、专物专用。

【保密管理】2022年，兰州海关全面落实保密工作责任制，压紧压实各单位、部门保密主体责任，召开保密委员会暨密码工作领导小组会议，制订《兰州海关工作秘密管理暂行办法》和《兰州海关工作秘密事项清单》，进一步强化工作秘密正规化管理。开展微信群清理整治，建立审批台账，组织干部职工签订《兰州海关关员规范使用微信等社交媒体保密承诺书》，明晰个人在使用社交媒体时应承担的责任与义务。持续加强保密教育管理，在关网首页开设"保密建设专栏"，参加"保密故事大家讲"活动，报送视频6部，组织关区380人参加保密线上教育培训并通过考试，在办公区公共场所播放保密教育宣传短片，营造良好氛围。开展迎接党的二十大保密检查，重申保密要求、排除问题隐患；对关区计算机终端存储涉疫、敏感文件及外联情况进行自查，未发现违规情况。高标准做好迎接甘肃省机要和保密局检查工作，是10家获通报表扬单位中唯一一家中央驻甘单位。

【档案管理】2022年，兰州海关推动档案管理规范化，研究制定《兰州海关各类档案立卷整理、归档和移交工作实施细则》，制发督办单13份，组织相关部门开展专业技术档案移交工作，认真做好疫情防控档案整理归档，年内共收发文8000余份，归档1700余份，共计128盒。落实库房"八防"规定措施，对各隶属关开展档案安全检查，防范化解档案风险隐患。加大档案宣传力度，举办档案征文活动，制作档案利用宣传微视频，编辑《兰州海关红色档案汇编——庆祝中国共产党成立100周年》和《兰州海关为党的二十大献礼档案故事汇编》，组织人员参观地方档案部门举办的红色展览。做好移交档案和新一轮档案历史数据异地备份各项准备工作。

【政务公开】2022年，兰州海关加大主动公开力度，制订政务公开要点分工方案，推进基层政务公开标准化规范化。首次在门户网站公开各隶属海关执法年报及2022年预算信息，完善更新统计栏目，新增数据图表、数据下载、数据解读栏目，制作2期场景化服务专栏，方便公众办理业务。组织开展6期在线调查，全面了解门户网站、12360海关热线、政策宣讲方面的需求。年内答复门户网站留言52条，业务咨询留言均在1个工作日内答复。以"外贸保稳提质出实招 服务富民兴陇开新局"为主题，承办海关总署门户网站在线访谈，宣讲兰州海关促进外贸保稳提质十四条措施，稳住外贸基本盘采取的措施和经验做法，访问量达191.75万人次，网友提出问题75个，现场答复68个。

【热线服务】2022年，兰州海关注重加强12360海关热线管理，及时更新12360海关热线和地方12345热线归并共享知识库，第一时间完成海关总署转办工单办理。进一步提升保障能力，定期对服务器和网络进行检查。强化对接线员的培训，提高热线答复准确率。年内热线共计接听各类电话2010个，向"12360服务订阅号"微信公众号供稿5篇。

【应急值守】2022年，兰州海

关认真落实"7×24小时"值班工作制度，强化应急值守培训，提升各级值带班人员应急值守工作能力水平。督促指导各隶属海关进一步加强应急值班体系建设，特殊敏感时期和节假日前及时下发应知应会内容，加大检查抽查力度。节假日及特殊敏感时期"全覆盖"式检查抽查应急值守工作131次。完成兰州海关机关值班室改造，实现视频点名功能，并增加生活设施，改善值班条件。

【信访工作】2022年，兰州海关深入学习贯彻习近平总书记关于加强和改进人民信访工作的重要思想，贯彻落实《信访工作条例》，坚持和加强党对信访工作的全面领导，认真做好新时代信访工作。召开关区信访工作会议，建立信访工作领导小组，开展关区信访工作制度和依法分类处理信访诉求清单制定、修订工作，细化完善关领导接访制度。梳理汇兰州海关信访积案、信访重点人和风险点，制发信访隐患提醒单3份，提醒相关单位部门研究制定应急措施，做好应急处置准备，将风险隐患关口前移。积极开展信访主题宣传月活动，年内共接到信访事项4起，办结4起。

【综合保障】2022年，兰州海关深入贯彻落实总体国家安全观，牢固树立安全底线思维，调整关区国家安全人民防线建设领导小组成员。深入开展防范化解重大风险隐患排查，及时查漏补缺，组织各单位、部门签订消防安全责任书，积极巩固安全生产专项整治三年行动成果。在节假日、重点敏感时期，组织开展办公场所安全检查，及时排查风险隐患。年内，共制发相关通知9份，开展安全检查自查9次。结合国家安全教育日开展系列普法活动，组织全体干部职工深入学习《中华人民共和国国家安全法》《中华人民共和国反间谍法》《中华人民共和国保密法》等法律法规。高度重视甘肃省人大、政协建议提案办理，指定专人负责办理，密切与省人大、政协工作人员的联系对接，做好建议提案办理工作。

撰稿人

武小敏

财务管理

【概况】2022年,兰州海关贯彻落实全国海关工作会议、全国海关全面从严治党工作会议部署,按照党政机关"过紧日子"要求,聚焦重点工作及改革发展任务,集中财力优先保民生、重点保运转、精准保发展,全力做好财务保障工作。强化预算执行管理,定期通报、加强督导,设定目标、倒排时间,规范推进预算执行。加强资金统筹使用,有保有压,重点保工资、保运转、保民生,压缩一般性支出、优化项目经费支出、合理分担资金支出压力,提升财务保障效能。加强财务内部控制,夯实财务基础工作,全面规范提升财务管理,以专项整治、审计自查为契机全面排查财务管理风险点,最大限度防范管理及廉政风险,财务处综合科获评海关总署内控示范科室。

【财务管理】2022年,兰州海关牢固树立"过紧日子"思想,统筹各类资金促进关区事业发展。积极做好预算申报及资金追加,合理合规争取地方财政支持,严控三公经费、压缩一般性支出,把有限的财力用到保障民生、疫情防控、正常运转、重大改革任务方面。持续夯实财务基础工作,全面规范提升财务管理,以专项整治、审计自查为契机全面排查财务管理风险点,梳理修订财务管理制度42项,制定业务操作指引6项,从制度流程上最大限度防范风险。严格国库集中支付管理,全面落实资金支付"双控"模式,制定兰州海关国库集中支付动态监控规范指引,进一步提升关区资金支付的安全性、规范性。

【预算管理】2022年,兰州海关加强预算管理,推进预算执行,提升资金使用绩效,预算保障水平进一步提升。压实预算执行主体责任,综合运用通报、考核、约谈等多种方式推进预算执行,将预算执行与预算分配挂钩,指派专人实施项目执行台账管理,全程跟踪督导基建、维修、设备采购等重点项目,克服疫情等不利因素,全力推进预算执行。全面实施绩效管理,完成2022年项目整体绩效自评及重点项目预算绩效评价,制定兰州海关项目支出绩效评价管理实施细则和预算绩效运行监控管理实施细则,强化"花钱必问效,无效必问责"的绩效理念,对绩效目标完成和预算执行进度实行"双监控",提升资金使用效益。

▲2022年10月14日，兰州海关召开第四季度预算执行推进会议　（程明亮　摄）

【疫情防控保障】2022年，兰州海关全力保障疫情防控物资和资金需求。保障机场海关和保健中心等疫情防控一线单位各项资金需求。及时准确掌握防疫物资需求，统筹自行采购、海关总署配发、省市疫情防控指挥部调拨等多种形式筹措防疫物资17.2万余件。规范防疫物资保障，做好应急储备管理，明确和落实安全要求，多次开展库房实地检查，实施防疫物资动态管理统筹调配，确保采购入库防疫物资储备充足、质量可靠。

【部门决算管理】2022年，兰州海关在做好日常财务核算、年终结算清理的基础上，组织三级预算单位完成2022年部门决算、政府财务报告编报工作，全面强化决算工作质量和成果应用，确保部门决算编制"收支真实、数额准确、内容完整、报送及时"。按时完成决算公开工作，做好政策解读和舆论引导，切实提升决算公开的及时性、完整性、规范性。强化决算数据应用，挖掘决算数据价值，深入做好决算分析，为领导决策、规范财务管理工作提供参考。

【涉案财物管理】2022年，兰州海关指导所属金昌海关完成异地查扣侵权货物就地封存保管和移交处置。与甘肃省林业和草原局、甘肃省农业农村厅就紫檀木材、红珊瑚等濒危动植物制品移交达成一致意见。修订兰州海关涉案财物管理实施细则，加强涉案财物仓库安全巡查，完成新版涉案财物管理系统数据迁移和更新上线工作，着力防控涉案财物管理和廉政风险。

【税费财务管理】2022年，兰州海关加强税费收缴和保证金管理，下发关于进一步完善保证金管理流程、规范海关税款入库退库工作的通知，加强保证金对账，规范海关税款入库、退库工作，提高纸质单证流转时效。开展关区涉企违规收费专项整治行动自查自纠，制发《兰州海关进出口环节涉企收费调查问卷》，征集涉企收费问题及企业意见建议。开展停止进出境检疫处理业务后续工作排查整改，继续落实事业单位所属企业脱钩工作，未发现在进出境检疫处理业务脱钩不彻底的情况。

【装备管理】2022年，兰州海关配合完成接收黄埔海关跨全区调拨CT机设备，对天水海关闲置房产拍卖处置和金昌海关办公房产委托管理事项进行政策指导，以点带面提高关区资产整体使用效率。对权属未变更的房产车辆启动权属更名工作，对隶属海关公务用车编制重新核定，针对机构改革前遗留的房产产权问题，结合每处房产的不同情况进行分类政策指导，启动产权证件变更办理程序，确保工作推进有动作、有进展。

【资产管理】2022年，兰州海关加大资产处置力度，对老旧实验室设备及信息化设备进行规范报废处置，提高资产使用效率。年内先后6批次审批报废老旧固定资产。强化权属管理，推动事业单位使用资产无偿划转。集中力量对关区事业单位占有使用行政单位房产、设备情况进行系统性摸底汇总，克服旧资产档案资料不全等各种困难，确认完成兰州海关第一批划转各类房产和仪器设备1107项。加强房产车辆整合利用。梳理房产77项，落实安全管理责任人。

【基建管理】2022年，兰州海关加强基建职能管理。加强工程项目管理，组织完成单身公寓维修改造项目财务竣工决算及总验收工作，完成保健中心维修改造项目初设及概算申报。履行财务统筹监督职能，督促推进项目建设，做好新区公共检测平台项目工程实施进度及财务核算。根据项目实施进度，准确进行资金支出预测评估，调整减少保健中心维修改造项目以前年度结转资金，提升基建项目资金管理及预算执行效率。

【政府采购管理】2022年，兰州海关加强和规范政府采购管理，梳理规范政府采购工作流程，制定完善兰州海关政府采购业务操作指引等多项业务操作指引文件。加强政府采购信息公开力度，督促所属单位做好2022年度政府采购意向公开、采购公告、中标及合同公示等信息公开工作。做好政府采购信息统计管理，加强政府采购计划和执行情况的录入管理。推动政府采购脱贫地区农副产品政策落实，确保政府采购支持乡村振兴政策落地见效，关区各单位通过"832平台"采购脱贫地区农副产品16.18万元，完成预留采购份额采购任务。

【事业单位及所属企业管理】2022年，兰州海关发挥事业单位监委会作用，积极支持事业单位合法合规经营创收，提供各项政策支持和业务指导，推动关区事业单位良性发展。落实国企改革各项工作任务，督导事业单位落实国企改革三年行动实施方案，按时保质完成改革任务。指导技术中心完成甘肃省检验检疫科学技术研究院事业单位注销及所属经济实体公司制改制。稳妥有序推进后勤管理中心持有的中国检验认证集团甘肃分公司股权转让。

【财务内部控制】2022年，兰州海关开展专项整治和审计自查，创建"内控示范科室"样板间。积极完成"海关重点项目和财物管理以权谋私"专项整治工作，梳理了近十年来重点项目和财物管理问题风险243个，按照海关总署要求开展审计自查，对2019年以来财务管理方面问题进行全面梳理自查，对发现的63个问题"挂账"整改，对账销号，根据职责将90个财务内控节点列为风险关注节点，印发《兰州海关关于加强财务基础工作 规范财务管理流程的通知》，制定完善6项业务操作指引，在关区范围内组织开展财务领域风险防控专题培训，最大限度防范管理及廉政风险。积极开展财务处综合科"内控示范科室"创建,将创建工作抓在经常、融入日常,形成"内控节点清单、流程操作指引、业务工作台账、监督反馈机制"的财务内控特色,建立人员岗位职责清单、业务操作指引,梳理形成风险防控清单。

撰稿人

化永强　刘晶　曹蕊　程明亮

科技发展

【概况】2022年,兰州海关科技工作以习近平新时代中国特色社会主义思想为指导,深入学习贯彻党的十九届六中全会及党的二十大会议精神,认真落实关区工作会议要求,笃定实干、提升能力。年内重点保障重大敏感时期网络安全、信息安全和实验室安全,确保安全生产无事故;加强关区科技保障能力,完善网站和办公系统功能,开展跟班作业解决一线科技问题和电子口岸疑难;实施"智慧海关"建设,提高口岸智能化水平;增强实验室检测能力,实现扩项510项;提高综合科研能力,多个项目获得海关总署和甘肃省立项,参与的2个项目获得甘肃省科技进步奖。

【网络安全】2022年,兰州海关在党的二十大,北京冬奥会、冬残奥会,"两会"和公安部网络攻防演习期间组织开展网络安全保障工作,协调成立专项工作组,接受海关系统网络安全督导评估检查,采取"7×24小时"机房值守、安全加固、封网运行等一系列措施,累计值班值守41天。防范化解信息系统运行失常、失控、失效风险,完成机房信息化设备迁移和改造,进行数据备份保全,重要应用系统迁移至虚拟云平台,确保ECIQ等系统数据存储完整,关停非必要机房设施,搬迁下架累计70余件信息化设备,消除机房安全隐患;完成主机房不间断电源蓄电池更换,解决了主机房电源安全隐患;开展消防检查、防雷检测、动环监测

▲2022年9月8日,兰州海关关员在主机房维护服务器 (张政 摄)

等工作，完成关区海关机房及海关监管场所机房 2022 年度防雷检测，主机房实施 2 次动环监测集中巡检；收集关区机房安全工作共性问题 1 个、个性问题 20 个，形成相关材料报送职能部门；开展兰州海关机房及弱电间布线梳理和废旧清理、设备除尘、理线绑扎、点位标记等工作；开展机房网络安全自查，做好主机房日常巡检和节假日巡检，定期收集各单位网络安全自查反馈情况，派员赴各隶属海关及监管场所开展网络安全检查。兰州海关对分类监管系统涉及的服务器、网络安全设备进行部署测试和策略优化，对系统应用安全进行风险评估；在敏感时期安排专人对接企业，开展分类监管网络应用保障工作，累计服务企业 80 余次；有序开展国产终端替换，对海关总署配发的国产终端完成上线注册，达到国产终端替换应用要求；在国产终端部署国产化防病毒软件，完成国产终端配套软件部署，搭建服务器，及时部署数据防泄漏系统、安全浏览器等客户端软件。

【政务信息化】2022 年，兰州海关对"兰州海关内网网站"进行优化，新设计并启用"兰州海关捍卫'两个确立'、做到'两个维护'、强化政治机关建设专项教育活动"、"'海关重点项目和财物管理以权谋私'专项整治""兰州海关保密建设""科技宣传周""网络安全宣传周""兰州海关重点工作""领导日程""海关政研""先锋堂"9 个专栏。在政务办公系统增加用印审批流程；清理主网站导航栏，删除无效链接，定期修订兰州海关通讯录。

【智慧海关建设】2022 年，兰州海关指导兰州中川国际机场 T3 项目建设，提升口岸智能化水平，提交了《兰州中川国际机场三期扩建工程海关基础设施设备及信息化建设意见》《兰州中川国际机场三期扩建工程机场工程口岸查验基础设施设备建议》"兰州中川国际机场 T3 项目口岸查验基础设施设备需求清单"；做好关区智慧卫检系统落地部署工作，整合关区硬件资源，在关区虚拟机资源上部署智慧卫检系统服务器，多次主动联系科技发展司、信息中心广州分中心，开通关区智慧卫检系统网络端口访问权限并及时协助业务人员解决舱单数据调取问题。

【电子口岸建设】2022 年，兰州海关协助解决国储石油油气液体化工品物流监管系统无法传输数据问题和兰州新区综合保税区、兰州铁路口岸新区作业区、兰州铁路口岸监管区卡口系统使用问题，联系解决中国（天水）跨境电子商务综合试验区公服平台跨境电商子系统相关问题；挖掘关区电子口岸专网二级节点功能，向业务部门提供跨境电子商务零售进口商品申报清单、订单、物流单及支付单等数据；优化电子口岸对外接入局域网，邀请安全公司专家参与完善电子口岸对外接入局域网架构调整方案，与兰州新区综合保税区紧密合作，接入对外局域网网络安全设备。

【跟班作业】2022 年，针对基层一线反应的科技问题，年内累计赴业务现场跟班作业 10 余次，科技人员跟班作业 70 余人次，发现并收集关级问题总计 400 余个，已全部办结，好评率达到 100%。

【实验室建设】2022 年，兰州

海关实验室检验检测能力进一步提高，技术中心 CMA 扩项认证 510 个项目，调整优化 CNAS 认可 1441 项，涉及 50 类产品。兰州海关保健中心建设的"海关总署传染病分子生物学检测区域实验室（兰州）"完成验收准备工作，12 月向科技发展司提交了验收申请。2022 年，兰州海关加强实验室安全督查，年内组织关区综合性实验室安全大检查 4 次；对新冠病毒检测实验室进行"四不两直"式检查 6 次，与卫生处协作开展联合检查 1 次，开展检测质量专项检查 1 次，配合海关总署科技发展司开展在线视频检查 1 次，督促、组织新冠病毒检测实验室开展应急处置演练 1 次；组织实验室认真开展"口岸危险化学品综合治理"百日专项行动，重点对技术中心涉及危化品检测和危险化学试剂使用的实验室开展现场检查 2 次。

【科研管理】2022 年，兰州海关取得海关总署科研立项 1 项，为王波同志主持的"基于原位电离串联质谱技术对象牙及其制品现场、快速鉴定体系的构建"；获甘肃省科技厅科研立项 2 项，为王波同志主持的"油橄榄新产品的研发及品质分析"、解迎双同志主持的"不同时期淫羊藿有效成分的变化规律及其品质预测"；关级科研立项 9 项。年内，技术中心与甘肃农业大学等单位合作的"苦水玫瑰品质评价、产品研发及产业化"项目获得甘肃省科技进步奖二等奖，与大连海关技术中心合作的"外繁种业危险性病原检测防控关键技术研究与应用"项目获甘肃省科技进步奖三等奖；兰州海关参照海关总署做法，首次开展了兰州海关科技成果评定活动，共评选出一级成果 1 项，二级成果 1 项，三级成果 4 项。年内，技术中心共发表论文 13 篇，其中核心期刊 2 篇；保健中心在核心期刊发表论文 1 篇。技术中心获得授权国家发明专利 6 项，实用新型专利 17 项，另有 3 项实用新型专利、5 项国家发明专利及 2 项国际专利进入实质审查阶段。

撰稿人

史振华　贾子龙

督察内审

【概况】2022年，兰州海关聚焦习近平总书记重要指示批示精神和党中央重大决策部署，以及海关总署党委和关党委工作要求，以"四个清单"（即重点项目清单、重点内容清单、督察问题清单、整改落实清单）为核心，推进督察审计项目清单式管理，提升督察审计实效。开展督察审计监督，推进审计发现问题整改。加大内控示范科室建设力度，持续推进内控机制建设不断深入；加强新海廉平台应用工作，依托内控监督平台对重大内部风险实施精准的事后快速应对，多方面、多层次分析过错指标，查找整理易错风险点，举一反三，提升内控平台应用实效和绩效评估质量，保障关区各项重点工作稳定开展。

【督察监督】2022年，兰州海关围绕关区重点工作安排，制订7个方面督审重点计划，细化分解成27项工作任务，组织开展重大政策措施落实情况跟踪督察。开展口岸检查作业规范情况、支持外贸促稳提质措施落实情况、促进跨境贸易便利化专项行动落实情况、"在提高一体推进'三不腐'能力和水平工作中如何发挥好督察审计职能作用"等一系列督察和调研调查，发现问题20项，均完成整改。建立关区重点工作完成情况监督检查机制，推动关区重点工作有效落实。对照兰州海关2022年重点工作任务分工，制订兰州海关2022年关区重点工作绩效指标考核方案，组织年度重点工作任务考核，修订完善考核细则，成立2个考核组，对关区24个单位重点工作完成情况开展考核评分，统筹考核重点工作计划完整性、推动落实有效性和完成质量三方面内容，采用视频监督、在线监督方式推进落实关区重点工作完成。

【内部审计】2022年，兰州海关集中力量做好内部审计各项工作。积极推进2022年督察审计自查工作，组建自查工作小组，对照督察审计自查要点及风险清单逐一认真排查，立行立改，务求实效。全面开展审计整改"回头看"，认真学习贯彻落实海关总署党委关于建立健全审计整改长效机制的实施意见，加强督察审计发现问题整改的跟踪督促工作，对2012年以来审计发现的非执法领域问题在全面梳理的基础上，对7个隶属海关、4个事业单位和5个职能部门的审计问题逐一对照再检查，对整改措施再复核，确保各项问题整改到位，实现闭环管理。开展海关事业单位所属企业脱钩和转让产权专项跟踪审计，下发审计工作方案，分阶段明确工作任务，与财务部门组成专项审计组，负责跟踪审计关区事业单位所属企业脱钩和转让产权工作落实情况。大力推进工程建设项目跟踪审计工作，将事后监督提升至建设项目全过程监督，2022年对新开工的"兰州海关兰州新区公共检测平台"等项目开展跟踪审计，同时针对2021年度开展尚未完工的"单身公寓及附属配套设施维修改造"项目等继续开展跟踪审计至项目结束。累计赴项目现场勘察10余次，指出各类问题20余项，提出审计建议10个。确保"逢离必审"，过好"离任关"，对中川机场海关原主要领导干部开展经济责任审计，在被审计单位贯彻中央八项规定精神、廉政建设、法制建设、财务管理和内控方面共发现各类问题189个。分析产生问题的根源，健全制度2个、规范操作流程3项、堵塞漏洞10余项。

【内控建设】2022年，兰州海关召开内控领导小组会议，

▲2022年10月9日，兰州海关督察内审处对中川机场海关进行经济责任离任审计 （王璟 摄）

通报关区内控机制建设情况，从思想认识、工作重点、加强协作三个方面对内控机制建设工作进行布置安排。开展2022年度内控评价，选取100个内控节点，涉及执法领域和非执法领域，对各部门节点岗位清单落实情况进行

▲2022年6月10日，兰州海关督察内审处对敦煌机场海关开展内控线上培训 （王璟 摄）

评价汇总,形成兰州海关2022年度内控评价报告。积极推动内控示范科室创建工作,按照政治建设、科室管理、内控工作3个方面设定创建正向指标10个、否定性指标4个,根据创建情况向海关总署推荐内控示范科室2个。加强科技控权,利用HLS2017内控平台处置异常数据504条。开展海关统计业务领域内部控制节点梳理工作,完成海关统计业务领域的内部控制节点岗位落实清单、风险库、内控清单梳理盲区列表,共梳理内控节点18个、内控业务风险18条。

【执法评估】2022年,兰州海关利用"云擎"大数据分析平台开展执法评估。积极参与海关总署跨境电商业务专项执法评估,选派关区业务专家参加海关总署跨境电商业务执法评估工作小组,协助深圳海关制订工作方案,从业务运行、监管效能、跨境电商监管执法评估方面开展调研评估,完成评估和报告撰写工作。开展兰州关区跨境电商业务运行情况专题执法评估,对关区跨境电商各业务模式的运行情况进行分析,评估兰州海关在跨境电商监管中的执法水平和管理效能,分析跨境电商进出口各环节的风险点和问题,为进一步严密跨境电商监管链条、完善跨境电商长效机制提出意见及建议5条。

撰稿人

王　璟　苏志海

第七篇

隶属海关

中川机场海关

【概况】中川机场海关为兰州海关隶属正处级海关机构。主要负责兰州中川国际机场的出入境航空器、人员、行李物品、货物监管及口岸卫生监督工作。内设办公室、综合业务科、监管科、旅检一科、旅检二科、卫生监督科6个科室，兰州海关党委第一派驻纪检组常驻中川机场海关开展监督工作。

2022年，在兰州海关党委的正确领导下，中川机场海关深入学习贯彻习近平总书记重要指示批示精神，以党的二十大精神为指引，严格落实"疫情要防住、经济要稳住、发展要安全"要求，不断强化政治机关意识，扎实推进筑牢口岸疫情防线，严守国门生物安全，促进外贸保稳提质，推进高水平对外开放。

【党建工作】2022年，中川机场海关深入学习领会党的二十大精神，研究部署学习贯彻意见，制订实施方案，以党委理论学习中心组学习为示范引领，各党支部、青年理论学习小组学习为支撑，采取多种形式、分层次、全覆盖、深结合，加强交流学习，将党的二十大精神转为下一步工作的方向。固化"第一议题"制度，始终把学习贯彻习近平新时代中国特色社会主义思想作为首要政治任务，建立学习及落实台账，形成"学习研讨、执行落实、跟踪问效"的闭环管理机制，开展党委中心组专题学习研讨11次，各党支部通过"三会一课"、主题党日、支部书记讲党课等形式开展学习60余次。深入开展捍卫"两个确立"、做到"两个维护"，强化政治机关建设专项教育活动及"学查改"专项工作，全面梳理出37个岗位的91条政治要求，制定整改措施并跟进落实。对照"四个是否"，突出"六对照六看六查"，梳理工作中的问题不足及风险隐患14条，制定整改措施14条，全部落实到位。

【专项整治】2022年，中川机场海关扎实开展"海关重点项目和财物管理以权谋私"专项整治工作，认真开展风险排查，全面梳理涉及的4项工程建设项目、10项疫情防控物资采购项目。完成兰州海关巡察整改集中清查工作，对9方面问题制定32条整改措施；完成2022年督察审计自查工作，开展审计工作"回头看"，均整改完毕。做好领导干部配偶、子女及其配偶违规从业行为核查工作，如实申报个人事项。

【口岸疫情常态化防控】2022

年，中川机场海关坚持"外防输入、内防反弹"总策略和"动态清零"总方针，坚持"多病共防"。在兰州中川国际机场国际航班出境监管现场发放《兰州海关旅检口岸宣传册》和相关检疫传染病宣传彩页，讲解海关出入境通关管理规定及口岸疫情现状，提醒旅客有关出境旅游注意事项，引导旅客增强主动配合意识和守法自律意识。加强业务技能培训，组织流调采样、个人安全防护、系统操作使用专题培训，开展口岸现场突发公共卫生事件应急处置桌面推演及实操演练，提升关员实操能力。工作中做到"四准"，即风险布控准、人员分流准、处置方式准、统计数据准，提升旅检现场通关监管效能。加强与兰州新区联防联控部门、机场、航司、边检等部门沟通协调，每班航班完善细化"一机一方案"。结合中川机场现有的硬件条件，进行岗位简化合并，最大限度优化人力配置，航班保障人员从40多人压缩至15人，实现单个旅客卫生检疫时长压缩至6分钟，百名入境旅客卫生检疫时间缩短至1小时，旅客自主申报核验实现秒通关。践行智慧海关建设，全力推进智能化、信息化进程，以科技创新助力口岸疫情防控工作，新购进智能核验一体机7台、健康申报自助核验闸机2台并投入使用。首次在保障工作中全流程使用智慧旅检自助核验一体机和智能闸机系统，真正实现"一码通关"和"秒通关"，让旅客享受到便捷无障碍的"无感通关"。年内，共监管入境航班16架次，对12架次入境航空器开展了卫生处理监督。

【疫情内部防控】2022年，中川机场海关严格执行口岸一线工作人员核酸"应检尽检"、优化调整一线高风险岗位工作人员封闭管理等要求。兰州市发生本土疫情以来，实行办公区封闭管理3次，顶格做好办公区域管理，加强公共区域、会议室、快递等重点部位和物品的消杀工作。

【落实总体国家安全观】2022年，中川机场海关审核进出口报关单共计330票，监管货运量43吨，其中进口27吨，出口16吨。征收税款146万元。签发《入境货物检验检疫证明》216份；出具《检验检疫处理通知书》14份。受理特殊业务11批，涉及货值17.6万美元，有效筑牢国门生物安全防线。以"突出重点，兼顾全面"为查验总方

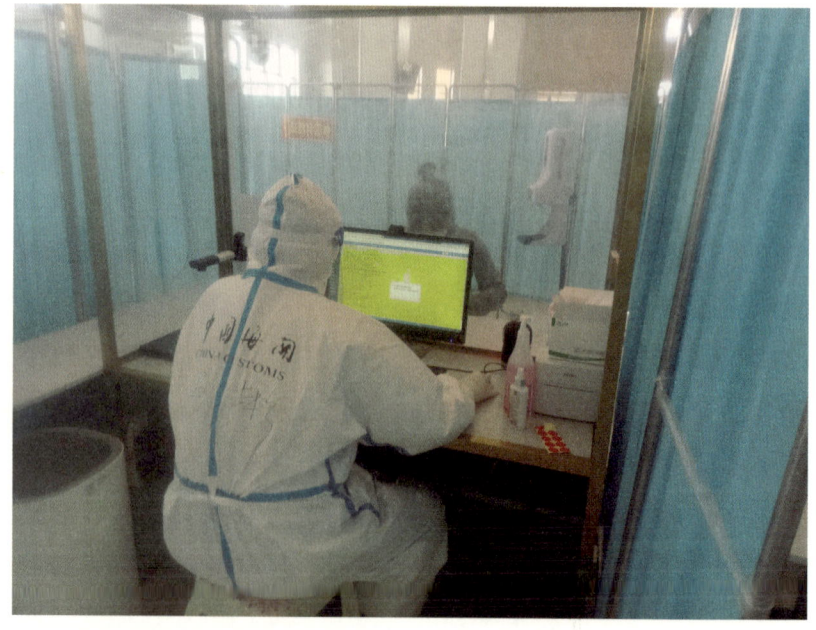

▲2022年6月，中川机场海关关员在旅检入境现场引导旅客进行健康申报（冯莉洁　摄）

针，集中力量重点查验高危高风险物品，抽样送检193票，共检出番茄斑萎病毒、马铃薯纺锤块茎类病毒、马铃薯斑纹片病菌、番茄环斑病毒、烟草环斑病毒等检疫性有害生物14批、15种次，检出数量及检出率均为近年新高，其中番茄环斑病毒是兰州口岸首次检出。持续推进口岸卫生监督工作，完成13家单位国境口岸卫生许可证延续业务，8家单位国境口岸卫生许可证注销业务，开展食品安全监督抽检样品178批次，开展口岸食品安全抽检计划现场快速检测166批次，对食品生产单位、机场航站楼旅客饮水点、航空器供水车、二次供水点、自来水厂等单位开展饮用水采样送检54批次，完成对16架次入境航空器卫生处理监督工作，开展鼠及体表寄生虫、蚊类、游离蜱等病媒监测22次，开展微小气候监测4次。不断完善知识产权全链条保护格局，积极推进"龙腾行动2022"专项行动，实施"一企一策"个性化指导与服务，调研"龙腾行动2022"专项行动重点企业，监测知识产权侵权动态，形成出口侵权风险趋势报告。与西宁海关所属西海海关、杭州海关所属绍兴海关开展跨关区业务联合协作机制，与合肥海关所属池州海关签订持续合作协议，同兰州新区烟草局开展知识产权保护业务座谈，政策解读类微信稿在"12360服务订阅号"微信公众号发布。

【优化口岸营商环境】2022年，中川机场海关坚持保稳提质，优化辖区营商环境。针对非工作时间到货占比大、企业距离远等实际问题，完善"7×24小时"业务值班、业务岗位专人值守等机制，加强与口岸海关、业务职能部门、技术检测部门的沟通联系，积极对接种子企业、报关代理企业，在本地疫情期间积极推动"卡车航班"转关模式，实行收发货人不到场查验制度，实现"随到、随核、随报、随验、随放"的服务承诺，满足企业便捷通关需求。有力推进"问题清零"工作。对重点行业和目标企业采取"一对一"政策宣讲与辅导方式，加强政策"个性化"推送和精准匹配，畅通关企信息交流渠道，注重企业困难和问题的收集，梳理汇总形成台账。年内共开展线上集中政策宣讲6批次，一对一业务帮扶30批次，解答企业咨询300余人次，为辖区企业解决业务难题8件次，开展非工作时间通关监管工作200批次，提升服务保障水平。结合航空口岸实际，落实好海关总署促

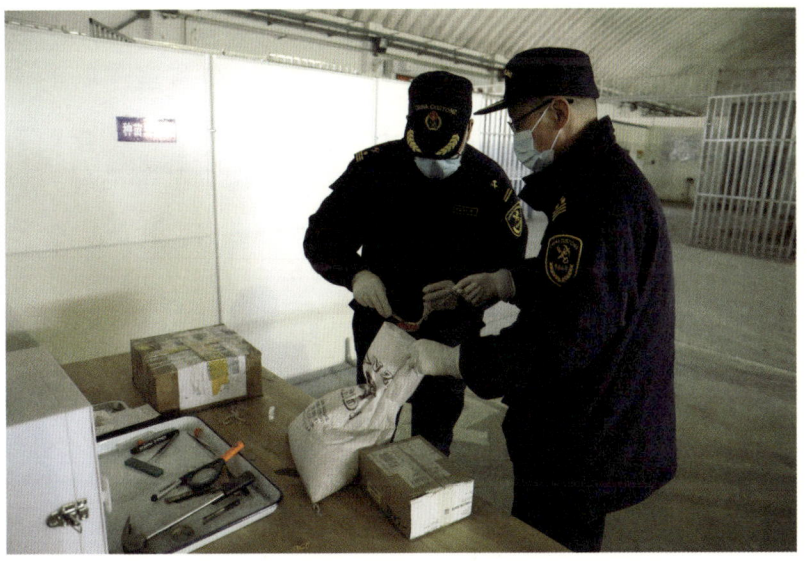

▲2022年2月，中川机场海关关员检查进境种子　（林茂旺　摄）

进外贸保稳提质十条措施和兰州海关十四条细化措施，关领导带队到航空口岸监管仓库实地走访，开展"新冠疫情对辖区外贸企业影响""常态化疫情防控"等专题调研，帮助企业知晓政策、理解政策、享受政策，提高政策知晓率和惠及面。收到企业感谢信3封，锦旗2面。

【队伍建设】2022年，中川机场海关认真贯彻落实海关总署党委和兰州海关党委关心关爱疫情防控一线党员干部的系列措施，兰州海关关领导轮流到现场带班，指导一线防控、规范现场作业、及时解决问题，检验了工作成效。党委书记和党委委员带头参与一线疫情防控工作，在实战中查找、解决实际问题。在人力紧张情况下，合理安排一线人员的轮班班次，确保及时轮休、调休、补休。开展谈心谈话60余次，针对一线疫情防控人员开展线上问卷调研，了解家庭困难和思想动态，及时疏导情绪。做好后勤保障工作，合理搭配食堂伙食，根据季节配发保暖、防暑衣物等。加强执法一线科长队伍建设，平时考核、专项考核的优秀等次向一线执法科长倾斜；严格按照选人用人程序和原则，完成公务员职级晋升和新入职关员定岗工作。关注青年干部教育，每月召开"青年理论学习小组"学习，加强理想信念教育，抓好"青年突击队项目"，深入学习研讨党的二十大精神，全体青年干部共撰写16篇心得体会，将理论学习的成果转化为真挚情感、内在自觉、坚定行动。

【综合管理】2022年，中川机场海关持续推进"四个能力"建设。制定《中川机场海关"四个能力"提升工作清单》，以提升政治能力为引领，强化监管能力为基础，优化服务能力为宗旨，开拓创新能力为驱动。各科室采取多种方式加强业务知识学习，树立"旅检课堂"等品牌，全员均能上讲台。开展职业暴露、进口冷链食品新冠疫情防控等16次专题演练，提升保障人员疫情防控的专业能力和应急能力。成立关区信息宣传工作小组，主要领导把方向、理思路、定目标，分管领导出点子、严督促、抓落实，积极撰写报送信息，宣传身边人、身边事及工作成效，相关信息在中央电视台、《人民日报》、"学习强国"App、《中国国门时报》、《金钥匙》杂志、"海关发布"微信公众号等多种媒体刊发，树立机场海关的自信心和凝聚力。制定修改中川机场海关重大财务事项集体审批实施办法等制度，不断提升依法管理水平。落实"过紧日子"要求，厉行节约、反对浪费，加强食堂精细化管理，严控成本，提高饭菜质量；维护办公楼网络，维修办公区域地砖，改造供暖管道，改善一线防疫工作人员工作、生活条件。

撰稿人

张 艳

金城海关

【概况】金城海关于2019年1月21日正式对外办公，为兰州海关隶属正处级海关机构。负责兰州市（含兰州新区）、定西市、白银市、临夏回族自治州、甘南藏族自治州5个市州的海关业务。内设办公室（党委组织宣传部）、综合业务科、监管科、稽核科、查验科、保税监管科、新区业务科7个科室，兰州海关党委第二派驻纪检组常驻金城海关开展监督工作。

2022年，金城海关坚持以习近平新时代中国特色社会主义思想为指导，认真学习贯彻党的二十大精神，聚焦全国海关工作会议、关区工作会议部署，持续强化理论学习武装，党建工作质量和从严治党效果持续提升，全面落实疫情防控措施，深入推进捍卫"两个确立"、做到"两个维护"、强化政治机关建设专项教育和"学查改"专项工作，扎实开展"海关重点项目和财物管理以权谋私"专项整治工作，持续深化业务改革，不断加强监管能力，优化服务能力，支持农产品扩大出口，积极保障重点项目发展，推动兰州新区综合保税区业务全面发展，持续优化口岸营商环境，认真开展"国门绿盾2022"专项行动，全面强化现场监管，高质量完成各项工作任务。

【党建工作】2022年，金城海关严格落实"第一议题"制度，党委、支部建立常态化学习机制，深入学习领会习近平总书记重要讲话和重要指示批示精神，建立学习和措施台账，形成学研督办、落实销号的管理闭环；认真学习贯彻党的二十大精神，通过党委带头学、全员集中学、支部研讨学、党员系统学等方式，组织专题学习研讨8次，制作"丝路兰关"微信公众号宣传稿件4期，开展专题党日活动4期；常态化开展政治理论学习，党委采取"读书班"、"中心组学习+"模式，党委班子组织学习11次，专题研讨4次，讲党课4次，发挥"头雁效应"；改选设立支部5个。各党支部结合实际采取"支部+科室""党员+群众"的方式，依托"三会一课"、科务会等载体开展学习；青年理论学习小组采取"交叉学、辅导学、实践学"、成立"青年突击项目"等多种方式，担担子、促成长；发挥党组织战斗堡垒和党员先锋模范作用，稽核科与保税监管科联合党支部顺利通过全国海关党建品牌复核，在海关文化建设西北协作区联学联建活动上代表兰州海关做党建工作经验交流；积极建设新区业务科党员活动室和活动阵地，擦亮窗口一线品牌；坚持全面从严治党，严格落实"一岗双责"，每月开展通报违纪违法典型案例学习，每季度开展廉政形势分析，重要节假日前组织专题教育，通过经常性谈话、日常提醒等方式及时纠治苗头性、倾向性问题，统一思想认识，强化作风建设，持之以恒正风肃纪。

【专项教育和"学查改"专项工作】2022年，金城海关把开展专项教育和"学查改"专项工作作为强化政治机关意识、践行"两个维护"的重要体现，制订印发工作方案，围绕29个岗位梳理完善各业务各岗位政治要求，时刻校准行为，政治机关认识持续深化；按照"六对照六看六查"形成统一问题清单9项，对查摆问题深入检视剖析，制定整改措施21条，坚持以问题为导向，坚持整改到科、跟踪督办，确保9个问题整改"清零"。

【"海关重点项目和财物管理以权谋私"专项整治】2022年，金城海关深入开展"海关重点项目和财物管理以权谋私"专项整治，组织14名重点人员填报《违规事项个人申报表》，9名重点人员撰写"专项整治个人剖析材料"，深刻剖析岗位存在风险。梳理重点项目3项，主动查阅财务凭证，收集、梳理重点项目所涉及的资料。与综二处、后勤管理中心开展座谈，排查涉及的问题风险。主动走访中国银行兰州市嘉峪关东路支行，征求意见建议。

【风险排查整改】2022年，金城海关坚持查找风险点位，定期组织开展风险排查，系统梳理纵向业务管理、横向科室联系协调等方面存在的日常性管理缺失缺位问题，细化具体整改措施28条，确保所有问题整改完毕；全面开展审计自查，对发现的10条风险问题立行立改，组织开展3年来督察审计发现的15个问题和巡察发现的17个问题整改落实情况"回头看"，保证不留盲点。

【税收征管改革】2022年，金城海关聚焦辖区重点产业、属地纳税企业和主要进出口商品，深化税收征管改革，优化税政服务，坚持依法科学征管，推进综合治税，完成税收预算目标，年内开征税款16.28亿元，确保已征税款及时足额入库。加强RCEP等自由贸易协定及便利化措施研究、宣传，做好原产地证书签发，持续大力推广原产地证书自助打印、智能审核等便企措施，年内共签发各类原产地证书1556份，同比增长98.22%，其中企业自助打印证书1012份，占比65.04%。强化政策宣传，积极推广关税保证保险、汇总征税、自报自缴等改革应用，指导企业享惠增效。为重点税源企业提供"一企一策"属地纳税服务，助力企业纾困降成本，进一步提升通关效率。

【通关服务】2022年，金城海关联合职能部门开展政策宣讲2次，深化进出口货物通关模式改革，进口货物"两步申报"应用率持续提升，新增汇总征税企业2家。为辖区外贸企业签发RCEP原产地证书74份，享

▲2022年6月30日，金城海关关员向辖区企业开展政策宣讲　（李芊漩　摄）

惠出口货值逾4524万元，签发关区首份输日本RCEP原产地证书。

【落实总体国家安全观】2022年，金城海关推进"国门绿盾2022"专项行动，强化动植物疫情疫病监测，在兰州新区综合保税区、兰州铁路中川北站进境粮食指定监管场地、运输沿线、进口粮食加工场及其周边18个监测点开展外来物种监测与普查，全面摸清外来有害生物现状。强化贸易渠道检疫监管，严格按照布控指令要求加强对进境动植物及其产品检疫，重点关注进境粮食等传带动植物疫情和外来入侵物种风险较高的货物，年内关区进境粮食指定监管场地进口转关油籽类产品班列16列，货运量1.3万吨，货值782万美元。强化宣传教育，通过日常执法、进出境动植检法颁布实施30周年、国家安全教育日开展宣传教育活动。强化后续监管，严格落实企业主体责任，督促申请单位落实引入防范和无害化处理措施，年内调运进境粮食6807吨，调运进口油籽类产品共3.9万吨，强化调运及后续监督管理，保障农业生产安全、生物安全、生态安全及人民生命健康。

【稽核查作业】2022年，金城海关深入贯彻落实全国海关稽查业务改革要求，强化海关监管，转变稽查理念，突出查发导向，加强内外联动，提升自主分析能力，积极开展辖区企业数据风险分析，提升精准查发打击能力，有力维护税收安全、准入安全。加强与相关部门的联系配合，对不同企业类型采取"实地核查""部门间联合检查""互联网+核查"等多种核查模式，提高稽核查查发率、有效率。年内开展并办结稽查6起，占兰州关区的46%；办结核查85起，占兰州关区的33.86%，核查补征税款占兰州关区的96.44%。

【检验监管】2022年，金城海关开展"口岸危险品综合治理"百日专项行动，全面排查各场所内存储危险品货物情况，建立进出口危险品及出口企业台账，不断强化危化品监管。通过单证预审、现场一致性核查、采信第三方机检结果等方式优化检验监管模式。完成304台平行进口汽车现场检验。指导和帮助甘肃省化工企业首次出口二碳酸二叔丁酯、二苯基氧

▲2022年10月11日，金城海关关员开展煤油查验　（韩思远　摄）

化膦TPO和合金钢粉末。

【保障重点项目发展】2022年，金城海关与兰州市商务局共同宣传、指导企业开展跨境电商B2B出口业务，完成兰州首家跨境电子商务出口海外仓企业备案，实现首票跨境电子商务企业对企业直接出口业务落地。拓宽跨境电子商务网购保税进口模式，清单核放36.15万票，同比增长103%；协调口岸海关解决甘肃省企业铜精矿在口岸滞留事宜；积极推广复制"保税+整车口岸"通关模式，保障平行进口汽车顺利通关。

【知识产权海关保护】2022年，金城海关落实知识产权保护专项行动，细化各项指标及具体要求。参加知识产权海关保护培训、研讨；开展知识产权宣传周活动，结合日常执法深入12家企业开展现场调研、知识产权宣讲活动；参加兰州海关、中国（甘肃）知识产权保护中心举办的开放日活动；组织开展专题培训2期，强化各层级知识产权联合执法；召开政策宣讲会，强化知识产权海关保护政策普及和宣讲，扩大宣传点、面，加强对辖区重点企业知识产权培塑。

【兰州新区综合保税区业务发展】2022年，金城海关支持综合保税区业务进一步拓展。拓宽企业进口玉米入境渠道，保障2个班列进口玉米，加工出区饲料2.45万吨。完成1家饲料加工企业价格审定，完成2票验估作业。支持油籽类产品进入综合保税区开展仓储加工业务，入区亚麻籽6290吨，完成加工成品出

▲2022年1月28日，金城海关关员对进口车辆进行查验　（韩思远　摄）

区 5924.5 吨。开展综合保税区"分送集报"监管模式，在风险可控的基础上促进货物快速出区，降低企业物流成本。木材委托加工业务由 1 家扩展为 2 家，委托加工木材 4148 方，货值 742 万元，同比增长 1.6 倍。

【支持班列运行】2022 年，金城海关支持铁路口岸作用有效发挥。积极建立与班列运营企业、口岸海关和铁路部门"并联"作业模式，通过西部陆海新通道开展进口整车转关业务。积极支持通过中欧班列开展进口油籽类产品转关业务，实施进口粮食"5+2"工作制和 24 小时全天候预约转关入区服务，全面落实"两段准入""附条件提离"通关模式，保障 16 列、1.3 万吨、货值 781.56 万美元的进口油籽类转关班列顺利放行，支持关区甘肃省内企业自主申报进口亚麻籽取得突破。

【口岸营商环境优化】2022 年，金城海关积极落实海关总署为促进外贸保稳提质出台的十条措施及兰州海关出台的十四条措施。大力支持农产品扩大出口，强化鲜活易腐农食产品查检"绿色通道"，帮助企业建立疫情防控和质量管理体系，助力鲟鱼子酱、鲜香菇首次出口，鲜切花、"漳县沙棘"、"定西马铃薯"、"兰州牛肉面"等地方特色食品和农产品扩大出口，保障冷冻猪肉顺利供应香港。深入开展技术性贸易措施调查工作，对辖区 97 家企业通过电话、问卷等方式开展了国外技术性贸易措施对出口影响的调查，掌握企业应对国外技术性贸易措施的方式、困难和需求，占兰州关区样本企业的 59.51%。

【队伍建设】2022 年，金城海关强化队伍建设，不断提升开拓创新能力。创建"内控示范科室"，成立内控工作小组，定期研究内控工作，不断提升内控能力，建立岗位自控、内控岗专控、科长全程统控的科室内控管理体系，持续开展多元化、多层次的内控制度学习培训，持续优化业务流程节点，把内控要求贯彻现场监管全过程；干部队伍建设坚持"人岗相适、人事相宜、人尽其才"，不断加强队伍管理，通过各种形式征求干部职工对干部队伍建设的意见建议，积极向兰州海关反映队伍建设问题及相关诉求。年内，金城海关增设业务科室 1 个，强化科室资源统筹管理，修订"两级一岗"，强化制度建设，明晰权限职责，激励担当作为。完成关员职级晋升工作，对部分干部岗位进行调整，队伍精神面貌焕然一新。

【综合保障】2022 年，金城海关结合工作实际建立健全制度 2 项，提升行政管理的规范化、标准化水平。持续改进文风，严格公文办理时限，提升公文起草、办理效率和水平，加强公文质量审核，严格退文制度，重点整治文稿"硬差错"。加强应急值守，落实年内"7×24 小时"值班工作要求，严格遵守值班报告制度，开展应急值守培训，全面提升值班工作质量。履行基层预算单位职权职责，在规定职权范围内开展预算管理、项目安排、资金使用、资产处置等财务管理工作，全面预算执行率 100%。

【疫情防控】2022年,金城海关把疫情防控工作作为重大政治任务,常态化加强疫情内部防控档案动态管理、人员健康监测、核酸检测等工作,严格出差出行审批报备。落实"五有"要求,做好应急储备,完善应急处置机制,开展内部应急推演2次,组织开展进口冷链食品和高风险非冷链集装箱货物个人防护、现场采样消毒业务培训及考核5次,及时纠正存在的问题及潜在隐患,不断提高现场人员防护意识和能力。接受"百名科长百日督查"和海关总署专项督查2次,推动14个问题全部予以整改,完善工作机制2项。集中力量做好两次封闭办公管理。实行"内环+外环"联动管理,内外环分离管理、有机互补、有效联动,保障各项工作有效运转。

撰稿人

韩思远

敦煌机场海关

【概况】敦煌机场海关为兰州海关隶属正处级海关机构，关区范围为敦煌市。内设办公室、旅检科、综合业务科3个科室。

2022年，敦煌机场海关坚持以习近平新时代中国特色社会主义思想为指导，以党的二十大精神为指引，深入贯彻落实以习近平同志为核心的党中央关于"疫情要防住、经济要稳住、发展要安全"重要决策部署，认真落实兰州海关工作会议、全面从严治党工作会议各项工作要求，以年度重点工作和绩效考核指标为抓手，围绕强化监管、优化服务主线，全力促进地方外向型经济高质量发展。

年内，敦煌机场海关共受理报关单21票，同比增长20倍，其中进口3票，出口18票，货值8149万元；签发各类检验检疫证单280份，检验检疫出境农产品225批次，货重5855吨，货值共计7502万元，同比分别增长41%、33%、8%和36%；支持企业自主出口种子货值1110万元；监管出口石棉4500吨，货值1600万元。

【党建工作】2022年，敦煌机场海关深入贯彻新时代党的建设总要求，突出政治统领，强化党建引领。坚持学深悟透党的二十大精神，制订工作方案，通过"党委带头学、支部集中学、关员个人学"方式，组织集体学习和研讨交流5次，撰写学习心得12篇，策划主题党日活动6次、开展专题党课3次。在兰州海关"党的二十大精神"线上知识竞赛中获得集体最佳组织奖，4人获得一等奖，5人分别获得二、三等奖及优胜奖。着力抓好捍卫"两个确立"、做到"两个维护"、强化政治机关建设专项教育活动和"学查改"专项工作，紧紧围绕"四个是否"和"六对照六查六看"，梳理党委班子问题清单7项，制定措施13项，2个支部8名党员查摆问题40个，制定整改措施40项。深化"四强"党支部建设，创新特色党建活动。擦亮"一粒沙""大漠红柳"支部品牌，以"三会一课"、"读书沙龙"、"边关微讲堂"、青年干部理论学习小组为阵地，开展政治理论学习和研讨活动24次，鼓励普通党员讲党课3次，召开党员大会8次，组织开展"厚植爱国情怀，追寻红色记忆""学习贯彻二十大，创城志愿我先行"等18次多样性主题党日活动。围绕疫情防控、综合保障、服务宣传等中心工作，建立党员先锋队，激

▲2022年12月7日,兰州海关所属敦煌机场海关旅检科与综合业务科联合党支部开展"边关微讲堂"活动 （陈颖 摄）

发党员活力,培养吸收新党员,引导海关青年积极向党组织靠拢,发展预备党员1名,培养发展对象1名、入党积极分子1名。严格落实监督执纪"四种形态",开展运用"第一种形态"（提醒谈话）2人次。

【队伍建设】2022年,敦煌机场海关以持续提升队伍"四个能力"为契机,通过搭建学习交流平台、专业训练平台、助企服务平台和创新发展平台,制定能力提升清单23条,在实践中为干部"搭梯子、建舞台",着力锻造一支政治素质硬、业务技能精、服务水平优、作风建设实的海关队伍,持续激发干部担当作为的内生动力。坚持严管厚爱结合,通过经常性谈心谈话做好青年关员思想动态分析,认真倾听青年关员所思所想,对职权范围能解决的问题马上就办;每季度召开伙委会征求食堂合理化意见,邀请心理咨询师开展心理健康疏导,进一步增强青年关员归属感和认同感。

【制度建设】2022年,敦煌机场海关通过加强制度学习,完善制度审核程序,增设法制审核岗,发挥公职律师人才优势,多方征求职能部门意见建议,进一步提高制度建设质量,规范行政执法行为,提高行政执法能力,不断提升基层海关法治建设水平,针对兰州海关制度执行情况专项督查在制度内容、执行情况等方面提出的37条意见及完善内控机制提出的3点建议,敦煌机场海关强化整改落实,逐项对账销号。年内新建制度6项,修订14项,废止15项。

【口岸核心能力建设】2022年,敦煌机场海关通过兰州

▲2022年8月30日,兰州海关"口岸核心能力建设"考核组对敦煌国际航空口岸开展预验收工作 （支婷婷 摄）

海关考核组对敦煌国际航空口岸应对突发公共卫生事件核心能力建设的预验收工作。敦煌地方政府相关单位、敦煌莫高国际机场公司、敦煌机场海关的口岸沟通协调能力、常规核心能力、应急核心能力等213项考核项目所涉各个环节、各个岗位经考核组全面细致考核、现场理论及实操考试，综合评估得分为92.84分，达到预验收标准，为下一步通过正式验收打下基础。

【守护国门生物安全】2022年，敦煌机场海关切实践行"国门生物安全关口海关必把牢"，会同保健中心从严开展敦煌国际航空口岸病媒生物监测工作，根据国境口岸400米红线范围和口岸地形地貌特点，重新选取不同生境监测点开展鼠及其体表寄生虫和游离蜱的监测。年内开展鼠及其体表寄生虫监测3次，捕获鼠类18只，其中小家鼠6只、长耳跳鼠10只、灰仓鼠1只、子午沙鼠1只；携带体表寄生虫29只，均未检出相关病原体。蚊类监测12次，共捕获成蚊1640只，种属分布为淡色库蚊和里海伊蚊。游离蜱监测7次，共捕获132只。年内共发现鼠类超标、游离蜱超标3次，签发卫生监督意见书3份。加强口岸卫生监督工作，年内开展食品安全监督抽检样品22批次，合格率100%，现场快速检测36批次；抽检饮用水12批次，检测发现不合格样品8批次，下发卫生监督意见书8份。对口岸1家公共场所进行经常性卫生监督检查，年内共开展微小气候监测4次，卫生监督4次，合格率为100%。

【疫情防控】2022年，敦煌机场海关根据疫情防控工作要求，建立内部防控消毒管理制度、新冠疫情内部防控工作应急预案等5项制度，不断完善制度体系建设，增强制度执行刚性。先后迎接海关总署"百名科长百日督查"、海关总署疫情防控专项检查、兰州海关"四不两直"检查以及每季度疫情防控专项考核，对检查反馈的9个问题均立行立改；组织开展各项疫情防控应急演练5场次，开展业务培训8场次；绷紧疫情防控弦，克服松懈麻痹思想，服从属地疫情防控管理要求，强化人员管理，加强安全巡查力度，统筹财力和物资保障，优化应急物资储备管理，全力以赴做好疫情防控期间关员后勤保障工作；根据兰州海关及属地疫情防控要求动态调整防控措施，加强数据报送。

【服务地方发展】2022年，敦煌机场海关保障敦煌研究院暂时进境、出境展览各1次，监管暂时进出境文物356件套，货值8200万元；为敦煌研究院办理海关进出口货物减免税审批3票，涉及进口科研仪器价值500万元。开展企业核查21家，查发各类问题12个。召开农产品出口、会展服务贸易、海关保税仓库建设等政策宣讲会5次，开展知识产权企业培训4次，联合地方政府开展农产品出口、石棉出口、RCEP关税优惠等送政策上门服务6次；监管甘肃首列"中老泰"石棉国际货运专列1列、20标箱，监管敦煌首列西部陆海新通道"铁海联运"石棉班列1列、4标箱；提出"口岸+"发展思路，包含通道、平台、产业、会展4个方面、11条落实举措，其中4条被列入敦煌市第十八次党代会报告。

▲2022年4月21日，敦煌机场海关保障甘肃首列中老铁路"敦煌—万象—曼谷"国际货运列车首发 （周娟 摄）

【信息宣传】2022年，敦煌机场海关在政务信息方面，被兰关动态采用247条，形成工作简报19篇，向相关刊物报送1篇；新闻宣传方面，中央电视台采用新闻素材1次，《人民日报》《经济日报》《中国日报》刊发稿件4篇，《甘肃日报》、甘肃卫视等省级媒体刊播稿件6篇次，《中国国门时报》、中国海关学习强国号等行业媒体刊播稿件35篇次。在累计积分上，政务信息同比增加53%，新闻宣传同比增加92%。

【"海关重点项目和财物管理以权谋私"专项整治】2022年，敦煌机场海关成立专项领导小组，制订实施方案，开展集体学习12次，测试2次，撰写"个人剖析材料"13篇。梳理重点项目13个，汇总企业信息56条，形成问题清单10份，组织召开企业座谈会和企业调研各1次，发放企业调查问卷26份，电话回访30家，全面查摆问题，建立问题整改台账，制定整改措施17条，完成问题整改9个，制定相关制度2个。

【准军事化纪律部队建设】2022年，敦煌机场海关持续整顿关容风纪，强化纪律作风日常养成。结合"内务规范强化月"活动，定期开展内务检查，颁发流动红旗。每月开展队列训练，关员轮流当教官，进一步内强素质、外塑形象。年内开展队列训练7次，内务评比23次，现场整改问题8个。

【精神文明单位建设】2022年，敦煌机场海关被评选为全国第二批"节约型单位"，获得2020—2021年度敦煌市"青年文明号"和"无烟党政机关"称号，通过市级精神文明单位实地验收。

撰稿人

支婷婷 卢伟泽 李艳花 陈颖 武思雨 周娟

天水海关

【概况】天水海关是隶属兰州海关管理的正处级机构,负责天水、陇南两市的海关业务。内设办公室、综合业务科、稽核科3个科室。兰州海关党委第三派驻纪检组常驻天水海关开展监督工作。

2022年,在海关总署党委领导以及兰州海关党委的安排部署下,天水海关深入贯彻党的十九大和十九届历次全会精神,认真学习领会党的二十大精神,弘扬"求实、扎实、朴实"的海关文化,完善"响应、呼应、反应"机制,克服疫情影响,聚焦重点工作,以"亮目标、亮作风、亮绩效"为抓手、"精益求精、精准有力、精耕细作、精雕细琢"为主线,各项工作取得较好成效。

【党建工作】2022年,天水海关深入学习贯彻党的二十大精神,加强基层党组织建设,制订《天水海关学习宣传贯彻党的二十大精神工作方案》,细化11项任务清单,组织开展党的二十大精神专题学习班,以党委理论学习中心组、支部、青年理论学习小组等形式开展学习研讨6次,撰写学习心得14篇,与天水市检察院、税务局等3部门共同开展联学活动。各支部编印《天水海关党支部工作手册》,编录党建日常工作制度、工作目标、品牌内涵等内容;严格落实"三会一课"制度,严肃规范召开党员大会、支委会等党内会议,共召开党员大会12次、支委会24次,组织理论学习24次、领导干部讲党课4次,通过开展18次随机交流发言、13次理论测试,不断提升学习效果。2022年7月,天水海关综合业务科党员刘旭伟获甘肃省直机关工委"优秀共产党员"称号。

【政治机关建设】2022年,天水海关精细推进"捍卫'两个确立',做到'两个维护',强化政治机关建设"专项教育活动走深走实。梳理岗位政治要求64条,查摆问题56个,其中完成整改48个,8个持续整改中;严格落实"第一议题"制度,政治理论集中学习33次,专题研讨交流22次,理论学习测试13次;开展"讲政治、改作风、提质效、促发展"专项教育整改月活动,人人梳理公文处理"发现问题清单"和"常见易错清单"。开展"海关重点项目和财物管理以权谋私"专项整治和巡视整改集中清查工作,汇总梳理重点项目档案15盒,排查重点项目12个,组织专项知识测试1次,风险排查座谈会1次,开展廉政教育6次。认真开展警示教育月活动，组织关员观看廉政教育警示片3次，进行廉洁规定知识测试2次，持续营造风清气正、干事创业的良好政治生态。

【业务数据概况】2022年，天水海关受理审核报关单535份，同比下降29.7%；监管货运量1644吨，同比增长84.5%；监管货运总值6.7亿元，同比增长14%；征收税款4545.86万元，同比下降11.3%；出具减免税证明10份，审批货值315.6万美元，审批减免税金额114.2万元；签发原产地证书633份，签证金额3974.23万美元；进出口货物收发货人备案登记44家，同比下降37.14%。

【风险监测工作】2022年，天水海关累计在天水、陇南两市的4个县区设置检疫性实蝇监测点9个，悬挂诱捕器44个，送检出口鲜苹果、浓缩苹果汁等样品32批，检测农残等有毒有害物质498项次，抽取供港活牛尿液、促凝血、OP液等各20头份进行抽样检测，监测疫病发生情况，确保出口农食产品和供港活牛质量安全。开展法定检验商品以外进出口商品抽查检测，通过市场

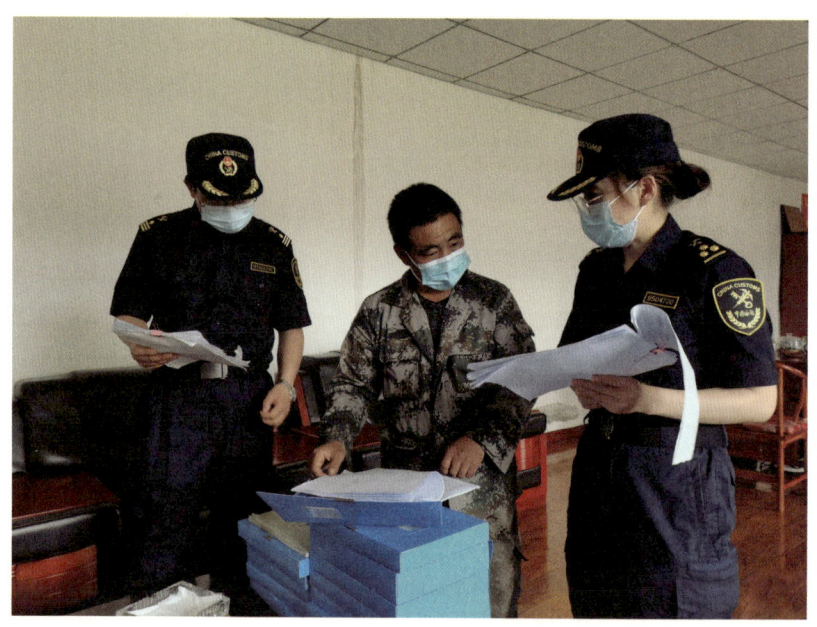

▲2022年5月26日，天水海关关员核查供港活牛健康卡及追溯材料　（邸芮　摄）

采购方式对进口儿童童鞋2批次进行抽样检测，结果均为合格。

【企业管理与稽核查工作】2022年，天水海关认真贯彻落实海关总署稽核查改革要求，以发现问题为导向，坚持"不打招呼"、直接稽查，办结稽查作业2起，稽查有效率100%；办结涉及保税监管、关税、食品安全等领域核查作业16起，核查有效率75%；落实"双随机、一公开"跨部门执法要求，在地方市场监管部门配合下，牵头开展联合执法2起。完成重点培育企业5家，1家企业提交AEO认证申请并通过初审。加强监管场所监督管理，

敦促企业做好日常巡逻和设施设备定期检查，累计开展监管作业场所、保税仓库实地巡查12次，视频检查191次，排查摄像头离线故障2次、12处，制发整改通知书1次，积极帮助运营企业推进改造升级，恢复正常运营。强化全员打私，与地方公安、市场监管、税务等单位建立联系配合机制，保障内地打私高压态势不放松。

【优化营商环境工作】2022年，天水海关持续开展"讲政治、送政策、优服务"春日行动。落实"关长送政策上门"，主要负责人13次带队深入80余家企业开展调研；举办政策宣讲培训5期，

▲2022年8月21日，天水海关关长带队赴陇南市中药企业调研 （刘旭伟 摄）

130余家企业受益；向地方政府报送贸易分析月报24期，专报8期。出台《天水海关促进外贸保稳提质十二条措施》，提供"7×24小时"通关服务，服务214批农食产品通过"绿色通道"快速出口，进出口通关时效列兰州关区第一；印发《常办业务服务指南》，助力天水苹果出口增长81.7%，秦川牛实现自营供港。陇南鲟鱼、当归、半夏、茶叶等12种商品实现首次出口，拓展13个新的出口市场。推动甘肃省首趟"中国—南非"农产品国际货运班列顺利发运，降低物流成本15%；落实"放管服"改革措施，推动陇南跨境电商实现"零"的突破，保障华天科技进口设备及原料稳定供应，保障海林轴承出口2.3亿元，增长17.8%，锻压机床的果园防霜机、长城开关的变电柜时隔多年再次出口。

【信息宣传工作】2022年，天水海关注重信息宣传，提高宣传质量。政务信息方面，报送兰关动态246条，工作简报43篇。新闻宣传方面，在《甘肃日报》、甘肃电视台等各级各类媒体刊播稿件29篇，在"海关发布"微信公众号、海关总署官方网站"今日海关"栏目刊发稿件13篇，1部微视频在海关总署官方网站"海关影像"栏目播出，在《中国国门时报》刊发稿件6篇，在学习强国刊发稿件9篇，在《中国海关》杂志刊发稿件1篇，"丝路兰关"微信公众号刊发稿件12篇，政务信息、新闻宣传积分在关区隶属海关分别位列第一、第二名。

【综合管理】2022年，天水海关修订经费支出管理办法等3项财务管理制度，将后勤工作外包，缓解保障压力；完成变压器改造，消除安全隐患，倡导节水节电节能，建成"节约型机关"；严格规范处置麦积区办公楼，逐一核对清查487件固定资产，将20件原值近355万元的实验室设备划拨至技术中心，首次自助开展固定资产报废工作，对4件固定资产进行处置，做到账实相符。

【干部队伍建设】2022年，天水海关坚持"严管厚爱"，制定执法一线科长工作行为规范，夯实责任；定期组织队列训练、内务抽查；严格执行干部职工外出报备审批，实行报关大厅党员带班制度；选拔3名90后任副科级领导干部；选派1名关员赴海关总署参加为期半年的集中工作,选派6人次参加海关总署巡视、兰州海关巡察、业务开展等集中工作,选派3人次参加中川机场海关口岸疫情防控;2名关员取得动植物检疫高级签证官资格,5名关员取得危险化学品查验资质;开展定期表彰,授予4名干部职工"先进工作者"或"优秀员工"荣誉称号。

撰稿人

赵南启　洪卓玉　姚欣妤　葛晓玲　滕宗敏

酒泉海关

【概况】酒泉海关于2007年10月26日正式开关，为兰州海关隶属正处级海关机构。酒泉海关业务覆盖区域为酒泉（不含敦煌市）、嘉峪关和张掖三市，负责在辖区贯彻落实党中央、国务院关于海关工作的方针政策和决策部署，履行全面从严治党责任，承担辖区征税、监管、缉私、出入境检验检疫、统计等工作职责。内设办公室、综合业务科、监管科、稽核科4个科室。

2022年，酒泉海关坚持以习近平新时代中国特色社会主义思想为指导，以党的政治建设为统领，深入推进"五关"建设，铸忠诚、担使命、守国门、促发展、齐奋斗，着力提升政治能力、监管能力、服务能力、开拓创新能力，积极融入和服务于地方外向型经济的发展，突出特色，以求实、扎实、朴实的作风，推动各项工作高质量发展。2022年，酒泉海关共受理涉检申报3922单，出具各类检验检疫证单5034份。审核进出口报关单104份，其中进口14份，出口90份，涉及进出口总值0.8亿元。审核签发各类原产地证1958份，同比增长19.8%。其中，签发RCEP原产地证书29份，签发兰州关区首份RCEP原产地证书。审核出具留学人员购买国产免税汽车准购单7份。

【党建工作】2022年，酒泉海关以习近平新时代中国特色社会主义思想为指导，全面学习、把握、落实党的二十大精神。制订印发《酒泉海关学习宣传贯彻党的二十大精神工作方案》，召开党委理论学习中心组（扩大）学习会议13次，建立"第一议题"学习台账和落实台账，第一时间学习贯彻党的二十大精神及习近平总书记重要讲话和重要指示批示精神。党委理论学习中心组召开2次党的二十大精神专题学习会议，各党支部开展学习党的二十大精神交流研讨11次。制订《酒泉海关2022年全面从严治党重点工作任务分工方案》，对全面从严治党工作进行安排。深化机关作风建设，认真落实中央八项规定及其实施细则，持续纠治"四风"，着力转变工作作风。持续开展精神文明创建活动，被中共酒泉市委、酒泉市人民政府复查命名为"市级文明单位"。防范化解重大风险，深入推进大监督体系建设，与兰州海关党委第二派驻纪检组召开专题会议，共同研究全面从严治党工作，召开廉政分析会议4

次，运用监督执纪"第一种形态"，开展批评教育1次。坚持开展节前廉政教育，通过学习廉政警示案例、观看警示教育专题片等方式进行经常性的廉洁教育。持续开展"一支部一特色一品牌"创建活动，认真开展"三会一课"等组织生活，各党支部书记讲党课3次，政治理论学习和党风廉政教育38期，开展主题研讨10次，组织主题党日活动37次，依托"智慧党建"平台和"甘肃党建"App平台，提升支部建设信息化水平，进一步健全完善"九盒三册"党建工作台账，党建标准化规范化程度进一步提高。

【疫情防控】2022年，酒泉海关严格落实疫情防控主体责任，强化疫情内部防控，修订印发《酒泉海关关于成立新冠疫情工作领导小组和应对工作组的通知》《酒泉海关新冠疫情内部防控消毒工作方案》《酒泉海关新冠疫情内部防控消毒管理制度》等文件。强化疫情内部防控，加强人员管控，严格执行全员健康监测"日报告、零报告"制度，严格执行关员、聘用人员外出请销假制度。强化对外来人员和邮寄物品的日常管控，坚持办公区域日常消毒机制，建立防疫物资储备专库，及时补充疫情防控物资。组织关员开展内部应急处置演练和疫情防护培训实操演练4次。安排3人赴兰州中川机场海关支援入境人员卫生检疫工作，3名干部报名参加疫情防控梯队。

【服务地方发展】2022年，酒泉海关加强信用管理，压缩通关时效，落实"放管服"改革措施，服务地方外向型经济发展。积极发挥企业协调员作用，对辖区3家AEO高级认证企业进出口情况和需海关解决的问题进行调研。继续向企业推介"中国海关信用管理"微信公众号，引导企业进行注册。积极开展AEO认证企业培育工作，筛选建立了重点企业培育库。加强与地方市场监管部门的协调沟通，将报关单位备案全面纳入"多证合一"，审核完成报关单位备案及信息变更70家，报关员备案4人次。采取简化企业注销程序，注销企业4家。疫情期间，采取远程视频查验方式开展出口种苗花卉现场查验抽样工作。向参加酒泉市进出口企业协会第四届会员代表大会的50余家企业解读《兰州海关促进外贸保稳提质十四条措施》，制定《酒泉海关促进外贸保稳提质十一条措施》。持续推进企业运用中国国际贸易"单一窗口"、"互联网+海关"等平台在线办理业务，做到"网上办、邮寄办、自助办、预约办"，为企业提供优质高效便捷的服务，辖区企业无纸化申报率达到100%。设立出口鲜活易腐农食产品查检绿色通道，对进出境种苗、水果、蔬菜实行"5+2"预约查检、优先查检、优先检测。组织辖区56家企业和地方商务部门代表共计78人参加了兰州海关组织的"知享惠企政策宣贯"培训。

【重点商品监管】2022年，酒泉海关着力开展风险监测，加强重点商品监管。完成年度进出口饲料和饲料添加剂安全风险监控计划，抽取饲料样品2个，9项检测项目均符合标准要求。强化进出口危险化学品及其包装监管，开展"口岸危险品综合治理"百日专项行动，对伪瞒报等违法行为进行了全面排查，确保出口危险化学品安全。年内检验鉴定出口危险品及其包装共159批，货值1638.6万美元，检出不合格4批；包装性能检验5批15595件，确保出口危险化学品安全。强化进境粮食监管，年内共监管进境红花籽、葵花籽和亚麻籽8416.7吨，进境大麦9400吨。对进境粮食定点加工厂周边及运输沿线进行外来杂草监测。完成供港澳西兰花2个样品风险监测任务，检测结果均为合格。办结稽查4起，稽查查发率100%，办理核查指令78项，办结率100%。

【落实总体国家安全观】2022年，酒泉海关学习贯彻习近平总书记关于打私工作的重要指示批示精神，结合酒泉海关实际，制订印发打击走私"国门利剑2022"联合行动方案，开展打击走私"洋垃圾"、濒危物种、野生动物、疫区冻品等走私犯罪活动，开展"国门利剑2022""蓝天2022"等专项行动。强化田间疫情监测工作，推动植物检疫工作有序开展。组织开展出境种苗花卉田间疫情监测工作，分3次对辖区60余家外繁制种企业基地的病虫害发生情况进行现场调查。出具《进境种子苗木同意调入函》299份，对27家重点种子企业进行问卷调研。召开外繁制种企业座谈会，宣讲海关总署最新植物检疫政策，通报2022年外繁制种基地疫情监测情况及出口种子通报和退运核查情况等，征求与会企业代表的意见建议。撰写《酒泉海关动植物检疫国门生物安全风险点调研报告》。

▲2022年9月29日，酒泉海关召开外繁制种企业座谈会　（梁坤　摄）

【"海关重点项目和财物管理以权谋私"专项整治】2022年，酒泉海关按照海关总署、

▲2022年9月16日，酒泉海关对辖区企业开展出口新鲜蔬菜监管工作
（梁坤　摄）

兰州海关对专项整治工作的部署安排，组织开展了专项整治各项工作，成立"海关重点项目和财物管理以权谋私"专项整治工作领导小组，统筹推进专项整治工作。畅通举报渠道，在酒泉海关报关大厅张贴专项整治公示海报，设立专项整治举报箱。对酒泉海关5万元以上5类重点项目进行认真梳理，共梳理出22项符合填报要求的重点项目。开展违规事项个人申报工作，填写违规事项个人申报表，组织相关人员撰写个人剖析材料。强化纪法教育，组织全体关员学习"海关重点项目和财物管理以权谋私"专项整治工作纪法学习资料目录，兰州海关捍卫"两个确立"、做到"两个维护"、强化政治机关建设专项教育活动学习材料汇编，"海关重点项目和财物管理以权谋私"专项整治学习教育测试题库等。加强警示教育，通过学习警示案例，观看警示教育专题片，教育引导全体关员以案为鉴、严明法纪。健全完善制度，制定《酒泉海关采购工作指引（试行）》《酒泉海关固定资产管理细则》，修订酒泉海关重大财务事项集体审批实施办法等制度。

【综合管理】2022年，酒泉海关强化日常管理，着力加强队伍建设。1名执法一线科长获评全国海关"百名优秀执法一线科长"。严格落实准军事化纪律部队要求，对考勤、值班和内务规范等进行不定期检查，对迟到、早退、关容关貌不整的现象视情况予以谈话和批评，树立新时代海关形象。以"内务规范强化月"为契机，组织全员集体观看《海关内务规范》专题片，开展准军事化训练4期。每月不定期进行内务督察，制发《内务督察通报》。坚持开源节流，量入为出，精打细算，将有限的资金发挥最大的效益。实行月监控、季分析、半年梳理、年度总结，全面统筹资金运行，年度预算执行率达到100%。落实"过紧日子"要求，制定节水节电管理制度，优化细化公务用车管理，落实食堂"光盘"行动，勤俭节约取得了良好效果。

撰稿人

方东海　刘　扬　周金秀　梁　坤　黄　玺

平凉海关

【概况】平凉海关于2019年10月28日揭牌开关,为兰州海关隶属正处级海关机构,负责平凉市、庆阳市的海关业务,承担监管、税收征管、打私、出入境检验检疫、统计等工作职责。内设办公室(党委组织宣传部)、综合业务科、稽核科3个科室。设立党支部2个,分别为办公室与综合业务科联合党支部、稽核科党支部。

2022年,平凉海关坚持以习近平新时代中国特色社会主义思想为指导,深入学习党的二十大精神,贯彻党中央"疫情要防住、经济要稳住、发展要安全"工作要求,落实海关总署、兰州海关各项工作部署,促进外贸保稳提质。年内共检验检疫出境货物1204批次,货值5220.16万美元,其中出境鲜苹果2448.36万美元、出境籽仁1396.86万美元,检疫监管供港澳活牛1422头,同比增长6%,货值580.44万美元。年内进出口总值3.46亿元,签发各类检验检疫证书1426份、原产地证书430份,办理减免税货物审核确认22份,税款入库共计171.5万元,全部系进口环节海关代征增值税。

【党建工作】2022年,平凉海关深入学习宣传贯彻党的二十大精神,不断强化政治机关建设,印发《平凉海关学习宣传贯彻党的二十大精神工作方案》,从5个方面制订15项工作计划;党委委员讲专题党课1次,集中学习17次、研讨6次,撰写学习心得27篇;布设展板2块、宣传屏2张;赴10家外贸企业和帮扶村进行宣讲。开展"两个专项"("捍卫'两个确立'、做到'两个维护'、强化政治机关建设专项教育"、"学查改"专项工作),梳理形成《平凉海关政治要求摘编》,制定平凉海关各岗位政治要求汇总表,覆盖22个岗位、119条政治要求;累计学习27次,报送典型案例3个,查摆出20项问题,制定45条整改措施,全部完成整改。党委委员开展专题辅导2次。开展巡察整改,召开动员部署及推进会议3次,针对3个方面、11条问题,结合实际制定33项整改措施,按时完成整改。

年内,平凉海关守正创新,推进基层党建强基提质,坚持不懈把全面从严治党向纵深推进。夯实党建基础,办公室与综合业务科联合党支部补选支委委员1名,坚持党支部书记每季度开展1次党建述职,持续唱响擦亮"泾水激流""左公柳"党建品牌,高质量开展"崆峒讲坛""柳湖星语"等党建活动48次、主题党日活动21次,牵头开展西北协作区联学联建活动1次；落实"三会一课"制度，组织召开党员大会19次、支委会14次，开展讲党课19次，召开组织生活会2次，发展预备党员1名，培养发展对象1名。办公室与综合业务科联合党支部荣获第4批"省直机关标准化建设示范党支部"；强化党风廉政建设，开展廉政学习提醒18次，通报案例31起；扎实开展"警示教育月"活动，开展集体学习13次、交流研讨2次，组织全体关员观看警示教育片，开展"廉政大讲堂"活动，组织参观流动家风馆；运用执纪监督"第一种形态"，分别对财经纪律执行不到位和未严格履行考勤打卡规定的关员进行提醒谈话。

【疫情防控】2022年，平凉海关思想上高度重视，持续做好疫情防控工作。强化组织领导，传达各级会议及通知精神34次，修订6项制度和预案；配合完成疫情防控检查7次，报送印证材料11份，自查及整改报告6篇，发现问题5条，全部按要求完成整改；做好内部防控，根据属地疫情防控形势，及时作出研判，封闭办公8天；建立疫情防控工作督查机制，开展督查11次、轨迹排查13次；从严从实做好防疫物资管理，落实落细测温消毒、外出审批等常态化防控措施；开展培训演练，对各项防控制度集体学习4次；制定《平凉海关工作人员感染新冠内部应急处置演练方案》，演练3次。

【队伍建设】2022年，平凉海关弘扬"三实"（求实、扎实、朴实）海关文化，坚持求真务实，淬炼优良作风。开展专项整治，深入开展"海关重点项目和财物管理以权谋私"专项整治工作，设置举报箱、张贴海报，开展专题学习教育测试1次，共梳理21个重点项目、15名重点人员，7名重点人员撰写个人剖析材料，针对7个方面风险共排查出11项问题，制定11条整改措施，按时完成整改；加强人事工作，完成正科级领导干部选拔任用、新调入公务员定级定岗、关员职级晋升工作。对科级党支部书记进行评议考核，开展干部选拔任用"一报告两评议"工作。提升队伍能力，制定《平凉海关岗位能力提升工作清单》，结合18个工作岗位，查摆出25项能力短板，制定58条整改措施；组织人员参加各类培训39人次，获得高级签证兽医官资质、企业认证人员资质、危险化学品及其包装检验资质各1人，动植检查验资质3人次，签证兽医官、签证植物检疫官资质2人次。参加稽查岗位练兵，平均成绩位列隶属海关第2名；强化准军建设，印发《平凉海关关于进一步加强纪律作风建设的通知》，围绕7个方面严肃工作纪律，强化作风养成，每月开展1次队列训练、通报1次考勤情况、开展1次内务检查，发现问题点名批评；推进文明建设，举办道德讲堂3期，组织开展"文明岗位"评选和"世界读书日"活动，添置图书140余本。参加平凉市创建全国文明城市活动，开展志愿者活动20余次、帮扶慰问2次、无偿献血7人次，为包抓社区捐赠疫情防控物资1批，铺设墙体绿植200余平方米，布设公益广告展板17处；做好信息宣传，报送兰关动态232条、工作简报26篇、微信宣传稿39篇，部分视频素材被中央电视台《新闻联播》采用，20篇稿件在《中国国门时报》发表，12篇稿件在"学习强国"App 发布。政务信息共计 191.5 分，新闻宣传共计 1084.5 分。

【强化监管】2022 年，平凉海关立足本职岗位，构建集"属地查检、风险监测、风险排查、企业稽核查"于一体的大监管体系。做好属地查检，共查验 129 批次，未检出不合格产品，未发生出口产品退运、销毁等情况。开展风险监测，进出口商品风险监测抽样 3 批；食用陆生动物安全风险监测抽取牛尿液 3 份、牛肝脏 1 份；动物源性食品安全风险监控采样 32 批次、50 个，兽药残留和重金属检测 28 类、136 项；供港蔬菜专项检查抽样 3 份，完成 222 项农药残留检测；供港澳活牛疫病监测抽样 61 份，完成 6 种动物疫病监测；国门有害生物监测设置监测点 4 个，悬挂 4 类检疫性实蝇诱捕器共 40 个；加强实际监管，创新"排查+核查"联动监管模式，对 6 家企业开展风险排查，发现风险隐患 3 条；年内开展稽查 1 起、核查 15 起，办结关区首起快办案件；召开打私工作专题会议 1 次，与平凉市烟草专卖局签署合作协议，共同打击烟草制品走私和侵犯知识产权违法犯罪活动；开展跨部门联合抽查 1 次。

【优化服务】2022 年，平凉海关深入开展企业调研，强化关地合作，抢抓"一带一路"机遇，推进辖区特色产业高质量发展。开展企业调研和政策宣传贯彻，赴 30 余家重点进出口企业开展外贸调研，发挥统计优势，开展外贸数

▲2022 年 12 月 23 日，平凉海关关员开展出口冻肉产品现场查验　（李婉蓉　摄）

▲2022 年 6 月 15 日，平凉海关帮扶辖区蘑菇菌棒首次出口日本（李婉蓉　摄）

据外溢情况分析，并针对重点外溢企业开展专题调研；开展海关政策"四进"活动，灵活采用"线上+线下""集中学+点对点"等多种模式，使各项惠企政策进企业、进部门、进基地、进乡村，全力打通政策"最后一公里"；编印《海关业务办理指南》，开展各类普法活动11次；开展知识产权海关保护专题培训1次，参加"4·26"世界知识产权日线下宣传活动，发放宣传资料50份。促进外贸保稳提质，落实海关总署促进外贸保稳提质十条措施和兰州海关促进外贸保稳提质十四条措施，出台《平凉海关促进外贸保稳提质十条措施》。帮促25个活禽养殖场取得出口畜禽原料养殖场资质、180亩食用菌种植场取得出口食品原料种植场资质，推荐1家禽肉生产企业获得供应香港和出口蒙古国资质，新增34家外贸企业、5家出口水果注册登记包装厂和10家出境水果果园，外贸市场主体不断扩大；优化属地查检方案，疫情期间运用远程视频查验各类产品158批次，采用"绿色通道"和"提前申报"等方式保障快速通关；开展AEO信用培育6次，建立辖区重点出口企业协调员工作机制。拓展新业务，助推新业态；签发首份RCEP原产地证书，完成辖区首笔进口报关单税款入库171万元。首次开展出口禽肉备案养殖场核查，首次利用C系统制发《入境货物检验检疫证明》；帮促辖区鲜大蒜首次出口哈萨克斯坦、甘肃磁控管首次出口俄罗斯、陇东地区蘑菇菌棒首次出口日本，植物提取物产品出口市场拓展至38个国家及地区，禽肉时隔5年恢复出口；帮促"静宁苹果"通过跨境电商将外贸市场拓展至印度尼西亚、菲律宾、阿联酋等多个国家。

【综合管理】2022年，平凉海关紧盯薄弱环节，在"精"字上狠下功夫，管理水平得到明显提高。创新"闭环管理"模式，年初制定《平凉海关2022年清单管理手册》，年中开展专项督查3次，每月制定日常督查台账，年底梳理形成绩效清单。完善制度建设，新增制度11项，修订制度18项，废止制度4项。对23项制度开展集中学习7次，持续提升制度执行力。狠抓安全生产，建立平凉海关安全风险隐患排查表等4项台账。开展保密教育2次、微信泄密专项清理活动1次，处级领导干部开展谈心谈话45人次。开展防灾减灾知识培训演练1次、安全生产大检查11次，发现问题隐患8个，并及时进行整改。做好应急值班工作，接受海关总署兰州海关抽查检查共15次。做好后勤保障，强化预算执行，召开推进会6次，年底执行率达到100%；制定《平凉海关基层政务公开标准目录》，在兰州海关门户网站公开年度部门决算，每月对公车使用、食堂经费使用等情况进行公示。开展医保转移、报废资产处置等工作，完成办公大楼及餐厅外墙修缮、院落绿化等项目。

撰稿人

宋宪可　李婉蓉　程文波

金昌海关

【概况】金昌海关于2012年8月19日正式设立，为兰州海关隶属正处级海关机构。内设科室包括办公室、综合业务科、稽核科、保税监管科。关区范围为金昌市、武威市。

2022年，金昌海关在兰州海关党委的领导下，以习近平新时代中国特色社会主义思想为指导，全面贯彻党的二十大精神，深入落实全国海关、兰州海关工作会议部署，落实"疫情要防住、经济要稳住、发展要安全"的要求，完整准确全面贯彻新发展理念，不断提升"四个能力"（政治能力、监管能力、服务能力、开拓创新能力），全面完成各项工作任务和考核指标，开启金昌海关高质量发展新局面。坚持政治统领，深入落实习近平总书记重要指示批示精神，推进政治机关建设。围绕总体国家安全观，聚焦发展与安全，科学精准做好疫情防控工作，查发兰州关区首起货运监管渠道数量及货值最大的知识产权侵权案件；常态化抓好安全生产工作，强化进出口食品商品检验监管，围绕贸易调查、专项稽查、风险类核查等工作提升后续监管效能。落实海关总署促进外贸保稳提质十条措施和兰州海关促进外贸保稳提质十四条措施，推动外贸业务稳定增长，持续优化营商环境。始终秉持创新发展理念，融入"一带一路"建设，聚焦提升产业链供应链韧性和安全水平，大力推动铜精矿属地检验监管试点落地，跨境电商业务实现新突破，助力辖区企业实现芫荽籽、南瓜子新市场开拓。持之以恒深化从严治关，全力打造"政治坚定、业务精通、令行禁止、担当奉献"的准军事化纪律部队，完善民主决策机制，强化工作督导落实，搭建干部成长平台，深化清廉海关建设，持续增进民生保障。

【政治机关建设】2022年，金昌海关掀起学习贯彻党的二十大精神热潮，把学习贯彻党的二十大精神作为首要政治任务，按照金昌海关学习宣传贯彻党的二十大精神工作计划表，组织党委、支部和青年理论小组，通过交流研讨、撰写心得、专题研学等多种形式深刻领悟"两个确立"决定性意义，坚决做到"两个维护"。迅速坚决落实习近平总书记重要指示批示精神，把贯彻习近平总书记重要指示批示精神作为"第一议题"，第一时间学习解读、第一时间研究贯彻、第一时间部署推动。班子成员下沉一级、靠前指挥，构建"组织学习、研提措施、执行落实、跟踪问效"的闭环工作机制，不断提高政治判断力、政治领悟力、政治执行力。坚定不移推进政治机关建设，牢固树立政治机关意识，以"一月一小结、一季一报告"机制，将工作紧密结合、统筹推进，汇总23个岗位、98条政治要求；查摆问题11个，制定整改措施26项。找准海关执法过程中落实政治要求沉积的困顿，党委班子牵头剖析原因，建立工作台账，推动整改措施落实到位，将工作成效体现在改进作风、为民办实事的具体实践中。扎实有效夯实党建基础，深入贯彻新时代党的建设总要求，以破解党建业务"两张皮"问题为着力点和突破口，压茬推进《年度党建工作要点和计划》，依托"金水心语"和"龙首夜话"双平台，重点围绕铜精矿通关监管、知识产权侵权案件等开展专题研讨，紧抓"学与思"，力促"知与行"；先后与阿拉山口海关、金昌市税务局等单位开展了党建共建，持续打造"聚力成金、铸关荣昌"党支部特色品牌。

【守护国门安全】2022年，金昌海关科学精准做好疫情防控工作，面对新冠疫情，坚持"外防输入、内防反弹"，压紧压实"四方"责任，扎实落实"人物同防"，完善人员外出、居家健康监测等9份台账，制定《内部防控消毒管理制度》《金昌海关口岸疫情防控人员保障应急预案》等13项疫情防控制度，开展口岸环节采样检测和防护演练7次，不断提升疫情处置和应急能力。防疫物资实施专人管理，账目明晰、使用规范。知识产权保护工作取得突破，扎实开展"龙腾行动2022"知识产权保护专项行动，协同风控部门精准分析研判。2022年5月，查发兰州关区首起货运监管渠道数量及货值最大的知识产权侵权案件，工作专班从梳理系统、规范程序、完善制度到案件移送，最终顺利移交地方公安进行立案侦办。整理形成金昌海关知识产权案件办理法律法规汇编等资料，与公安机关建立起"风险同析、情报共享、线索互通、重案联办"的合作机制。安全生产工作从严从细，贯彻落实《兰州海关安全生产大检查工作方案》，对监管场所、报关大厅、公务用车和值班室等重点场所部位开展"地毯式"安全生产大检查12次，现场排查发现办公楼问题隐患3个，一举解决办公楼安全顽疾。开展监管场所检查40余次，针对监管场所视频监控掉线开展整改3次，通过巡查发现安全隐患1起，已全部妥善处置整改完毕。严防进出口危险化学品监管风险，扎实推进"口岸危险品综合治理"百日专项行动，聚焦"新包装、新产品"，以建立危险品进出口企业台账为基础，综合产品危险特性、包装种类和生产管理水平情况的分类管理机制，实现标准指导准确，促进企业主体责任落实。年内监管出口危险化学品31批，危险货物包装64批，监管检出包装性能鉴定结果不合格1票，出境货物不合格4票。强化进出口食品商品检验监管，严格落实"四个从严"的要求，开展进口食品"国门守护"行动。完成辖区出口食品、食用农产品、化妆品出口专项风险监测，抽取4批样品，送检222项。对辖区8个重要点位和 1 个重要路线开展辖区外来入侵物种普查工作，共发现外来入侵物种 6 种。开展出境种苗疫病田间调查，开展风险监测 10 项。顺利完成饲料及饲料添加剂安全风险监控，抽取出境宠物食品 1 批，11 项风险监测项目检测合格。采购辖区 2 批进口商品开展进出口商品质量安全风险监测。提升后续监管效能，参与贸易调查工作 1 起，开展专项稽查 1 起，完成风险类核查 2 起，完成管理类核查 5 起。探索采用"线上核查"方式对进口粮食加工和存储资质企业实施"非侵入式"核查，取得成效明显。

【外贸提质增效】2022 年，金昌海关推动外贸稳定增长，制定"关长包保制"，做好关区金川集团等 8 家"白名单"企业进出口货物的通关保障工作。通过实施"免征内销缓税利息""一保多用"等减费降税政策，推进包括RCEP、中国—东盟等自由贸易协定及便利化措施，签发原产地证书 145 份，办理"一保多用"征税要素担保备案 23 票，担保金额 1052 万元。实施减免税审核减免税款 2888.83 万元。列入全国海关税政调研选题 2 条。扎实做好税收征管工作，做到应征尽征服务大局，应享尽享助企纾困，综合治税取得新成效，年内税收入库 10.36 亿元，稳居关区前列。加工贸易业务稳中有增，主动作为、靠前服务，按照"一企一策"制度，针对性开展业务培训指导，设立单笔备案金额最高的加工贸易手册，备案金额达 9.8 亿美元。年内新备案加工贸易手册 15 本，备案金额 24.4 亿美元，同比分别增长 1 倍和 18 倍。推动暂免征收加工贸易内销缓税利息政策落地见效，免征缓税利息 42.5 万元。修订现场操作指引，开展以"找漏洞、补短板、强呼应"为主题的业务攻坚活动，对筛选出的属地查检工作和加工贸易手册内销两个亟须解决的薄弱环节，启动工作专班制度，通过全流程再造方法，出台《金昌海关属地查检流程时长管理暂行办法》《金昌海关加工贸易手册内销操作指引》，优化业务台账 4 本，重点环节全部实现交叉复核，以制度指引增强科室呼应，补齐漏洞短板、提升内控质效。营商环境持续优化，落实"放管服"改革，持续推动"我为群众办实事"实践活动，积极推广"多证合一"改革，实现"全程网办"。新注册进出口收发货人 36 家，其中受理"多证合一"企业申请 12 家。应用"两步申报"通关模式占总单量 58%。最大限度压缩通关时间，年内进、出口通关时效较 2021 年分别压缩 21%、53%。

▲2022 年 8 月 18 日，金昌海关关员开展保税手册现场核查工作（徐思静　摄）

【提升监管效能】 2022年，金昌海关积极融入"一带一路"建设，支持甘肃（武威）国际陆港功能拓展，保障"天马号"中欧班列常态化运营，开通武威—莫斯科新线路，实现了中亚、欧洲全覆盖。稳固武威—第比利斯特色中欧班列线路，形成新能源汽车、汽车及零配件、服装鞋帽出口特色产业链。年内中欧班列累计发运4列，发运集装箱392标箱，发运货值1.28亿元，货重3182吨。大力推动铜精矿属地检验监管试点落地，始终坚持"监管严密、流程规范、风险可控"的原则，优化"响应、呼应、反应"工作机制，强化事中事后监管各环节关联互动，与地方政府签订《入境环保控制不合格货物移交处置合作框架协议》，进一步压实各方职责，开展实验室检测能力评估，实现更加系统集成、协同高效的联动查检与应急处置机制，保障供应链稳定顺畅。试点期间对监管流程再研讨、再梳理、再优化，全力保障试点工作顺畅运行，为推进制度创新探索经验。年内，累计检验监管进口铁路运输铜精矿4.73万吨，检验批次144批。跨境电商业务实现新突破，研判产业发展和外贸形势，"一企一策"指导企业用好用足跨境电商优惠政策和便利化措施。2022年，武威保税物流中心现场已累计有3家企业通过跨境电商B2B模式申报出口5票货物，价值约487万元；3批共计101吨葵花籽通过跨境电商B2B模式顺利出口越南。支持特色农产品扩大出口，强化联动呼应，优化台账式管理，压缩食品农产品属地查检时间，疫情期间实施远程视频查检模式，支持辖区更多特色食品农产品走出国门。年内监管食品农产品出口485批，货值3297.06万美元，货重1.4万吨；监管出境种子12批，货值20.11万美元；实施视频监管查检2批次。

▲2022年10月28日金昌海关开展进口陆运铜精矿试点现场监管抽样工作（徐思静 摄）

【干部队伍建设】 2022年，金昌海关不断完善民主决策机制，贯彻执行民主集中制，细化《对"一把手"和领导班子监管落实措施及任务分解表》，紧盯人、财、物等重点领域环节，修订重大财务事项集体审批等制度，以"四严"把好花钱"一支笔"、用人"一句话"、决策"一言堂"、项目"一手抓"的现象。共召开党委会研究事项16次，财务会专题审议资金使用9次。强化工作督导落实，梳理分解形成《金昌海关重点工作任务分工方案》和《金昌海关2022年工作要点》，推动责任细化到人、量化到岗，通过每周工作例会掌握业务开展情况，协商解决存在的问题；实施年中"亮进度、比实绩"测评会，促使各科室及人员对标对表，梳理"成绩单"、明确"任务项"、列出"时间表"，推动各项工作蹄疾步稳。推进内控体系化建设，创建执法领域"内控示范科室"，秉持"业务工作与内控规范协同发展"的工作思路，以"制度+科技+人工"手段，着力打造政治过硬、内控健全、管理高效的内控科室"样板间"。强化工作督导落实，落实新时代好干部标准和忠诚干净担当要求，发挥绩效考核"指挥棒"作用，建立健全凭"成绩单"说话的正向激励机制。突出实干实绩，完成科级领导选拔工作，考察、测评环节达到两个100%，队伍梯次搭建更加科学优化。统筹用好职级职数，制订职级晋升方案，严格按流程完成干部职级晋升工作，队伍焕发新活力。深化清廉海关建设，持续加大廉政警示教育力度，纠"四风"树新风，定期开展案例学习、观看警示教育片，每月开展廉政教育学习，每季度开展廉政形势分析，每个节假日前进行廉政提醒谈话等，年内运用"第一种形态"开展提醒谈话6次。"海关重点项目和财物管理以权谋私"专项整治工作以来，以领导、财务、政务为排查重点，梳理找出风险点3条，及时落实责任完成整改。坚持每周开展内务检查，评定"标兵科室"；每月开展"金关铁营"准军训练，不断提振队伍精气神。组织4名关员参加海关总署"技能比武"活动，成绩位居关区前列。持续增进民生保障，坚持以人民为中心的发展思想，在践行宗旨中关心干部成长，研究用好艰苦地区边关保障措施，保质保量完成执法一线关心关怀行动、办公环境提升、优化职工宿舍调配和图书室改造等十件暖心惠民实事。

撰稿人

丁玉飞　王　坤　孙雅洁　杨红霞　宗薇薇　徐思静

第八篇

直属事业单位

兰州海关技术中心

【概况】兰州海关技术中心（简称"技术中心"）主要为海关检验检疫工作提供技术保障。

2022年，技术中心结合兰州海关各项重点工作，全面落实兰州海关工作会议、全面从严治党工作会议要求，努力推动各项工作高质量发展，认真开展"两个确立"、做到"两个维护"、强化政治机关建设专项教育活动，加强科研工作，推进口岸检验检疫技术保障能力建设，积极开拓市场业务。2022年，技术中心进出口法定检验检疫共计2425批次，检测18100项，出具检测报告1715份，包括稀土产品等共计464批次2990个检测项目，危包产品共计42批次162个检测项目。检出不合格样品231个，其中有害生物210个。参与CMA扩项评审、CNAS扩项复评审、全国第三次土壤普查评审工作共3次；承接市场委托检测共计8613批43286项；支持和鼓励职工开展科研工作，年内技术中心参与项目取得甘肃省科技进步奖二等奖1个，甘肃省科技进步奖三等奖1个。

【党建工作】2022年，技术中心严格落实"第一议题"制度，深入学习贯彻落实习近平总书记重要讲话精神，扎实开展捍卫"两个确立"、做到"两个维护"、强化政治机关建设专项教育活动和"学查改"专项工作，按照专项教育活动有关要求，研究部署、全面推进，对照"没有离开政治的业务，也没有离开业务的政治"，全面梳理政

▲2022年4月25日，兰州海关技术中心接受甘肃省第三次全国土壤普查领导小组办公室评审专家开展的土壤检测实验室筛选评审工作　（李汶婷　摄）

治要求，找准职责定位，扎实分析自身不足，深入查找问题，切实把讲政治从外部要求转化为内在主动、有力举措，落实到技术中心工作的各领域、全过程，落实到技术中心每项工作中、每个岗位上。坚持整体风险态势把控和重点口岸核心检测能力保障相结合，围绕口岸检测能力建设，进出口固体废物鉴定、动植物检疫、危化品检验、通关流程时长保证等工作，认真落实"三会一课"制度；扎实开展"海关重点项目和财物管理以权谋私"专项整治，制订实施方案，积极开展自查，全面梳理重点项目清单，排查问题和廉政风险，建立整改台账，制定修订制度6项，构建制度管理精细化、规范化，持续巩固整改成果；推进廉政教育常态化，通过真实的案例教育，以案说法，警钟长鸣，切实筑牢拒腐防变的思想防线。扎实推进巡察整改，围绕专项整治和专项教育活动，开展专题研究，制定16项针对性整改措施，确保巡察整改件件有着落、事事有回音。2022年技术中心2名预备党员转为正式党员，支部计有党员17名，占中心总人数的71%，支部1名同志获评兰州海关优秀党务工作者，3名同志获评兰州海关优秀共产党员，1名同志获得个人嘉奖，1个部门获得集体嘉奖。

【法检支撑】2022年，技术中心承担的法检业务主要为外繁种子、进口矿产品、进出口化工品、进出口食品、进出口果蔬和杂粮杂豆，以及海关风险监测和监督抽检。年内，技术中心进出口法定检验检疫共计2425批次，检测18100项，出具1715份检测报告、同比增长7.3%；在经费紧张、任务量大、通关时限要求高的情况下，克服困难，保质保量完成危化品、稀土产品等共计464批次2990个项目、危险化学品及其包装产品共计42批次162个项目的检测。年内检出不合格样品231个，其中有害生物210个。

【实验室扩项评审工作】2022年，技术中心定期召开资质认定复查扩项评审工作推进会，对参评相关要求、工作落实等重要内容进行安排部署，推动评审准备工作进度，完成资质授权签字人变更；完成2022年度技术中心仪器设备检定校准证书核对，收发核对共计411份证书；修订程序文件2个，新增作业指导书16个、原始记录单8个。

▲2022年4月19日，兰州海关技术中心动植物检疫实验室进行种子品质检测实验 （刘志业 摄）

【实验室检测能力建设】2022年，技术中心CMA扩项认证1次，共计510个项目，调整优化CNAS认可1441项，涉及50类产品，进一步夯实检验检测能力建设。发挥兰州海关技术中心人才、技术优势，对进出口植物、动物检疫的政策、技术进行研判，提交海关总署关于参与国外重大技术性贸易措施应对工作科研项目5个，申报海关总署技术规范9个，协同做好出口种子种苗国外通报评议和特别贸易关注，提升精准服务能力，推动企业转型升级。

【实验室安全生产管理】2022年，技术中心按照实验室管理体系的有关要求，结合兰州海关职能部门对实验室安全管理的指导意见，以实验室为单位扎实开展安全生产自查自纠工作，紧盯重大安全环节、重点岗位，坚持每周自查，同步建立、完善自查台账，确定实验室安全生产整改措施12条，梳理完善2个实验室安全管理制度，加强安全教育培训，组织开展法律法规、安全知识、实验室操作、安全防护等方面的学习，确保及时发现安全隐患、堵塞安全漏洞。

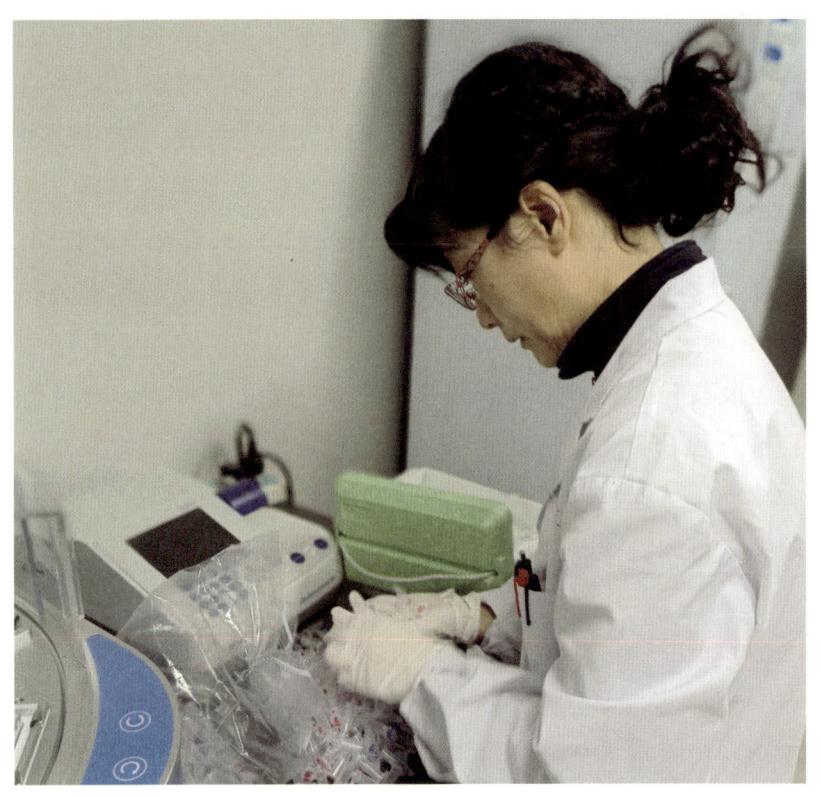

▲2022年1月30日，兰州海关技术中心动植物检疫实验室在检测进境种子（尤佳　摄）

【科研工作】2022年，技术中心大力支持和鼓励职工开展科研工作。年内共发表文章13篇，其中在国家核心期刊发表文章6篇；验收完成科研项目7个；省部级科研立项4个，地厅级科研立项7个，在研科研项目17个；完成或参与完成制定各类标准和技术规范9项；获得授权国家发明专利2项，实用新型专利11项。年内，技术中心参与项目取得甘肃省科技进步奖二等奖1个、甘肃省科技进步奖三等奖1个，获评兰州海关一级科研成果1个、兰州海关二级科研成果1个、兰州海关三级科研成果2个。

【资产报废处置工作】2022年，技术中心对每台报废设备核查鉴定，完成第一批固定资产（合计80台套）报废处置工作，其中交付京东拍卖处置51台套，中国再生资源开发有限公司回收29台套；第二批固定资产（合计39台套）交付中国再生资源开发有限公司回收7台套，其余32台套提交京东平台拍卖。完成甘肃省检验检疫科学技术研究院84台（套）资产的调拨工作，做好资产保管人变更后的固定资产台账及标识变更，做好年度资产盘点，进一步规范固定资产管理。

【整合加挂单位完成下属国有企业改制】2022年，技术中心整合加挂单位，根据甘肃省编办《关于撤销甘肃省检验检疫科学技术研究院牌子的复函》（甘编办函字〔2020〕402号）和兰州海关《兰州海关关于技术中心机构整合有关事项的通知》的要求，通过申请、税务清算、银行结算、公示等流程，完成甘肃省检验检疫科学技术研究院的注销工作。根据海关总署《财务司、人事教育司关于落实国有企业公司制改革有关事项的通知》、《财务司关于加快推进国有企业公司制改革工作的通知》以及财务司、人事教育司相关要求，持续完善国有企业党组织设置、投资人变更、企业改制公司章程的备案，全面推进党对国有企业的管理，按照《中华人民共和国公司法》规范完善对企业管理的设置，完成下属甘肃检科院技术服务有限公司的国有企业改制。

【社会市场开拓】2022年，技术中心在2021的基础上完成了临洮、渭源、天水、环县、康乐5个市、县市场监督部门委托的2022年食品抽检工作，共计1304批次、6261项。业务大厅零散报检共计7309批次、37025项。

【入选第三次全国土壤普查检测实验室】2022年4月，技术中心通过甘肃省第三次全国土壤普查领导小组办公室评审专家开展的土壤检测实验室筛选评审，入围"三普"检测实验室名单；7月，国务院第三次全国土壤普查领导小组办公室发布《第三次全国土壤普查第二批检测实验室公示名录》，技术中心入选第三次全国土壤普查检测实验室。11月，技术中心人员参加土壤普查全程质量控制及业内检测化验技术实操培训，及时解决实际检测中存在的问题，按期参加检测实验室能力验证考核，完成样品检测和数据结果报送，确保土壤普查数据准确，为高质量完成甘肃省第三次土壤普查工作奠定了坚实基础。

撰稿人

李汶婷　杨　伟

甘肃国际旅行卫生保健中心（兰州海关口岸门诊部）

【概况】甘肃国际旅行卫生保健中心（兰州海关口岸门诊部）（简称"保健中心"）为兰州海关所属的公益二类事业单位，主要承担甘肃口岸出入境人员的国际旅行医学咨询、健康检查、传染病监测与防控、预防接种、口岸病媒生物监测与防控、卫生检疫科研与技术开发等职责，并经兰州海关授权签发《国际旅行健康检查证明书》及《疫苗接种或预防措施国际证书》。内设综合财务部、实验室管理部、体检部、咨询签证部4个部门。

2022年，保健中心在海关总署党委和兰州海关党委的坚强领导下，深入学习贯彻习近平新时代中国特色社会主义思想和党的二十大精神，扎实开展基层党组织建设，严密做好疫情防控工作，认真履行卫生检疫技术支撑主责，推进年内重点工作任务落实落地，事业发展取得一定成效。保健中心党支部被评选为"全国海关基层党建示范（培育）品牌"，团支部获得"省直五四红旗团支部"表彰。

【党建工作】2022年，保健中心深入学习党的二十大精神，学习贯彻习近平新时代中国特色社会主义思想，组织参加学习贯彻党的二十大精神培训班，开展党的二十大精神宣讲，营造浓厚的学习氛围。擦亮党建品牌底色，以基层党建"双提升"行动为导向，全力推进"兰关卫士医路先锋"党建品牌建设，组织开展政治理论学习、主题党日活动和主题党课，组织青年干部开展理论学习和研讨。按期完成党支部换届选举，完成"先锋堂"形象设计和改造升级。推动"党、团、志愿者队"三级体系建设，组织开展公益义诊、助学帮扶等形式多样的志愿活动。履行管党治党主体责任，组织全体党员干部开展廉政教育形成常态，深化监督执纪"四种形态"特别是"第一种形态"的运用，对1名党员开展提醒谈话，开展谈心谈话26人次。组织开展专项教育，按照"第一议题"制度要求，认真学习习近平总书记重要讲话和重要指示批示精神，梳理各岗位政治要求，对照"4个是否"开展排查，完成11项整改措施，派员参加兰州海关团委与红其拉甫海关开展的视频交流活动，并作主题交流发言。

【口岸疫情防控】2022年，保健中心派员参加海关总署卫生检疫司署级重大课题研究工作，为海关如何精准高效开展常态化疫情防控、着力健全口岸公共卫生体系建设贡献"兰关智慧"。参与海关境外疫情信息搜集和分析研判，撰写分析评估报告800余篇。完成甘肃口岸呼吸道传染病区域中心实验室验收申报工作，组织实验室参加国家级、省级新冠核酸检测室间质评项目3次，新增新冠病毒抗原以及快速检测等室间质评项目2项，参加其他室间质评项目17类、72项，成绩均为合格。6名专业技术人员通过地方卫生部门组织的新冠病毒核酸检测资质考核。落实新冠病毒检测实验室生物安全"日巡查"和"日上报"制度，每日开展13类、105个检查项目的自查上报。组织开展防护装备穿脱和生物安全应急演练8次，新增或修订实验室《生物安全手册》内容7大类、38项，组织修订《实验室生物安全程序文件》要求25项。配合完成海关"百名科长百日督查"及地方卫生行政部门专项检查16次，完成不符合项整改13项，形成生物安全自查记录650余份。做好兰州本土疫情期间的人员封闭办公工作安排，全力保障入境航班和关区核酸检测工作。动态调整内部防控措施，印发防控工作方案2个，制定防控措施22条，确保有关内部疫情防控要求落实到位。提高预检分诊智能化水平，切实防范疫情输入风险，不断规范业务办理秩序，加强内部环境消毒。严格工作人员行程管控和排查，落实"日报告"和"零报告"要求，建立核酸检测台账。扎实推动职工新冠疫苗接种"应接尽接"，牢固构建免疫屏障。

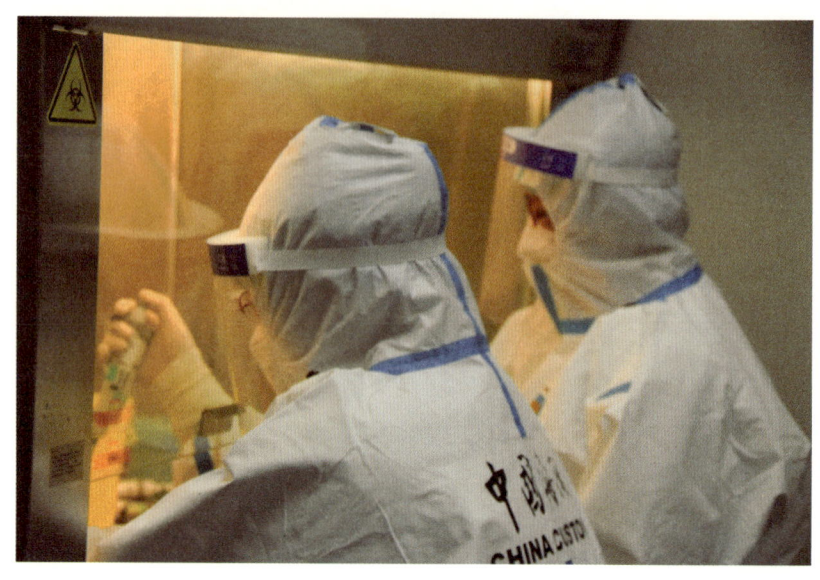

▲2022年3月17日，兰州海关保健中心实验室工作人员开展新冠病毒核酸检测　（巩伟兵　摄）

【卫生检疫技术支撑】2022年，保健中心做好国际旅行医学服务，开展出入境人员健康监测3056人次，同比减少11.7%，其中出境2716人次，入境340人次；出入境人员疫苗接种5817人次；签发出境留学生外文表格354份。参与兰州大学"平安留学"计划，派员录制国际旅行医学知识科普视频。检测出入境人员体液样本23544人份，检出四类监测传染病病原体阳性71例。开展监测工作47次，捕获病媒生物2925只，其中鼠类6种、43只，鼠体寄生蚤种1种、64只，蚊类2种、2667只，游离蜱类1种、132只。首次在敦煌国际航空口岸发现口岸新记录种鼩鼱科鼩鼱。完成所有样本的形态学鉴定、标本制作和病原体检测工作，对300余份样本开展鼠疫耶尔森菌、汉坦病毒等6种病原体检测。推动兰州海关媒介生物监测实验室的筹建和验收工作，建立病媒生物重点传染病测序溯源技术和鼠类多基因分子生物学物种鉴定技术。

【自身建设】2022年，保健中心做好专项整治工作，结合违纪违法典型案例持续组织学习教育，畅通信访举报渠道，主动接受群众监督。梳理重点项目逐一对照规范要求并开展排查，推动问题整改靶向施治。围绕海关"十四五"发展规划和兰州海关重点目标任务，完成保健中心2022—2026年发展规划编制工作，分析未来五年发展面临的形势和任务，提出31条主要发展任务和措施。新编制5项内部管理办法，推动ISO 9001质量管理体系顺利通过中国质量认证中心评审。修订实验室ISO/IEC 17025质量手册，将媒介生物监测实验室纳入体系管理，制定《媒介生物监测作业指导书》，实现将所有实验室纳入体系管理的预期目标。完成1名副主任（管理六级）的试用期考核，完成2名人员中级专业技术职务聘任和4名人员初级专业技术职务等级晋升，表彰奖励成绩突出的干部职工28人次。强化政务信息宣传，撰写关区互联网信息摘要3篇、工作简报4篇、兰关动态65条。积极开展新闻媒体宣传，在"丝路兰关"和"甘肃国际旅行卫生保健中心"微信公众号发表文章30余篇，不断扩大影响力。

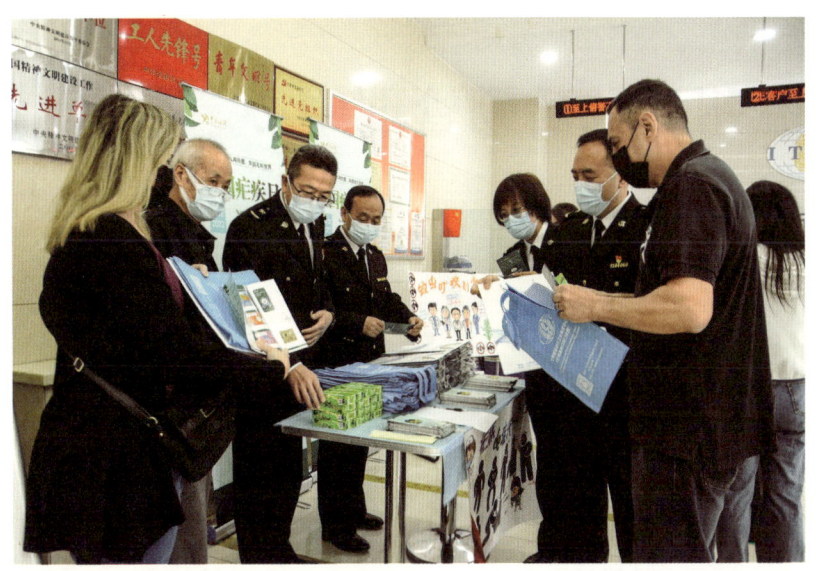

▲2022年4月26日，兰州海关保健中心工作人员开展疟疾宣传日活动（巩伟兵 摄）

【科研工作】2022年，保健中心完成1项海关技术规范和1项署级科研项目的验收工作，在核心期刊发表科研论文1篇。组织专业技术人员结合实际工作开展科技项目攻关，获批关本级科研项目2个。1名工作人员被聘为兰州海关兼职教师，完成甘肃中医药大学3名本科生的实习带教工作。

【社会市场开拓】2022年，保健中心年内实现事业收入951.78万元。发挥国际旅行医学服务特色优势，通过微信预约平台强化HPV疫苗、流感疫苗等资源汇集和推广，年内接种HPV疫苗2516支。通过疫苗接种业务引流，实现体检业务与疫苗接种业务的双向增长。做好社会体检客户回访，组织编制重点客户团体的健康状况分析报告。面向社会及团体广泛开展新冠病毒核酸检测，提升事业发展动能。利用各渠道优势资源，开拓新的体检客户团体，拓宽事业收入范围。首次对外开展航空器消毒效果评价服务，打造事业收入新的增长点。

撰稿人

巩伟兵

兰州海关后勤管理中心

【概况】兰州海关后勤管理中心（简称"后勤管理中心"）主要负责兰州海关机关后勤保障相关工作，承担安全保卫、环境卫生、防灾减灾职能，维护固定资产、房产和办公、生活基础设施设备，管理机关食堂、招待所、洗衣房、理发室等内部生活服务场所，保障重大会议及重大公务活动，管理公务车辆及后勤管理中心自有车辆，同时承担相关的政府采购工作。后勤管理中心内设综合财务部、安全通勤部、物业管理部、生活服务部4个职能部门，负责对甘肃嘉丰物业服务有限责任公司、兰州海顺达科技服务有限公司2个所属经济实体的监督管理。

2022年，后勤管理中心着力推进制度化、信息化、规范化后勤管理体系，保障关区工作生活环境、餐食住宿、公车正常使用，持续做好各项疫情内部防控部署，为兰州海关业务正常运行提供保障。

【党建工作】2022年，后勤管理中心以支部党建为抓手，持续提升队伍整体素质。根据"捍卫'两个确立'、做到'两个维护'、强化政治机关建设专项教育活动"、"学查改"专项工作要求，后勤管理中心对照"4个是否"，按照"六对照六看六查"要求，共计梳理出7个项目、8个具体问题，均完成整改落实。推动党风廉政建设工作，落实全面从严治党主体责任，明确"第一责任人"责任，履行"一岗双责"，按照"事前初核、事后报备"要求，适时运用"第一种形态"，开展批评教育、谈话提醒7人（次）。推进队伍"四个能力"提升工作，后勤管理中心自我剖析，研究制定《持续提升队伍"四个能力"工作清单》，梳理出11项能力短板，一一对应制定提升措施，明确责任领导、责任人，力争补足短板，提升中心综合服务能力。

【内控建设】2022年，后勤管理中心以重点工作为抓手，持续提升内部管理水平。开展"海关重点项目和财物管理以权谋私"专项整治工作，全面梳理工程建设类项目，组织专人翻阅招投标、财务凭证等资料149份，联系招标企业、施工企业了解情况，按时完成重点项目填报及风险排查。全体人员撰写个人剖析材料9篇，邀请相关供应商、企业座谈4次，前往企业实地走访2次，对风险人员发放工作专班调查问卷8份，多种形式排查重点项目及财物管理风险领域涉及的廉政风险。推动安全生产重点任务，组织人员对闲置房产先整改维修，排除风险，再做断水断电处置，安排专人定期巡检；对库房及其他交叉管理区域，明确责任划分，强化责任主体；对配电室、管道井、新风机房、空调机房、消防管道等重点区域持续加强日常监督检查，年内水电维修400余次，应急抢修30余次；对无主物品进行彻底清理，其他物品集中位置定点存放，消除潜在风险；对疫情防控物资进行分类，将酒精、消毒液等易挥发、易燃物资移至地库阴凉房单独存储，避免光照、高温等产生安全隐患，并标注明显警示标志；联系天然气公司对关区天然气设备进行全面检查，对燃气管道防腐层进行粉刷、防水处理，加装天然气电磁阀及联动报警装置，保障燃气设施的安全运行；聘请专业消防维保公司对办公区消防设施按照轻重缓急进行分类定期维保，为集体宿舍配备干粉灭火器，对过期、超期灭火器进行更换和充装，严明定期巡检，规范巡检记录；加强公务车辆安全检查，依据保养要求

▲2022年6月16日，兰州海关后勤管理中心前往合作企业实地走访排查廉政风险　（芦潮　摄）

及时更换老旧部件，做好出库、入库、中途检查，重点关注轮胎、刹车、灯光、雨刷等关键部件，确保出车安全。落实疫情防控部署，做好出入办公区域管控，实施单门进出制，对进出人员按照工作人员、临进人员、项目施工人员实行"分类管控"，严格出入审批，落实"一扫三查"；对会议室、食堂等重点场所及卫生间、电梯间、楼道等公共区域坚持定期消毒；配合财务处做好防控物资库的日常管理，联合制订应急预案，划定各项物资最低保障数，细化完善物资台账，完成一次性口罩、防护服、酒精等防疫物资的定期盘点、及时发放与补充，年内收到采购及调拨物资14批次、16万件，发放物资62批次、14万件；在封闭办公期建立疫情期间生活物资特别是食材供应保障机制，保障在岗关警员工作生活；督促嘉丰物业公司配合家属院所在社区开展防疫工作，保障小区水电暖及垃圾转运，运送生活保障物资，调集人员处理暖气漏水及下水堵塞等紧急突发事件10余次。建立制度先行的理念，制定印发后勤管理中心《编制外聘用人员管理办法（修订）》《会议制度及议事规则》《所

属经济实体监督管理办法（试行）》等8项制度办法；修改完善财务管理、报销凭证签批流程，部署开展账务全面自查工作，加强财务监督和财务核算，加强应收款项的回收工作。

【服务保障】2022年，后勤管理中心以优化服务为抓手，持续打造优质工作环境。创建节约型服务保障体系，根据"过紧日子"要求，结合年度预算编制，在剥离后勤消耗性费用的基础上，建立和完善中心年度项目进展表，按照轻重缓急以主管领导为责任人，负责各项目实施的立项、预算、实施、审计和结算，并加强项目进度执行管理监控，控制成本核算，压缩各项开支，在按期完成年内各经费项目的同时，耗材费用支出同比减少20%，食堂食材款支出同比减少27.6%。做好关区食宿、会议保障，食堂累计就餐109680人次，制净水车间共制净水5650桶，会议保障服务685次；通过"引进来、走出去"的工作方式，派员学习调研周边多家单位食堂管理的成功做法和经验，引入食堂专业化运作团队短期示范指导，从菜品规划、成本控制预算、质量监督、卫生安全等关键点入手，明确食堂管理思路及管理标准，以按月竞争试运行形式，对机关食堂食材采购进行分类分区域供应试行管理。延伸家属院区服务，针对大雁滩家属院自烧暖气锅炉管网老化影响天然气管道安全、无专业人员对压力锅炉进行日常维护等问题，通过协调热力公司，启动供热管网改造及并网工程；对个别家属院出现地基裂缝情况，协调地方主管部门申请提取专项维修资金，同时举一反三，推动小北街、山字石家属区的老旧小区改造项目落地。

▲2022年6月28日，兰州海关后勤管理中心组织关区义务消防员及关键岗位人员开展消防安全实操演练　（周彦斌　摄）

撰稿人

周彦斌

中国电子口岸数据中心兰州分中心

【概况】中国电子口岸数据中心兰州分中心（简称"数据分中心"）为中国电子口岸数据中心在兰分支机构，同时为兰州海关直属事业单位，成立于2004年，具有独立法人资格，经费独立核算，实行兰州海关和中国电子口岸数据中心双重领导，以兰州海关领导为主。主要负责本地区电子口岸应用项目及互联网企业的技术支持、操作培训，技术收集、报告项目运行情况及各方反映；办理本地区电子口岸系统服务业务；承办本地区政务卡、企业卡的录入、制作；负责本地区用户集中托管服务器的运行、维护管理等。

2022年，数据分中心在兰州海关党委的坚强领导下，严格贯彻落实"第一议题"制度，围绕捍卫"两个确立"、做到"两个维护"强化政治机关建设专项教育活动，持续深入学习贯彻习近平新时代中国特色社会主义思想，纵深开展"海关重点项目和财物管理以权谋私"专项整治活动，会同科技处，认真践行"求实、朴实、扎实"工作作风，结合"三应"机制研讨、"四个能力"提升，突出党建引领工作，推进党建业务深度融合，坚持党建、业务"两手抓、两促进"，数据分中心及所属物通公司各项工作均有序推进。

【党建工作】2022年，数据分中心扎实开展理论学习，深入学习贯彻习近平总书记重要讲话精神，通过"线上+线下"模式，扎实学习党的二十大报告，认真落实党的二十大精神。聚焦日常党建，提升政治领导力，与科技处一同组织开展"三会一课"，利用海关e课堂、钉钉、甘肃党建、学习强国等App，多种资源多途径开展内容丰富的理论学习，筑牢思想根基，鼓励年轻职工提高思想认识，积极向党组织靠拢。年内，数据分中心在原有2名入党积极分子的基础上又有1人递交入党申请书，成为入党积极分子并参加了2022年度省直机关党员发展对象培训班。年内，数据分中心坚定不移贯彻执行兰州海关捍卫"两个确立"、做到"两个维护"、强化政治机关建设专项教育活动要求，梳理上报单位内部各岗位政治要求，对照"四个是否"深入查摆问题，共梳理出3个具体问题，制定整改措施3个。数据分中心及所属物通公司扎实开展、稳步推进"海关重点项目和财物以权谋私"专项整治活动，对照活动要求，逐一排查项目印证材料，共查阅电子及纸质资料23份，召开内部座谈会1次，收到问题反映0个。同时，认真围绕重点项目内容据实撰写数据分中心及物通公司督查审计自查报告。对2012年以来审计发现的问题开展"回头看"，切实落实整改措施并长期坚持。严格落实"三重一大"决策机制，加强廉政风险防范，增强对部门负责人日常监督，常态化开展警示教育，坚守廉政思想防线。年内共开展2次典型通报案例学习，观看警示教育片1次。

【队伍建设】2022年，数据分中心以制度建设为抓手，不断梳理完善内部管理制度，调动年轻党员、团员作用，发挥人员主观能动性，促进内部良性发展，促进管理规范化。做好聘用人员日常管理工作，及时与劳务派遣公司续签人员劳动合同并按时缴纳五险一金。激发人员内生动力，制定激励措施，年内1人取得中级职称，2人考取注册证书。

【制卡业务】2022年，数据分中心为475家企业在电子口岸完成注册信息录入和IC卡信息变更、延期、解锁等工作，制发IC卡或共享盾705个；免费为9家企业置换不支持国产密码算法卡片；申请加密机证书13个，为30家企业补办50张IC卡，为13家企业办理DXPID业务。

【控件升级】2022年，数据分中心按照中国电子口岸数据中心安排部署，对服务类密码设备国产密码算法数字证书控件、电子口岸应用控件进行升级，对数据交换系统数据传输通道进行切换，为下一步关区内IC卡或共享盾升级、制发及电子口岸应用系统升级奠定了坚实基础。

【协助关区科技信息化保障】2022年，数据分中心按照海关总署科技发展司及中国电子口岸数据中心统一部署，配合科技处在北京冬奥会、冬残奥会、"两会"和公安部网络攻防演习以及党的二十大期间开展海关网络安全及数据安全保障工作，成立工作专班，采取"7×24小时"机房值守、安全加固、封网运行等一系列保障措施，确保关区网络及数据安全。其中，公安部网络攻击演习持续护网17天，党的二十大期间持续护网24天。

【完善电子口岸功能】2022年，数据分中心协同科技处解决国储石油油气液体化工品物流监管系统无法传输数据问题，对兰州新区综合保税区、兰州铁路口岸新区作

▲2022年6月15日，数据分中心开展网络机房巡检　（张天成　摄）

业区、兰州铁路口岸监管区卡口系统使用问题提出解决方案，联系解决中国（天水）跨境电子商务综合试验区公共服务平台跨境电商子系统相关问题。在科技处协助下持续挖掘关区电子口岸专网二级节点功能，向业务部门提供跨境电子商务零售进口商品申报清单、订单、物流单及支付单等数据。不断优化电子口岸对外接入局域网。邀请安全公司专家参与完善电子口岸对外接入局域网架构调整方案，与兰州新区综合保税区紧密合作，接入对外局域网网络安全设备。对数据分中心机房开展布线梳理、废旧清理、设备除尘、理线绑扎、点位标记等工作，每周做好日常及节假日机房网络安全巡检工作。年内共开展42次机房巡检，合计发现8处安全隐患问题，已整改完毕。

【会议服务及日常运维服务保障】2022年，数据分中心所属兰州物通信息科技有限责任公司保障各类会议327次，工作日保障监控指挥中心值班连线448次，保障应急连线12次，保障办公厅点名调试47次，保障入境航班视频监控6次，保障海关总署在线访谈1次。为关区提供日常运维服务1242次（涉及电脑、打印机维修维护、耗材更换、电话故障处理、视频监控维护等）。年内对金城海关巡检42次；对中川机场海关巡检30次；对保健中心巡检22次；对技术中心巡检10次。

【市场开拓业务】2022年，数据分中心所属兰州物通信息科技有限责任公司在疫情反复情况下坚持保障各合作单位运维服务不停摆。内部与科技处、缉私局、金城海关、中川机场海关、技术中心和保健中心延续办公区日常运维服务协议；外部与兰州国储石油基地有限责任公司、甘肃省民航航空物流有限责任公司、兰州国际港务区投资开发有限公司签订合作协议，与兰州综合保税区商投集团积极沟通，共同探讨、互相交流日常运维工作情况，及时解决处理出现的各类问题，做到内外同频共振，确保各类日常业务正常开展，促进信息化运维市场开拓。

撰稿人

张　琰

第九篇

荣誉榜

2022年兰州海关获表彰情况

一、2022年兰州海关荣获省部级表彰个人名单

高智勇	获2017—2022年度"平安甘肃建设先进个人"称号
周方方	获海关总署"2021年度工作表现突出的个人"称号
冯丽洁	获海关总署对参加疫情防控一线人员通报表扬
刘 晶	获海关总署对参加疫情防控一线人员通报表扬
柳 燕	获海关总署对参加疫情防控一线人员通报表扬
路智慧	获海关总署对参加疫情防控一线人员通报表扬
白 玢	获海关总署对参加疫情防控一线人员通报表扬
马 彬	获海关总署对参加疫情防控一线人员通报表扬
祁永强	获海关总署对参加疫情防控一线人员通报表扬
吴晓青	获海关总署对参加疫情防控一线人员通报表扬
高兴聪	获海关总署对参加疫情防控一线人员通报表扬
周微伟	获海关总署对参加疫情防控一线人员通报表扬
徐思静	获海关系统"党务之星"称号

二、2022年度考核优秀处级领导班子名单

综合业务一处

综合业务二处

人事教育处（党委组织部）

监察室（党委纪检组）

金城海关

金昌海关

后勤管理中心

三、2020—2022年连续3年年度考核优秀记个人三等功公务员名单

高智勇　张维婧　刘　晶（财务处）　马　壮　蒙　琳　张　艳（中川机场海关）
周微伟　柳　燕　路智慧　刘　筱　刘舒蓉　朱广跃

四、2022年度考核优秀的公务员嘉奖名单

杨晓琴　罗　振　张　军　刘　杰　张　彤　徐　莲　陈怡文　姜　笑
刘志杰　马卿雁　岳晓丽　赵　政　吴定举　王　璟　刘　滨　杨雅静
张雪韬　王冬祥　陈辅健　张国泰　及　平　王　婷　冯莉洁　马　彬
何瑞娟　吴晓青　刘　晶（中川机场海关）　王洪亮　李彦锐　韩思远　赵文忠
高沛丰　陈　君　李芊漩　杨丽丽　胡自强　牛文康　支婷婷　周　娟
孙　剑　张　艳（天水海关）　丁满仓　王　玺　蒋玉宝　李婉蓉　李正富
王　坤　宗薇薇　祁景山　毛稼瑞

原驻村工作队队长、康乐县莲麓镇扎那山村第一书记高成忠，原康乐县莲麓镇蛇路村驻村工作队队员马建辉被康乐县评为2022年度考核优秀，给予嘉奖。

五、2020—2022年连续3年年度考核优秀的事业单位人员记功名单

杨　伟　巩伟兵

六、2022年考核优秀的事业单位及工勤人员嘉奖名单

祁光增　张宇霞　冯廷建　梁　钰　周春阳　孙　明　边孝颖　周彦斌
张　琰

七、兰州海关2020—2022年度"先进集体"

兰州海关技术中心动植检实验室

八、兰州海关2020—2022年度"先进工作者"

杨国庆　冯莉洁　刘　筱

九、2022年工作表现突出集体嘉奖名单

(一) 1个集体记三等功

兰州海关进口铁路运输铜精矿监管通关试点工作组

成员：张　军　　刘　杰　　王潇乐　　李　鋆　　张宇东　　许志恒　　李正富
　　　侯小燕　　毛稼瑞　　丁　鹏　　王　坤　　宗薇薇　　徐思静　　杨红霞
　　　冯廷建

(二) 给予以下12个集体嘉奖

1. 信息宣传

兰州海关信息宣传工作小组

成员：王　铮　　金　赟　　徐　莲　　刘舒蓉　　林茜茜　　王　婷　　梁　坤
　　　李建珍　　魏珊珊　　杨红霞

2. 疫情防控

(1) 疫情内部防控志愿服务队

成员：周春阳　　丑永刚　　王潇乐　　赵　政　　苏志海　　陈　轩

(2) 兰州中川机场海关旅检一科、旅检二科与保健中心实验室管理部（联合开展工作）

(3) 后勤管理中心物业管理部

3. 优化营商环境，服务"一带一路"

(1) 综合业务二处口岸管理科与金城海关新区业务科（联合开展工作）

(2) 敦煌机场海关综合业务科

4. 强化监管优化服务

(1) 动植物和食品检验检疫处食品安全科

(2) 企业管理和稽查处稽查科与酒泉海关监管科（联合开展工作）

(3) 兰州中川机场海关监管科与技术中心动植物检疫实验室（联合开展工作）

5. 专项工作

(1) 兰州海关"两个专项"工作专班

成员：杨　振　　朱要林　　邱　芮　　李婉蓉

(2) 兰州海关"海关重点项目和财物管理以权谋私"专项整治工作专班

成员：王兴明　　陈怡文　　赵　政　　化永强　　曹　蕊　　柳　晓　　吴定举
　　　王　璟　　李　源　　王晓飞

(3) 兰州海关基建项目办公室（临时机构）

成员：魏金云　　满　坤　　苏志海　　李　晋　　王军平

十、2022年工作表现突出个人嘉奖名单

信息宣传先进个人：赵南启　　巩伟兵

十一、2022年获得其他单项表彰的人员名单

刘旭伟　　获"2022年省直机关优秀共产党员"称号
朱要林　　获"2022年省直机关优秀党务工作者"称号
马建辉　　获"2022年省直优秀共青团干部"称号

2022年兰州海关学会评选获奖的论文

一等奖

《服务"一带一路"倡议 优化铁路铜精矿监管通关初探》（综二处 赵生国；综一处 刘杰 王潇乐）

《浅谈兰州海关在甘肃新发展格局构建中的定位》（天水海关 葛晓玲）

《陇东地区外贸发展现状及其对策研究》（平凉海关 蒋玉宝 宋宪可 李建珍）

《加快兰州新区进口贸易示范区高水平对外开放，引领带动新时代全省对外贸易高质量发展》（综二处 黄志恒）

《新形势下海关服务乡村振兴战略的实践与探索》（天水海关 洪天晖；酒泉海关 张阳阳）

二等奖

《生物安全法视野下国门生物安全法律体系研究》（平凉海关 程文波）

《在行业历史透视中迁移当代化海关建设》（法规处 王禹化）

《两步申报背景下海关后续监管改革初探》（企业管理和稽查处 闫晓薇）

《RCEP框架下的知识产权边境保护》（中川机场海关 卜凡）

《知识产权海关保护的不足与完善》（金昌海关 宗薇薇）

《浅析中国古代海关机构职能演变及现实意义》（中川机场海关 张艳）

《海关税费财务内控风险防范》（财务处 化永强）

《"中吉乌"多式联运海关监管新模式探索》（金城海关 张莉）

三等奖

《浅析俄乌冲突背景下海关在加快构建新发展格局中面临的新要求和新挑战》（天水海关 阮瑞瑞）

《服务新发展格局用心用情做好老干部工作》（离退办 高小军）

《西部口岸型海关促进双循环顺畅联通更好服务新发展格局》（中川机场海关 王婷）

《浅析知识产权海关保护特点及实施思考》（金昌海关 徐丽）

《兰州海关助力甘肃"一带一路"发展》（办公室　陈姣）
《用"全周期管理"一体推进基层海关"三不腐"》（平凉海关　宋宪可）
《新发展阶段海关加工贸易监管改革的几点思考》（金昌海关　安方泰）
《浅析新形势下综合保税区开展跨境电商监管过程中防范风险隐患的几点思考》（金城海关　汪小刚　段德强）
《隶属海关预算绩效管理若干问题探析与思考》（天水海关　洪卓玉）
《加强海关文化建设的探索与思考》（金昌海关　孙雅洁）
《"双循环"新发展格局下的海关应对》（酒泉海关　刘扬）
《国内国际双循环新格局下"一带一路"国家双边贸易成本影响浅析》（金昌海关　王坤）

优秀奖

《浅析海关闲置固定资产的管理问题》（金昌海关　郑治泰）
《关于提升基层海关一体推进"三不腐"能力和水平的思考》（金昌海关　丁玉飞）
《加强基层党建　打造隶属海关发展新篇章》（金昌海关　徐思静）
《对中印海关缉私信息系统建设的比较分析》（中川机场海关　马驰宇）
《洋关发展历程探究》（中川机场海关　卜凡）
《海关旅检如何更好服务新发展格局》（中川机场海关　白玢）
《关于加强基层海关党建工作质量的思考》（金昌海关　丁鹏）
《试论公司人格否认制度》（督审处　邵萍）
《兰州海关缉私的历史变革》（缉私局　季刚）
《两种主要危险化学品公示标签要素比对》（金昌海关　毛稼瑞）
《"一带一路"倡议下兰州海关发展综述》（保健中心　师玉卓）
《浅谈强化海关系统会计控制》（金昌海关　祁景山）

第十篇

海关统计资料

2022年兰州海关统计资料

表10-1 2022年甘肃对外贸易进出口总值情况统计表

项目	金额（亿元）	同比（%）
进出口总值	565.4	19.4
进口	446.1	17.6
出口	119.3	26.5

表10-2 2022年兰州海关监管进出口情况统计表

项目	单位	数量	同比（%）
进出口货运量	万吨	147.8	19.3
进口	万吨	146.2	19.0
出口	万吨	1.6	55.5
监管运输工具（直航航班）	架次	22	-69.4
出入境人员	人次	3326	57.9

表10-3 2022年兰州新区综合保税区进出口情况统计表

项目	金额（亿元）	同比（%）
进出口总值	66.9	9.4
进口	44.7	-14
出口	22.2	142.2

表 10-4　2022 年兰州海关税收入库情况统计表

项目	金额（万元）	同比（%）
税收入库合计	264457	45.38
关税	4866	123.73
进口环节税	259591	44.43

表 10-5　2022 年兰州海关主要税源商品应税进口情况统计表

商品名称	税　款（万元）	关　税（万元）	增值税（万元）	税款同比（%）
铜矿砂及其精矿	114170.53	0	114170.53	11.74
钴湿法冶炼中间产品	43434.85	0	43434.85	121.43
镍矿砂及其精矿	30927.18	0	30927.18	37.95
越野乘用车	17574.16	0	17574.16	净增长
锌矿砂及其精矿	12607.36	0	12607.36	324.7
镍锍	11653.12	0	11653.12	净增长
石油原油	5323.57	0	5323.57	112.51
铜阳极	4518.93	0	4518.93	519.12
镍豆	3694.71	0	3694.71	359.48
全自动集成电路焊线机	3591.22	0	3591.22	54.65

表 10-6　2022 年兰州海关减征税款情况统计表

政策	减征税款（万元）
落实国家进口税收优惠政策	4763.1

表 10-7　2022 年兰州海关出口货物原产地证书签证情况统计表

项目	签证数量		签证金额	
	数量（份）	比重（%）	金额（亿美元）	比重（%）
合计	4622		3.93	
区域性优惠海关签证	1783	38.58	1.46	37.15
普惠制海关签证	11	0.23	0.01	0.25
非优惠海关签证	2828	61.19	2.46	62.6

表 10-8　2022 年兰州海关核查业务主要数据情况统计表

项目	数量（起）	同比（%）
完成核查作业数	251	-56.8
核查发现问题数	153	-21.6

表 10-9　2022 年兰州海关稽查业务主要数据情况统计表

项目	数量（起）	同比（%）
稽查完成企业	13	-48
稽查发现问题企业	13	-7.1

表 10-10　2022 年兰州海关报关单位信用管理情况统计表

项目	数量（家）	比重（%）
实有备案企业	4821	
高级认证企业	7	0.15
注册登记和备案企业	4814	99.85
失信企业	0	0

表 10-11　2022 年兰州海关货物检验检疫情况统计表

项目	数量（批）	同比（%）	金额（亿元）	同比（%）
检验检疫批次	12593	4.4	211	11.2
入境	2773	-6.9	160.1	3.7
出境	9820	8.1	50.9	43.4

表 10-12 2022 年兰州海关动植物检验检疫情况统计表

项目	数量（批）	同比（%）	金额（亿美元）	同比（%）
检验检疫批次	10953	-3.8	3.14	15.6
入境	88	-92.4	0.01	-91.3
出境	10865	6.3	3.13	18.0

表 10-13 2022 年兰州海关政研课题评选结果表

序号	课题名称	评选等次	作者
1	浅谈新时期内陆海关国门安全风险防控工作	一等奖	张宇东
2	RCEP 在甘肃省实施现状及形势分析	一等奖	郭继山
3	甘肃省畜禽产业外贸现状及发展建议	一等奖	刘舒蓉
4	海关重大执法决定法制审核制度探析	二等奖	罗振
5	"一带一路"沿线重点国家输华粮油作物贸易与生物安全调查研究	二等奖	杨红霞
6	跨境电商零售进口的海关监管问题研究	二等奖	陈龙
7	提升通道物流枢纽功能引领带动新时代全省对外贸易高质量发展	二等奖	黄志恒
8	协同治理模式下提升稽查查发效能路经研究	三等奖	邸芮
9	海关进境粮食加工监管难点及对策研究	三等奖	宋宪可
10	建立健全审计查出问题整改长效机制研究	三等奖	杨玉隆
11	以查发为导向凸显稽查威慑力初探	三等奖	闫晓薇 王晓飞 宋琳
12	中药国际贸易知识产权保护研究	三等奖	贾刚
13	对海关稽查改革执行中相关问题的思考与建议	优秀奖	周金秀
14	番茄种子除害处理效果评价与研究	优秀奖	张丽萍
15	我国海关关衔制度管理的意义和思考	优秀奖	杨雅静
16	甘肃国境口岸突发公共卫生事件应急能力评估研究	优秀奖	周方方 支婷婷
17	甘肃省国际航空枢纽辐射功能研究	优秀奖	冯莉洁 张艳
18	优化考核评价体系提升知事识人水平	优秀奖	杨国庆
19	强化政治机关建设推动海关政治建设与业务工作互融共进的思考	优秀奖	李正富 杨红霞 宗薇薇

续表

序号	课题名称	评选等次	作者
20	RCEP协定下海关促进黄河流域苹果出口研究	优秀奖	程文波
21	直属海关党委派驻纪检组监督工作研究	优秀奖	郝姗姗
22	兰州海关精准运用"四种形态"提高一体推进"三不腐"能力的探索	优秀奖	杨振　张雪韬
23	推进内陆省份陆港高质量发展建议——以甘肃（武威）国际陆港为例	优秀奖	王坤
24	基于BP神经网络的海关稽查绩效评价方法构建	优秀奖	宋宪可
25	RCEP视角下甘肃省出口特色果品技术性贸易措施分析及对策研究	优秀奖	刘长河
26	以提升"四个能力"为抓手 进一步激励激发财务队伍工作活力	优秀奖	赵政

附 录

名词解释

"白名单"企业：主要指作为政府储备物资、能源与大宗商品、生活物资、农用物资、重要生产物资、防疫物资、复工复产、医用及药品物资、应急救援物资、通信物资的生产或销售企业。

单一窗口：参与国际贸易和运输的各方，通过单一的平台提交标准化的信息和单证以满足相关法律法规及管理的要求。

"多证合一"：将多个证照整合为一张营业执照，实现企业一照一码。

汇总征税：海关对进出口纳税义务人在一定时期内多次进出口货物应纳税款实施汇总计征。

基层党建"双提升"行动：在基层党组织中开展"强化政治功能，组织力凝聚力提升行动"，在党组织书记和党务干部中开展"强化政治意识，党建工作能力提升行动"。

卡车航班：航空公司在货物始发地与中转航站、中转航站与最终目的地之间固定开辟地面运输路线，与地面运输承运人签署外包协议，进行货物陆空联运的运输形式。卡车航班在形式上是卡车，但在概念上却是航班，完全由航空公司按照固定的时间以及航线进行操作，弥补空运固定航班在机型、航线以及航班时间等方面的弱点，同时既有效发挥陆运卡车装载能力大、运输路线灵活的优势，又发挥联程运输只需货物一次发运的特长，降低运输成本。

跨境电商 B2B 出口：全称"跨境电商企业对企业出口"，境内企业通过跨境物流将货物运送至境外企业或者海外仓，通过跨境电商平台完成交易的贸易形式，并根据海关要求传输相关电子数据。

"两步申报"：企业无须一次性提交全部申报信息及单证，第一步凭提单概要申报即可提货，第二步在规定时间内完成完整申报。

"两段准入"：将进口货物准予提离口岸监管作业场所视为口岸放行，以口岸放行为界，根据"是否允许货物入境"和"是否允许货物进入国内市场销售或使用"，分段实施"准许入境""合格入市"监管。

"两轮驱动"：通过研究制订抽查方案、改进抽样标准及方法、建立科学随机抽查决策机制，推动实现科学随机抽查对安全风险防控整体面上的驱动；通过优化人工分析作业流程，实现精细化管理、拓展信息来源、扩大风险分析视角、强化关联性分析能力，科学评定风险等级、建立"大数据+智能分析"模式，用好智能分析手段等措施，提升精准布控对安全风险防控关键点上的驱动。

"六对照六看六查"：对照坚持党中央集中统一领导要求，看是否做到"两个维护"，心怀"国之大者"，查是否存在自由主义、本位主义、保护主义，缺乏大局意识、全局观念；对照政治过硬、本领高强要求，看是否学懂弄通做实习近平新时代中国特色社会主义思想特别是习近平经济思想，查是否存在理论联系实际不够、专业能力不强、学用脱节；对照党的初心使命和性质宗旨，看是否树牢以人民为中心的发展思想，坚持正确政绩观，查是否漠视侵害群众利益，加重基层负担，干自以为领导满意却让群众失望的事；对照把握新发展阶段、贯彻新发展理念、构建新发展格局、推动高质量发展要求，看是否做到稳字当头、稳中求进，尊重规律、尊重客观实际和群众需求，统筹发展和安全，查是否存在不按经济规律办事，一刀切、理想化、乱作为；对照加强调查研究和"三严三实"要求，看是否坚持走党的群众路线，先调研后决策，以钉钉子精神坚韧不拔抓落实，查是否存在形式主义、官僚主义，关起门决策、拍脑袋决策，不担当、不作为；对照党的各项纪律规定，看是否自觉遵规守纪，做到令行禁止，查是否妄议党中央大政方针，擅自对应当由党中央决定的重大经济政策问题作出决定、对外发表主张，泄漏、扩散尚未公开事项或应当保密的内容，违反有关规定干预和插手市场经济活动。

"三位一体"考核体系：干部考核方式主要为年度考核、平时考核、专项考核。

"三应"机制：强化下对上的响应、强化左和右的呼应、强化上对下的反应。

"三重一大"：重大事项决策、重要干部任免、重大项目投资决策、大额资金使用。

"三转"：指十八大后中央纪委部署在全国纪检监察系统开展的"转职能、转方式、转作风"工作。

"双控"模式：财务内部控制和资金支付动态监控。

"双特"：特殊关系、特许权使用费。

"四不两直"：不发通知、不打招呼、不听汇报、不用陪同接待，直奔基层、直插现场。

"四个能力"：政治能力、监管能力、服务能力、开拓创新能力。

"四强"党支部：政治功能强、支部班子强、党员队伍强、发挥作用强支部。

"先期机检"：海关对进境旅客托运行李在行李分拣区提前实施非侵入式过机检查，在通关现场进行拦截和查验的"监管前置"监管模式。

"学查改"专项工作："学习研讨、查摆问题、改进提高"专项工作。

"证照分离"：工商部门颁发的营业执照和各相关行业主管部门颁发的经营许可证审批的改革。

中欧班列：按照固定车次、线路等条件开行，往来于中国、欧洲及共建"一带一路"各国（地区）的集装箱国际铁路联运班列。

"组地关"：驻署纪检监察组、地方纪委监委、各直属海关纪检机构。

AEO：经认证的经营者。在世界海关组织（WCO）制定的《全球贸易安全与便利标准框架》中将其定义为"以任何一种方式参与货物国际流通，并被海关当局认定符合世界海关组织或相应供应链安全标准的一方"。

B2C 跨境电商：商家通过互联网平台，直接向海外消费者销售商品或服务的电子商务模式。

CMA：中国计量认证。

CNAS 资质：中国合格评定国家认可委员会（CNAS）认可，标志着鉴定中心的鉴定能力、管理水平和服务质量得到国家级肯定，其鉴定结果不仅在国内具有权威性，同时还将获得与我国签署互认协议的国家和地区的承认，极大提升鉴定中心的司法公信力和国际影响力。

H2018：新一代海关信息系统，是目前海关办理通关业务的主要应用系统。

HLS2017：海关内部控制与监督子系统。

RCEP：区域全面经济伙伴关系协定。

SPS 协定：实施卫生与植物卫生措施协定。

WOAH：世界动物卫生组织。

1210：全称"跨境电子商务网购保税"，适用于境内个人或电子商务企业在经海关认可的电子商务平台实现跨境交易，并通过海关特殊监管区域或保税监管场所进出的电子商务零售进出境商品。

12360 海关热线：中国海关于 2012 年 10 月 1 日对外公布的社会公益服务号码，用于受理海关业务咨询。

"1236"总体工作思路："一条主线"是以习近平新时代中国特色社会主义思想为指导，全面加强党对缉私工作的领导；"两个抓手"是"国门利剑"专项行动和全面从严管党治警；"三个理念"是服务大局、主动进取、目标导向；"六个能力"是情报先导能力、办案攻坚克难能力、规范执法办案能力、现代警务保障能力、队伍专业能力、"智慧缉私"能力。

"四个是否"：是否存在贯彻落实习近平总书记重要指示批示精神态度不坚决、措施不到位、效果不明显的问题；是否存在对"国之大者"不关心，对政治要求、政治规矩、政治纪律不上心，对各种问题的政治危害不走心，对贯彻落实党中央的大政方针不用心的问题；是否存在讲政治虚化、抽象化，没有做到讲政治见行动，没有将政治要求体现和落实到制定业务规范、办理具体业务中的问题；是否存在以"业务部门""业务干部"自居，重业务、轻政治的问题。

9610：全称"跨境电子商务直购"，适用于境内个人或电子商务企业通过电子商务交易平台实现交易。

9710：境内企业通过跨境电商平台与境外企业达成交易后，通过跨境物流将货物直接出口至境外企业。

9810：境内企业将货物通过跨境物流出口至海外仓，通过跨境电商平台实现交易后从海外仓送达境外购买者。

兰州海关促进外贸保稳提质十四条措施

为深入贯彻习近平总书记关于统筹做好新冠疫情防控和经济社会发展工作的重要指示精神，落实党中央、国务院决策部署，确保海关各项政策措施落地实施，促进外贸保稳提质，结合甘肃省实际，制定以下措施：

一、保障重点产业链供应链循环畅通

支持大宗资源性产品进口，指导企业用好进口铁矿依申请实施品质检验、重量鉴定和低风险矿产品、原油"先放后检"等政策措施，保障甘肃省金属矿冶炼和原油加工等重点产业循环畅通。支持集成电路、生物医药等高新技术企业创新发展，认真做好真空包装等高新技术货物一体化布控查验模式试点工作。积极推进"两步申报""提前申报""两段准入"等通关模式，进一步压缩整体通关时间，为企业提供稳定通关预期。（责任部门：综一处、企管处）

二、便利急需货物通关放行

各业务现场24小时接受企业因疫情导致通关受阻货物预约通关申请。发挥关区进境种苗、水果、粮食、肉类等指定监管场地和汽车整车进口口岸作用，积极帮扶符合条件的企业及产品转关申报。对经现场检疫合格的进口粮食允许企业提前提离运往指定加工厂或定点储备库。优化送检工作流程，明确实验室检测时间。（责任部门：综一处、综二处、动植食处、企管处、科技处）

三、提高进出境物流通关效率

大力推广"智慧海关、智能边境、智享联通"海关国际合作理念，提升中欧班列跨境运输通关便利化水平，支持西部陆海新通道班列开行，开展内外贸货物混编运输。运用西部陆海新通道、黄河流域生态保护和高质量发展关际合作机制，深化区域海关互联互通和协同监管。加强与乌鲁木齐海关、南京海关等口岸海关协作配合，提高甘肃主要进出口商品口岸物流通关效率。（责任部门：综一处、综二处）

四、建立新冠疫苗试剂快速通道

加快新冠疫苗和检测试剂审批。对出境新冠疫苗检疫审批实施"5+2"预约工作制，加强前置审核，对申请材料齐全、符合法定形式的申请即审即批，实行出口核销自动校验，24小时内完成属地查检，4小时内完成申报单证审核和验放。着力保障新冠疫苗和检测试剂扩

大出口。（责任部门：卫生处、综二处）

五、落实减税降费措施

加强 RCEP 等自由贸易协定便利化措施分析研究，收集并协调解决影响企业享惠的具体问题，服务企业出口货物在成员方顺利享受关税优惠。加大经核准出口商培育力度，高质量推动 RCEP 等自由贸易协定原产地规则和关税减让措施落地见效。稳步推广关税保证保险、汇总征税等措施，提高通关便利。持续宣传鼓励项目、科技创新、种子种源等进口税收优惠政策，释放政策红利，对具备条件的企业开展"减免税快速审核+ERP 联网"专项服务。积极开展税政调研，深度挖掘进出口企业需求，提出增列税目、降低进口暂税、提高出口退税等税则修改建议。（责任部门：综一处）

六、保障进出口农食产品供给

大力支持优质动植物物种资源和粮食、冻肉等民生产品安全引进。对动物遗传物质、非食用动物产品、生物材料、水果、烟叶检疫审批由 20 日压缩为 5 个工作日。设立进出口鲜活易腐农食产品查检绿色通道，对出境活动物，出境冰鲜肉制品、水产品，进出境种苗、水果、蔬菜实行"5+2"预约查检、优先查检、优先检测。进一步强化源头监管，着力保障供港澳农食产品安全。（责任部门：动植食处、企管处）

七、加快出口食品农产品生产企业注册备案

对甘肃省出口初级食用农产品生产、加工、存放企业全面取消备案管理要求。对涉及农产品出口的行政许可事项全流程实施网上即时办理。压缩出口食品生产企业备案办理时限，一般情况下应当场办结；无法当场办结的，在 3 个工作日内办结。积极推荐优质食品、农产品企业获得境外注册，帮助企业获得国际新市场准入资质，拓展企业出口渠道。（责任部门：动植食处、企管处）

八、加强企业信用培育力度

围绕"专精特新"企业、产业链供应链龙头企业、中欧班列沿线国家（地区）贸易往来企业等重点对象，实施精准培育，鼓励引导更多企业成为海关 AEO 高级认证企业，落实高级认证企业便利措施。（责任部门：企管处）

九、持续优化监管模式

创新监管模式，对出口鲜活易腐农食产品采取过程监管模式，针对输入国要求需进行实验室检测的可提前取样检测。优化工作流程，对出口危险化学品实行"集中查验+分批出口"检验模式。积极稳妥推进进出口商品检验采信管理制度，落实进口汽车整车第三方检验结果采信；对企业申请需出具官方检验检疫证书的出口食品农产品，可依据第三方检测结果出具证书。因疫情影响不能到达现场进行查检的货物，探索实施"海关远程视频查检模式"。（责任部门：综一处、动植食处、企管处）

十、积极培育外贸新业态发展

围绕跨境电商企业对企业出口外贸发展新模式，持续优化监管流程，支持符合条件的企业开展跨境电商 B2B 直接出口和跨境电商出口海外仓业务。支持甘肃省相关市州申请市场采

购贸易方式试点和其他贸易新业态发展。（责任部门：综一处、综二处）

十一、支持开放平台高质量发展

依托兰州国际空港、兰州国际陆港、兰州新区综合保税区等创新"区港联动"业务模式，建立跨隶属海关辖区业务"点对点"机制。推动平行进口汽车保税仓储业务，提高平台协同联动水平。支持兰州新区综合保税区功能拓展，持续释放分送集报、区内合格评定、抽样即放、固废出区、饲料加工全流程品质监测等利好政策。支持兰州新区综合保税区木材、粮食等加工产业发展，鼓励"外发加工""委托加工""分类监管"等业务模式拓展延伸。（责任部门：综二处、企管处）

十二、加强统计监测分析和数据服务

持续跟踪全球主要经济体贸易份额、重要商品全球贸易规模及流向变化，对甘肃省重点外贸行业、重点进出口企业、新外贸业态等定期开展监测分析。加强海关贸易统计数据的发布和解读，推动海关统计在线查询系统使用，面向政府、企业、科研院所开展精准式统计服务，为地方政府决策和外贸发展提供数据信息支持。（责任部门：综二处）

十三、强化技术性贸易措施应对

多渠道收集、汇总、分析、研判甘肃省重点产品国外技术性贸易措施和质量安全信息，帮助出口企业和产品满足国外相关法规标准要求。支持地方政府、行业协会创建技术性贸易措施研究评议基地。建立国外技术性贸易壁垒交涉应对重点企业库，发挥兰州海关人才、技术优势，引导企业参与国外重大技术性贸易措施应对工作，协同做好出口种子种苗国外通报评议和特别贸易关注，提升精准服务能力，推动企业转型升级。（责任部门：综一处、动植食处）

十四、畅通企业问题反映渠道

运用"甘肃国际贸易单一窗口"微信公众号"关企通"功能、12360海关热线等业务问题反映渠道，及时回应企业诉求，不断完善企业反映问题收集、解决渠道，形成业务问题提出、解决、反馈、评估闭环管理模式。（责任部门：综一处）

"中国海关史料丛书"编委会

主 任 委 员　胡　伟　许大纯

副 主 任 委 员　黄冠胜　赵增连　杨振庆

编 委 会 委 员　翟小元　张　红　吴瑞祥　刘书臣　龙夫春　李海勇
　　　　　　　　田　壮　詹庆华　陈福升　孙霞云

执 行 主 编　谢　放　詹庆华　郭志华

编　　　　辑　房　季　王　虎　解　飞　范嘉蕾　李　多　刘金玲
　　　　　　　贺　红　邓玉栋